供应链管理
重资产到轻资产的解决方案

SUPPLY CHAIN MANAGEMENT
Solutions to Asset Heavy Problems

[美] 刘宝红 著

图书在版编目（CIP）数据

供应链管理：重资产到轻资产的解决方案 /（美）刘宝红著. -- 北京：机械工业出版社，2021.5（2025.11 重印）
ISBN 978-7-111-68112-0

I. ① 供… II. ① 刘… III. ① 供应链管理 IV. ① F252

中国版本图书馆 CIP 数据核字（2021）第 096687 号

北京市版权局著作权合同登记　图字：01-2021-1778 号。

本书的重点是解决固定成本问题，从更高层面应对重资产带来的结构性问题，其中涉及大批量行业的代表汽车、小批量行业的代表飞机，以及新兴经济的关键构成电商新零售。作者基于对中国企业的观察，结合其在北美企业的经历，分享了对重资产、固定成本的看法与解决方案，希望能够帮助成熟企业摆脱或减轻重资产的挑战，帮助新兴企业避免重资产的陷阱。本书中的案例主要来自制造业，但基本思路同样适用于服务业。

供应链管理：重资产到轻资产的解决方案

出版发行：机械工业出版社（北京市西城区百万庄大街 22 号　邮政编码：100037）
责任编辑：岳晓月　　　　　　　　　　　　　　责任校对：殷　虹
印　　刷：北京富资园科技发展有限公司印刷　　版　　次：2025 年 11 月第 1 版第 11 次印刷
开　　本：170mm×240mm　1/16　　　　　　　印　　张：17.25
书　　号：ISBN 978-7-111-68112-0　　　　　　定　　价：89.00 元

客服电话：(010) 88361066　68326294

版权所有·侵权必究
封底无防伪标均为盗版

目 录

序言一　我是怎么关注起重资产的
序言二　成本问题要从三个层面解决
作者简介
致谢
本书与其他5本书的关系

第一章
垂直整合后，重资产难逃劣质化的宿命　　1

复杂度越高，固定资产就越重　　4
【小贴士】资产轻重的行业特点　　6
能力越低，固定资产就越重　　12
【小贴士】管理能力不足，资源的边际回报呈递减趋势　　14
【小贴士】资产从轻到重再到轻是不是必经之路　　18
供应商管不好，重资产成为替代方案　　21
【案　例】京东和亚马逊的自建物流　　25
【小贴士】在重资产决策上，强势的创始人是把双刃剑　　33
垂直整合的重资产，最终难逃劣质化的命运　　36
【小贴士】没脾气也没能力的内部供应商　　44
【案　例】"一站式"并购激起同行反弹　　47

如何应对垂直整合的高成本　　　　　　　　　　　　49
　　　　　【小贴士】精益在美国的导入和完善历程　　　　57
　　　　　本章小结　　　　　　　　　　　　　　　　　74

第二章
外包：剥离重资产，依赖专业供应商　　　　　　　77
　　　【案　例】一个高科技公司的外包战略　　　　　　78
　　　订单层面的外包：资源和能力互补　　　　　　　　84
　　　　　【小贴士】如何应对资源互补外包中的不确定性　86
　　　产品层面的外包：自制还是外购　　　　　　　　　87
　　　　　【小贴士】新产品开发时重资产出手的风险　　　93
　　　　　【小贴士】所有供应商的报价都很高怎么办　　　95
　　　　　【案　例】海尔外包次要产品　　　　　　　　101
　　　结构性外包：工厂是持有还是剥离　　　　　　　107
　　　　　【小贴士】全面成本分析，支持结构性外包　　112
　　　　　【小贴士】是什么阻止了资产剥离　　　　　　115
　　　重资产的剥离：请神容易送神难　　　　　　　　117
　　　　　【小贴士】重资产的剥离方式　　　　　　　　124
　　　　　本章小结　　　　　　　　　　　　　　　　125

第三章
外包的核心能力建设　　　　　　　　　　　　　127
　　　聚焦核心竞争力，外包非核心业务　　　　　　　130
　　　　　【小贴士】我自己的核心竞争力分析　　　　　138
　　　　　【小贴士】没有核心竞争力怎么办　　　　　　147
　　　　　【案　例】有些问题是无法外包的　　　　　　150
　　　　　【案　例】外包过度，核心竞争力丧失　　　　153

推动产品的模块化，支持外包	159
【小贴士】模块化的驱动因素	166
【小贴士】产品结构与供应链结构要匹配	180
【小贴士】流官制度与模块化	186
【案　例】大众汽车的平台化、模块化和组件化	187
【小贴士】汽车行业模块化和外包的早期经验教训	192
外包后，供应商管理的能力是关键	194
【小贴士】采购是外包的主导职能	216
【案　例】不能供应商绩效不理想，就想到自制	217
【小贴士】与代工企业的三种关系	227
【案　例】关了的工厂又建起来了	232
本章小结	235

附录
改善运营效率，继续重资产的良性存在　　237

序言一

我是怎么关注起重资产的

2004年，我商学院毕业不久，在硅谷的一家半导体设备公司从事供应链管理工作，一部分职责是采购钣金件。因为在所有采购项中，钣金件采购可以说是最简单的，所以公司就让我这样的新手来练兵。

有一天，总监介绍一位老兄给我认识，说是同行，他们公司也制造半导体设备，与我们公司的业务互补，双方有合作项目（这种关系有点像你卖烧饼，旁边的摊点卖豆浆）。这个公司规模很小，大概一年就做几千万美元的业务——在大型半导体设备行业，一台设备动辄几百万美元，几千万美元的规模的确有点小。这位老兄说，他们不但制造设备，还有自己的钣金车间，希望能给我们做些机箱什么的。

我很好奇，钣金件供应商到处都是，硅谷这么点地方就有几十家，为什么他们还要自建钣金车间呢？对方回答，供应商达不到他们的要求。我就更奇怪了，我管理钣金件供应商已经一两年，从来没听说过有什么质量、交付、价格问题，为什么偏偏就达不到他们的要求？他们和我们在同样的行业，服务同样的客户，客户要求应该不会相差很多。很简单，他们要么没找到合适的供应商，要么找到了没管理好。

如果无法有效地通过市场方式获取资源，那就垂直整合，重资产建工厂自己干。 但垂直整合的结果是需求单一、没有规模效益、成本高：自己建工厂，产能一般是按照需求最高的那些月份设置，那就意味着其他月份产能利用率不足（就像这位老兄，到处揽活儿）；如果是专业供应商，他们服务多个行业、多个企业，东边不亮西边亮，需求的高峰低谷相对更容易互相抵消，产能利用率也就更高，单位成本更低。

也就是说，同样的资源，一旦垂直整合了，**规模效益**就是问题，最终会反映到单价上。这不，我给他们几个零件让他们报价，他们的报价明显高于那些专业供应商。那么小的公司，资源就那么一点儿，从技术研发到产品设计，再到零部件制造，还样样都自己做，结果当然是样样做不好。没几年，这家公司就消失了。

2009年，我与一家美国的咨询公司合作，帮助国内一家制造商外包生产，这是一个千亿级的上市企业。2008年的金融危机导致全球需求下降，所以对企业来说，自有工厂太多就成了大问题——开工率不足，固定资产的折旧很容易吃掉最后一点利润，对于上市企业来说压力就非常大。这其实也是20世纪70年代以来，美国企业一直面临的问题：由于垂直整合的重资产需求单一，在经济周期、行业大小年、季节性需求的变化下，固定成本的控制就成了大问题。高速增长的时候，企业一直处于整体短缺状态，还好应对，经济一旦放缓，这个问题就很容易浮出水面。

过去几十年来，美国企业不断内部挖潜，比如再造流程，推行精益和六西格玛等，从而提高了固定资产的运营效率。这些举措对企业的确有帮助，体现在美国企业作为一个整体，相对主要的日本竞争对手，固定资产和库存周转率都有显著提升。但是，不管内部怎么挖潜，最终还是无法解决垂直整合带来的两个根本性问题：其一，**规模效益低下**；其二，**内置资源劣质化**。

打个比方，假定你们公司有自己的食堂，大厨早晨做早饭，两个小时；中午做午饭，三个小时；晚上员工大都回家了，大厨也就基本没什么事了。这样看来，一天的产能利用也就五六个小时。但是，如果是第三方食堂的话，晚上还可以蒸一笼包子或者做一些盒饭，拿到大街上去卖，产能利用率提高了，投资回报也增加了。

那么有人或许会问，为什么自建食堂就不这样做呢？一没动力，二没能力。

动力问题可以通过绩效管理来解决，比如给大厨设定营收指标，并给一定的提成，但能力问题却很难解决。街上的厨师要满足各种口味，挑战大、压力大，有压力就有动力，能力提升也快，否则就会被淘汰；自建食堂的大厨只服务本公司的员工，做得不好也很难被淘汰，没有压力就没有动力，自然和街上厨师的差距越来越大，即便蒸了包子到街上去卖，也竞争不过人家。街上的小吃越来越好吃，公司食堂的东西越来越难吃，就是这个原因。这就是为什么那些垂直整合的资源，比如生产制造能力，要寻找自家以外的第二个客户难如登天。

这个问题就是**内置资源劣质化**问题：同样的资产，一旦垂直整合了，**除非是核心竞争力**，否则，在一个相对封闭的环境里，竞争不充分，能力即便不倒退，**提升速度**也会下降，与专业供应商的差距会越来越大，最后变成了劣质资源。⊖这就如动物一旦被驯化了，与野生动物相比，它们的整体能力就会下降的道理一样。对于最后的结果，相信很多人有同感：最差的供应商，就是自家的生产线，或者是那些相关联的子公司、孙公司。

垂直整合会解决一些问题，比如给我们更充分的控制，但是，伴随而来的是规模效益低下和内置资源劣质化的问题。一旦业务放缓，这些就成了大问题：产能过剩，自己公司用不完，找外面的客户又没有竞争力。这就是多年来困扰我们的重资产问题，随着整体经济的增速放缓，这种情况势必会越来越严峻，看看这十几年的发展就清楚了。

在2008年金融危机之前，经济持续繁荣，各种短缺严重，从有色金属到半导体元器件，再到多晶硅这样的原材料，无不如此。**所有的短缺，最后都是以过剩结束**。金融危机之后，钢铁、煤炭、水泥、电解铝、光伏、风电、海运、造船等行业，都处于产能过剩状态。中国500强企业的投资回报率也是连年走低，到2015年时，近1/4上榜企业的投资回报不如把钱存在银行。㊁

当年的4万亿经济刺激方案，在产能过剩上也起了一定推波助澜的作用。比如有个工程设备制造商，为了应对4万亿元的投资计划带来的需求，大幅扩张产能，据说是按照3000亿元的营收目标来建的产

㊀ 如果是核心竞争力，企业就会持续投入，劣质化问题可以被逆转。核心竞争力是企业安身立命之本，直接参与市场竞争，竞争是充分的。非核心竞争力则不然，一方面得不到持续的投入，另一方面也没有持续改进的压力——老板要逼的话，都逼核心竞争力所在的设计，大半夜加班的都是工程师，没见过老板逼着食堂的大厨改进。资源充分、竞争充分、内外压力也在，核心竞争力劣质化的问题就相对容易解决。

㊁ 张澄. 中国大企业"虚胖"，制造业500强利润率创6年新低. 华尔街见闻，wallstreetcn.com. 笔者认为，行业性问题，归根结底是投资回报率问题：一是库存，二是产能。前者体现在高库存，一段时间后会消化掉；后者对应重资产，相对更难对付。行业发展和完善的过程，其实也是提高行业投资回报率的过程。

能。结果，4万亿经济刺激方案结束后，需求回落，该制造商的营收连原来的几百亿元都维持不住时，这些重资产就成了大问题，不得不关停并转，大幅裁员。几年过去了，该制造商的采购总监来参加我的培训，我问他在忙什么，他回答说在卖设备——当年添置的那些设备还没处理完，还在想方设法卖给原来的供应商。

再以汽车行业为例。2018年，国内汽车的需求出现拐点，汽车销量下降，前些年快速扩张的产能就成了大问题。我到一家汽车制造厂参观，他们说整个行业的产能利用率只有50%。建个工厂动辄几十亿元的投资，建成了可不能闲着，折旧会要了你的命。为了让工厂有活儿干，就得打折促销，打价格战；为了支持价格战，就得逼着供应商降价。但是，不管供应商怎么降价，都难以弥补生产线只有50%利用率的问题，况且供应商的产能利用率也在下降，单位成本在上升。于是，过剩产能绑架了汽车制造厂，绑架了供应商，绑架了整个行业。

有趣的是，传统企业在去产能，和重资产斗争的同时，新兴企业却有不少在进行垂直整合，走上重资产之路。比如，到处都是高粱种植户，酒商"江小白们"却在构建全产业链，重资产建起了高粱产业园；⊖满世界都是蔬菜种植户，海底捞却要自建蔬菜种植基地；钣金件供应商到处都是，苏州某个高科技企业却在问我自建钣金车间的事。这真是有人辞官归故里，有人星夜赶考场呀。至于京东自建物流，重资产运营十余年后又拆分物流，其背后也有讲不完的故事。

探究其背后的深层次问题，是资源的**获取**和**利用**，这又可以进一步

⊖ "全产业链"听上去很高大上，被一些跑马圈地的企业不断提起，想来是画饼给外行看的，要小心才是。几十年来，我没有见过哪家企业运作全产业链成功过。

细分为三个问题：

其一，如何获取资源？为什么有些企业是轻资产，通过市场方式获取资源，有些企业却是重资产，依赖垂直整合获取资源？

其二，如果已经进行垂直整合了，有大量固定资产，那么如何提高周转效率，更好地应对规模效益不足、资产劣质化的问题？

其三，如果选择轻资产之路，如何有效选择和管理供应商，在改善成本、质量、交付绩效的同时，有效管控供应商风险？

重资产是企业的最大决策之一，很难逆转。资产太重，就会花太多的精力在管理工厂、员工和杂事上，影响聚焦品牌和客户。一旦决策失误，除非壮士断臂，否则只能用一个错误来弥补另一个错误。其核心解决方案就是将非核心业务外包给专业供应商，通过市场方式获取资源，而不是简单地进行垂直整合，走重资产之路。

经济快速发展时，机会很多，只要站在风口上，"猪都能飞起来"。众多二三流公司什么都做，什么都做不好，但照样有饭吃、有钱赚，这是不公平的。经济增速放缓后，裸泳者会暴露无遗，每个行业唯有最优秀的几家企业才能生存：老大吃肉，老二啃骨头，老三只能喝点汤，甚至是赔本赚吆喝。㊀ 企业必须回归原点，那就是**专业化**。聚焦核心竞争力，非核心业务外包给专业供应商，提高投资回报率；专业化的采购方加上专业化的供应商，才可能建立起更有竞争力的供应链，在成熟经济中求得生存机会。

刘宝红

㊀ 就拿汽车制造业来说，美国的整车厂只有通用汽车和福特还赚点钱，老三克莱斯勒只能跑龙套；日本则是丰田和本田赚钱，日产陪跑，这几年亏多赚少。

序言二

成本问题要从三个层面解决

成本问题无法回避。虽说供应链的绩效有多个维度，但没有哪个指标比成本更难对付：供应链关系陷入僵局时，啥都可以谈，就钱没商量。

正因为难对付，企业才从多个层面来应对成本问题。如图0-1所示，最基本的是**要素成本**，如直接人工成本、直接材料成本；然后是**运营成本**，涉及产能利用、库存周转等；最后是**固定成本**，关系到重资产的投资决策等。这三类成本中，要素成本相对最为简单、直观，最容易对付；固定成本最为复杂，由于是与固定资产打交道，因此最难对付。

要素成本是变动成本，主要体现在采购和生产成本上，企业习惯性地通过转移问题的方式来应对。最简单的就是进行降价谈判，产品成本大约70%来自供应商（其余20%左右发生在生产线，10%左右发生在物流环节），和供应商就降价进行谈判，每省下一元，就直接转化为一元的利润，简单粗暴，短期效果明显，所以历来为企业所倚重。

但问题是，谈判降价到一定阶段后，挂在低处的果实摘完了，之后就一日难似一日，特别是那些经过几次年降的成熟产品。于是，要素降本方式就开始转移，比如：①降本压力向设计转移，驱动研发投入更多的资源，通过标准化、模块化、系列化来优化设计；②驱动供应链向低成本地区转移，包括供应商和自己的生产线，以利用当地廉价的劳动力。前者需要更高的设计能力，后者需要更强的供应链管理能力，难度都相当高。

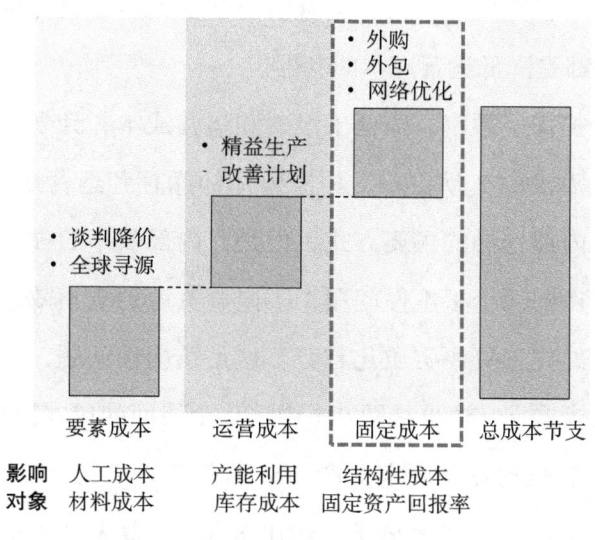

图 0-1　三个层面的降本上台阶

对于直接人工成本，还有一种解决方案就是自动化。但是，自动化有两个挑战：其一，一次性的重资产投入，让固定成本问题更大、更难应对；其二，灵活性不足，一旦产品升级换代，自动化生产线就可能过时，或者需要付出高昂的代价来改造。20世纪80年代，通用汽车曾经尝试过自动化，它投入450亿美元的巨资，得到的结论却是"效率没有提升"，我们在后文还会讲到。㊀自动化也往往意味着更大的经济订货

㊀ History of Manufacturing Practices in the US, Japan, and China, www.QualityInspection.org.

批量，与需求的碎片化、产品的快消化等趋势背道而驰⊖。

当要素成本无法降低、无法转移的时候，那就需要聚焦内部运营，比如通过精益生产来降低生产成本，通过改善计划来降低库存成本。这就上升到成本控制的第二个层面：**运营成本**。如果说在要素成本控制层面，采购是主力，与设计的跨部门协作较多，那么在运营成本控制层面，生产和计划就变成了主力，与营销的互动更多。流程再造、精益生产、六西格玛都是降低运营成本的利器。

精益生产提高了效率，降低了浪费和运营成本；计划改善后，预测准确度更高，需求的变动更小，相应整体的库存和运营成本就更低了。这些都是企业内部挖潜的主要方式。但是，内部效率的提升，最终还是难以解决重资产的两个根本性问题：①内置资源的规模效益低下；②竞争不充分造成的内置资源劣质化趋势。这是结构性问题，让企业在**固定成本**控制上挑战重重，这也是图 0-1 中第三个层面的成本控制。

固定成本的驱动器是固定资产，即本书中的"重资产"。控制固定成本一般有两种做法：**做大分子，做小分母**⊜。**做大分子**是增加营业收入，提高规模效益，从而降低固定成本的分摊。但是，在成熟经济下，市场饱和，业务很难增加，这就需要在**做小分母**上下功夫，比如优化生产、仓储、物流网络，关停并转，减少固定资产。

固定资产关停并转了，活儿谁来干？答案是专业供应商，这就涉及**外包**。随着产业的升级，外包势必成为管理学词典中的一个常用词。不管是自制与外购，还是彻底的外包，基本的假定都离不开**专业化**和**核心**

⊖ 快消化指产品表现越来越像快消品，比如生命周期越来越短，产品型号越来越多等，对供应链的挑战也越来越大。

⊜ 源自公式"固定资产周转率＝营业收入/平均固定资产净值"。

竞争力。企业的资源有限,无法把所有的事都做好,那就要聚焦核心竞争力,把非核心业务外包给专业供应商。2000年以来,随着经济的全球化,外包成为欧美企业的主要举措,是它们应对固定成本问题的主要手段。

从控制要素成本到控制运营成本,再到控制固定成本,这三个层面的成本控制是渐进的,难度逐渐加大,对企业成本的影响力度也逐渐增大。这也是几十年来欧美企业在成本控制上走过的路,从易到难,从局部到全局,从变动成本到固定成本。

很多中国企业的关注点还停留在通过谈判降价来控制采购成本上。有些劳动力密集型行业,比如纺织业,在向成本更低的国家转移。这都是在影响要素成本。此外,很多企业也在广泛导入精益和六西格玛来降低运营成本。但在固定成本上,还是作为有限,决策轻率。经常看到有些企业净利润率只有几个百分点,却拿几百万元、几千万元投入到固定资产中,一个又一个地建工厂,其实那些资源市面上已经有众多供应商,产能充裕,竞争充分。企业将有限的资金投入到固定资产中,影响了新产品、新技术的资源投入,导致产业升级换代因无法得到资源保障而成了空话。

我早期撰写的文章和图书所应对的是**要素成本**,主要是与采购相关;⊖后来我将注意力更多地转移到需求预测、库存计划、供应链协同,以更好地控制库存和降低**运营成本**上;⊜本书的重点是**固定成本**,从更

⊖ 参见《采购与供应链管理:一个实践者的角度》(第3版),机械工业出版社,2019。
⊜ 参见《供应链的三道防线:需求预测、库存计划、供应链执行》(与赵玲合著),机械工业出版社,2018;《需求预测和库存计划:一个实践者的角度》,机械工业出版社,2020。

高的层面应对重资产带来的结构性问题。

本书较多涉及汽车、飞机、电商新零售等行业。选择这些行业是有原因的：汽车是大批量行业的代表，飞机是小批量行业的代表，而电商新零售则是新兴经济的关键构成。虽然行业不同，但固定成本的问题根源却是一致的：**重资产是供应链管理和整合能力不足的产物**。所以，重资产问题要从提高能力来着手：

第一，企业要有能力识别、聚焦核心竞争力，并外包非核心竞争力。

第二，外包是改变供应链的结构，需要产品的模块化设计来支持。

第三，外包后，企业要有能力选好、管好供应商，确保能以市场方式有效获取资源。

在重资产问题的解决方案部分，我们也会系统地分享北美企业半个多世纪以来在精益生产、六西格玛等卓越运营领域的尝试，但因为这不是本书的重点，部分内容会放到后面的附录部分，供感兴趣的读者参考。

需要特别说明的是，我们要把**重资产**与**重资产行业**区分开来。本书探讨的是垂直整合而来的重资产，比如品牌商的生产、仓储、配送设施，而不是那些重资产行业，比如水电、火电、冶金、光伏、化工等。

例如，炼钢厂当然得有自己的炼钢炉，纺织厂得有自己的纺织机械，这些都是重资产行业的特点，不在本书的讨论范围之内。但是，作为一个炼钢厂、纺织厂，如果你投入大量的资源自建餐厅、幼儿园、车队等，这些完全可以通过市场获取的资源，则属于本书的探讨范围。

本书是基于这些年来我对中国企业的观察，结合我在北美企业的经历，分享我个人对重资产、固定成本的看法与解决方案，希望能够帮助到两类企业：①成熟企业，如何摆脱或减轻重资产带来的挑战；

②新兴企业，如何避免重资产的陷阱。书中案例主要来自制造业，但基本思路同样适用于服务业。⊖

当然，重资产是个非常大的话题，牵扯到企业运营的方方面面，鉴于个人经历有限，难免管中窥豹、以偏概全，请读者明鉴。

刘宝红 | Bob Liu

供应链管理畅销书作者

供应链管理专栏创始人，西斯国际执行总监

www.scm-blog.com | bob.liu@scm-blog.com

2020 年 10 月 12 日于硅谷

⊖ 近些年来，很多全球酒店集团追求轻资产，把固定资产出售给一些资产公司，然后再回租，其动机和原理跟当年生产制造业相当一致：把固定成本变动化，以更好地应对业务变动和经济周期；把更多的固定资产移出资产负债表，以改善投资回报率，从而提高股价和市值。

作者简介

刘宝红,畅销书《采购与供应链管理:一个实践者的角度》《供应链管理:高成本、高库存、重资产的解决方案》《供应链的三道防线:需求预测、库存计划、供应链执行》的作者,"供应链管理专栏"(www.scm-blog.com)创始人,西斯国际执行总监。

在供应链管理领域,刘先生有着十几年的丰富经历,主要来自硅谷高科技界。从2000年起,刘先生便在美国学习和实践供应链管理。他先在半导体设备制造行业,从事供应商开发和管理工作,负责在全球采购产品、服务和技术;后转入供应链计划领域,支持某高科技公司每年13亿美元的服务备件业务。

从2004年起,刘先生致力于介绍、宣传供应链管理,帮助企业制定供应链转型战略、完善供应链管理、培养中高层管理人员。2010年以来,他为几十家海内外企业提供内训服务,包括华为、海尔、通用电气、诺基亚西门子通信、阿克苏诺贝尔、林德、日立、喜利得、OPPO、vivo、华为终端、天珑移动、联想、浪潮、中国移动、中国电信、上汽大众、广汽丰田、长安汽车、北汽福田、海信、创维、TCL、长虹、美的、美芝、比亚迪、蓝思、歌尔、信利光电、视源电子、西飞、金风科技、远景能源、振华重工、三一重工、特变电工、上海核电工业、中铁工程装备、海思、上海微电子、北方微电子、中兴、烽火通信、锐捷网络、科瑞集团、国电南自、易事特、华润置地、招商局地产、珠江投资、中海壳牌、中油建设、中建一局五公司、金螳螂、老板电器、威高、西贝莜面村、青岛啤酒、伊利、海鸥卫浴、华孚色纺、水星家纺、安踏、双汇、香飘飘、超威、药明康德、欧普照明等。他的内训客户还包括大批的电商、新零售、互联网企业，比如京东、腾讯、小米、找钢网、美菜网、美团快驴、三只松鼠、史泰博、Wook、名创优品、微鲸科技、钱大妈、快鱼服饰等。

刘先生的专著《采购与供应链管理：一个实践者的角度》于2012年由机械工业出版社出版、2015年再版、2019年出版第3版，每年居供应链管理门类图书销量的榜首。他的第二本专著《供应链管理：高成本、高库存、重资产的解决方案》于2016年出版，第四本专著《供应链的三道防线：需求预测、库存计划、供应链执行》（与赵玲合著）于2018年出版，都成为供应链领域的畅销书。围绕这些畅销专著，刘先生推出一系列培训，先后培训了千百家国内外公司的员工，覆盖汽车、家电、电信设备、航空航天、机械制造、石油石化、零售电商、快时尚等多个行业。

刘先生毕业于上海同济大学，获项目管理硕士学位；后赴美国，在亚利桑那州立大学读商学院，获供应链管理MBA学位。他通过了美国供应管理协会（ISM）的注册采购经理认证（C. P. M.）、美国运营管理协会（APICS）的生产与库存管理认证（CPIM），接受了亚利桑那州立大学、摩托罗拉和霍尼韦尔的六西格玛培训，是六西格玛黑带。

刘先生现旅居硅谷，频繁往返于中美之间，帮助企业提高供应链管理水平。如欲联系他，请电邮至 bob.liu@scm-blog.com，或致电 136 5127 1450（中国，微信同）/ 1(510) 456 5568（美国）。

致 谢

在本书的写作过程中，我请教过很多企业家和职业经理人，了解他们所在行业、企业在重资产上面临的问题和挑战，以及他们是如何应对的。特别是以下20位朋友，他们在繁忙的日程中，拨冗接受我的电话采访，在此致以谢意（姓名按照字母顺序排列）：Gloria Guo、Michelle Gong、Min Wu、Ron Nussle Jr.、Ziming Xu、傅兵、刘天保、姜振宏、尹晓琳、廖子尤、戴敏涛、李季、杨振宇、汪进军、肖郑凯、郑义鹏、金登岳、陆正兴、陈贵山、韦海珠、黄德志。

上述各位来自中、美、日三国的企业，覆盖汽车、家电、手机、大型设备、飞机制造、新材料、新能源、医疗、电子、服装、食品、餐饮、零售、电商、物流等行业。出于保密原因，我特意略去他们的职务、头衔和所在公司。

还有众多读者在我的微信公众号"供应链管理专栏"上留言，在我的培训中分享他们的经验，在此无法一一列举，但同样表示感谢。

本书与其他5本书的关系

算上本书,我共写了6本书。这6本书的侧重点各不相同,它们从不同角度、不同深度探讨供应链管理,相互之间有着千丝万缕的联系,这里简要说明一下。

先说蓝皮书《供应链管理:高成本、高库存、重资产的解决方案》。这本书从公司层面着眼,为供应链绩效的改进提供了整体框架,即前端防杂、后端减重、中间治乱。**前端防杂**,就是通过标准化、模块化、系列化来降低产品的复杂度,提高供应链的规模效益;**后端减重**,就是通过选好、管好供应商,更多地利用市场资源,而不是自己建厂,从而陷入重资产、低回报的困境;**中间治乱**,就是构建供应链的三道防线,做好需求预测、库存计划和供应链执行。三管齐下,供应链与研发、营销紧密合作,才能把供应链的整体成本降下来,速度做上去。

蓝皮书也是这6本书的整体框架,旨在应对中国企业普遍面临的问题,那就是生意越做越多,钱越赚越少;或者说,虽然账面上赚了,却都赚进了库存、产能里。对于框架里面的具体措施,建议阅读其余几本书。比如，如何选好、管好供应商，应对"后端减重"，红皮书《采购与供应链管理：一个实践者的角度》写得最详细；如何"中间治乱"，改善整体的计划体系，可以阅读绿皮书《供应链的三道防线：需求预测、库存计划、供应链执行》（与赵玲合著）。

大家看到的这本书，是对蓝皮书重资产部分的深化。这本书从垂直整合的重资产的劣质化开始，分享欧美企业这些年来应对重资产的经验教训，指出外包是行之有效的解决方案。但是，外包需要企业具备更高的能力，比如识别核心竞争力、标准化、模块化设计，以及做好供应商的选择与管理。企业必须通过改变能力来改变行为。

如果想对供应链有整体了解，建议从红皮书《采购与供应链管理：一个实践者的角度》开始，特别是其中的第一部分。承蒙读者厚爱，这本书从 2012 年出版以来，在京东和当当上一直是供应链管理门类最畅销的书。虽然书名中有"采购"二字，却是从供应链的角度阐述的。到现在为止，红皮书已经出版到第 3 版，先后几十次重印。

如果读者对计划体系的改进感兴趣，可读绿皮书《供应链的三道防线：需求预测、库存计划、供应链执行》（与赵玲合著）。

计划是供应链的引擎。绿皮书着力解决计划的三个核心问题：其一，所有的预测都是错的，如何做到"从数据开始，由判断结束"，制定一个准确度最高的预测，这是供应链的第一道防线。其二，预测错了，如何客观量化需求和供应的不确定性，以设定合理的安全库存，少花钱多办事,这是供应链的第二道防线。其三,需求预测不准确,安全库存不够用,计划的先天不足需要执行来弥补,那就是赶工加急,驱动供应链和供应商快速响应,这是供应链的第三道防线。三道防线建好了,整体交付就会提高,整体库存和运营成本就会降低。

计划是"三分技术,七分管理"。绿皮书主要从七分管理的角度出发,推动销售与运营的跨职能协作,让有数据的职能出数据,有判断的职能出判断,关键是打通销售与运营的协作流程,这是企业的主干流程之一。绿皮书虽然涉及"三分技术",比如安全库存、再订货点的设置,但在详细的预测模型、预测方法、新产品的计划方面涉及较少。这就是为什么我写了第五本书(青皮书)《需求预测和库存计划:一个实践者的角度》。

最后介绍一下黄皮书《供应链管理:实践者的专家之路》。这本书侧重讲述供应链人员的职业发展,即从无知到有知,再到真正的有知:刚出校门我们一无所知,无知无畏;工作几年后大概知道事情是怎么做了,但限于粗放的管理环境,学到的东西往往是有局限性的;到最后,提高总结能力,才能达到

真正的有知。如果你正处于职业的起步阶段，或者是干了十年八年，想在供应链管理上更上一层楼，可以看看这本书。

供应链管理是一个整体，很多概念是无法割裂的，所以在几本书中都有出现。另外，不是所有的读者会读所有的书，所以我想尽力让每本书独立成体系，也就不得不把一些供应链的共性话题都纳入。基于同样的原因，有些案例和话题在不同的书中会重复出现，不过是从不同角度、不同深度来分析的。如果你已经看过了，可以当成温习的机会。毕竟很多东西很难看一遍就能掌握，这就如我们平时做同样的工作，两三年重复几十次，才可能做到尽善尽美一样。

需要说明的是，这6本书都不是教科书，目的不是提供给大家完整的供应链管理知识框架。⊖这些书都是从实践的角度，写给实践者看的，所以在用语方面，我尽量避免干巴巴的学究口吻，以增加可读性；在行文方面，我尽量地做到精练，但拖沓、啰唆之处在所难免，一直没有精力和能力来完善，在此恳请读者谅解。

⊖ 对于教科书，我有个书单，上面的有些书虽然比较老，但很经典，感兴趣者可以访问我的网站（www.scm-blog.com），搜索"供应链管理方面的书籍"。

第一章

垂直整合后，重资产难逃劣质化的宿命

> *除非绝对必要，否则不要进行垂直整合。垂直整合战略太复杂、昂贵并且难以逆转。*
> ——约翰·斯塔奇和戴维·怀特，麦肯锡

我们这里所说的资产，主要是固定资产，如厂房、设备、仓储物流设施。所谓重资产，在本书指的是**垂直整合**的固定资产，比如作为品牌商有自己的生产设施、仓储物流等，很多事情都是自己做。与之相对的是轻资产，其竞争优势是技术、品牌和管理能力，而将基于重资产的生产、仓储、物流等能力外包给专业供应商。

重资产与垂直整合常常结伴而行。简单地说，垂直整合就是自建产能，有向前和向后整合之分。例如，作为品牌商，整合生产是**向后整合**，整合渠道是**向前整合**；如果前后都整合，就叫**完全垂直整合**。例如，苹果把原来的工厂都关停并转，在生产端，垂直整合解体，走的是轻资

产之路;⊖在销售端,向前整合,建了几百个零售店,走的是重资产之路。再如,京东和亚马逊自建物流,也是向前整合,重资产进入物流配送领域。

垂直整合有很长的历史,但不同时期动机不尽相同。比如,早期有些企业通过垂直整合来扩大经营规模,或者确保关键生产原料的供给。到了 20 世纪末,控制型的组织结构不再流行,垂直整合也就不那么吸引人了,垂直整合解体成为趋势。进入 21 世纪以来,在成熟行业,垂直整合很少被当作竞争利器;在新兴行业,比如新能源汽车等,由于资产的专属性高,产品和工艺技术的迭代快,垂直整合利于快速响应,特斯拉这样的企业垂直整合度较高,资产较重。

垂直整合增加了企业对资源的**控制力度**。比如在一些新兴行业,资产的专属性高,如果由供应商拥有的话,局部竞争不充分,博弈之下可能会损害采购方利益,采购方就会进行垂直整合,以增强控制力度。再如,关键资源要由自己掌握,归竞争对手就会无法控制,这在资源紧缺的时候很重要。又如,有些企业从轻资产变到重资产,认为通过重资产建立"护城河",可以增加竞争对手进入的难度等。

业务模式得到验证后,重资产进入某一行业能够推动企业短期内快

⊖ 苹果在生产制造上走轻资产之路,也是长期试错变聪明的结果。1983 年,乔布斯在苹果总部的对面建造工厂,生产新款麦金塔电脑。最终,这座工厂在 1992 年关闭,部分原因是它从未实现乔布斯设想的产量。1990 年,乔布斯又斥资 1000 万美元,在硅谷建造了另一座工厂,生产新公司 NeXT 推出的个人工作站电脑。遗憾的是,NeXT 的产量也没能支撑起硅谷工厂的运作。1997 年,乔布斯重返苹果。那时的苹果依旧是自给自足的保守型企业,库存臃肿,制造部门效率低下。这在 IT 产业分工精密、技术和设备要求日渐提高的环境下,早已不合时宜。1998 年,库克加盟苹果,全面推动生产外包,走上轻资产之路。摘自"自制(make)还是外购(buy),你需要关注这 4 点",卢山,微信公众号"KEEP 精进"。

速发展，给投资人带来一时的兴奋。但是，重资产的高成本问题如果得不到解决，长远来看就会出现问题：厂房建好了，设备买来了，不管有没有业务，固定资产折旧都在发生，想要控制固定成本就很困难。重资产的缺点是：垂直整合的资源需求单一，规模效益低下；长期处于封闭环境，竞争不充分，与外面的专业供应商相比，能力差距会逐渐拉大；资源劣质化后，要想脱手也不容易。这些都会让企业丧失**灵活性**。也就是说，"护城河"防住了外人，也困住了自己，在"运动战"制胜的年代，这是致命的。

轻资产的好处正好相反：通过外包重资产业务，实现固定成本的变动化，灵活性好；同样因为固定成本的变动化，企业的盈利水平更稳定，起伏更小。这些对于提高投资回报率很重要，也是为什么在每个行业中，都是资产轻的企业平均投资回报率要高于资产重的企业。㊀

垂直整合的驱动因素很多，这里总结为两大类：①**商业因素**，比如以市场方式获取资源的交易成本太高，或者管理能力低下，无法通过市场方式获取资源，就采取垂直整合战略，重资产运营；②**技术因素**，比如产品和工艺越复杂，产品设计与工艺设计就越有可能相互依赖，企业就越难以剥离生产制造，从而采取垂直整合战略。

商业因素更多的是人为因素，取决于企业的决策和管理能力；技术因素更多的是客观因素，一般与产品的复杂度和在生命周期所处的阶段

㊀ 参考自 When "Asset Light" is Right, by Nicolas Kachaner and Adam Whybrew, Boston Consulting Group, September 30, 2014, www.bcg.com。这是波士顿咨询集团做的一份研究，覆盖汽车、快消、化工、服装、食品、医药、通信、零售、能源、冶金和石油等几十个行业。该研究发现，在同一行业，资产轻的企业平均回报率更高；在不同行业，资产轻的行业平均回报率高于资产重的行业。注意，这里是平均回报，在具体公司上会有例外。

有关。接下来，我们先看技术因素，比如复杂度越高，资产就越重；然后探讨商业因素，比如管理能力不足，重资产就成为替代方案。

复杂度越高，固定资产就越重

产品的复杂度[⊖]指产品本身的构成情况，物料清单（BOM）中的物料数量是一个衡量标准：物料越多，产品越复杂。如图1-1所示，我们把常见的产品复杂度分为三个层次：智能手机大约有300个零件，相对简单；汽车大约有3万个零件，复杂度高多了；商用大飞机大约有300万个零件，复杂度更高。这三类产品的BOM数量以百倍的数量级增加，产品的复杂度也不可同日而语。

大约 300 个零件
中国有国际知名品牌，已进入全球第一梯队

大约 30 000 个零件
中国制造商众多，但还没有国际竞争力

大约 3 000 000 个零件
研发进行中，尚处于起步阶段

图1-1 三类产品，复杂度不同，中国企业的竞争优势也各不相同

资料来源：刘宝红. 采购与供应链管理：一个实践者的角度[M]. 3版. 北京：机械工业出版社，2019.

⊖ 产品的复杂度是个多维度概念，比如产品组合的多样性、产品的BOM数量、零部件之间的关联度等。

越是简单的产品，批量一般也越大，中国制造的优势也越明显。对复杂度在手机级别的产品（BOM 数量以千百计），比如电视机、洗衣机、电冰箱、计算机，中国已经在全球领先，表现为我们有国际知名品牌。对于复杂度在汽车级别的产品（BOM 数量以万千计），我们已经有相当的竞争力，但还没有实现全球领先，但也只是时间问题。对于复杂度在飞机级别的产品（BOM 数量以几十万、百万计），我们尚处于起步阶段，大部分领域完成了从无到有，有些领域正在实现零的突破。

产品的复杂度越高，工艺的复杂度一般也越高——复杂的产品需要复杂的制造工艺。制造工艺越复杂，需要的设备、模具一般也越多、越复杂，固定资产也就越重。产品和工艺的复杂度越高，相互依赖的程度一般也越高，也就越难以分离，企业也就越有可能垂直整合生产制造能力，让产品设计与生产制造在同一屋檐下，以降低协调难度，促进产品设计与工艺设计的交互优化。

比如计算机和手机的复杂度相对较低，产品的标准化程度高，制造、组装、测试工艺相对简单，产品设计和工艺设计可以独立完成。苹果在制造上就是轻资产运作，自己在硅谷进行设计，利用富士康在亚洲的工厂来生产。但是，飞机的发动机复杂度高，定制化程度高，制造工艺复杂，产品设计与工艺设计相互影响、相互依赖，企业往往要垂直整合制造能力，所以固定资产就更重。

系列纪录片《军工记忆》中说到，那些飞机、军舰、导弹的设计师，经常到生产线上去查看，解决工艺问题。产品设计决定工艺设计，而工艺水平又制约着产品设计，两者需要交互优化。这要求企业同时内置研发和制造能力，以促进设计与制造的交互优化，表现出来就是垂直整合生产制造，因此固定资产重。航天军工的复杂度高[⊖]、批量小、资产重、投资回报低，这是一个全球现象。

> **小贴士** 资产轻重的行业特点
>
> 在固定资产的轻重上，不同行业有着明显的区别，这与各自行业的产品、工艺复杂度有关。在图1-2中，我们以一些典型的行业来说明。横轴是产品的复杂度，纵轴是工艺的复杂度，随着二维复杂度的增加，固定资产一般也会越来越重。当然，总结"行业特点"是要冒很大风险的，因为任何行业都有特例，具体企业的战略、管理能力等，都可能影响其资产的轻重。这里只是分享我个人的观察和理解，欢迎指正。

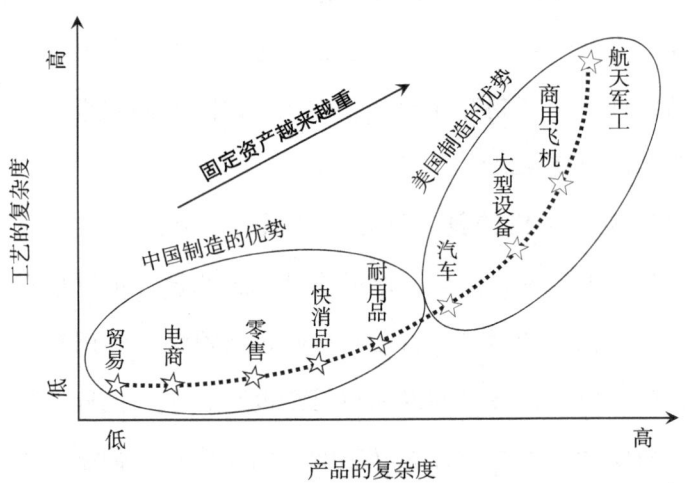

图1-2　产品和工艺的复杂度是重资产的客观驱动因素

- **贸易**。贸易就是买卖别人的东西，自己不进行设计，也不建工厂，固定资产最轻。不过这样的轻资产行业入行门槛也较低。长期以

⊖ 像"运20"这样的大型运输机，有上千万个零件，要打1亿个孔，孔的尺寸误差要精准到0.02毫米，产品和工艺的复杂度可想而知。总结自《军工记忆》。

来，贸易商是制造商和客户之间的桥梁，在解决信息不对称问题上扮演着重要角色。但是，这些年来由于互联网、电商的快速发展，贸易行业受到相当大的冲击，有些贸易商开始推出自己的品牌甚至设立自己的工厂，进入更多的重资产领域。

- **电商**。电商介于贸易和零售之间，有些电商有自己的设计、制造，但大部分电商是借助第三方来制造的，其固定资产相对单纯的贸易较重，但比一般的零售要轻。为了增强竞争优势，京东、亚马逊这样的电商平台先后自建物流，进入重资产领域，但天猫、淘宝等阿里系依旧坚持轻资产运作。㊀孰优孰劣，尚需时间来验证。
- **零售**。零售的固定资产较重，主要体现在店面、仓储、配送设施上。比如沃尔玛这样的零售巨头，有大量的房地产，盘活那些重资产是一大挑战。在2020年上半年新冠肺炎疫情期间破产的美国企业中，相当一部分是重资产的零售业巨头，比如保健品公司健安喜、零售商彭尼百货、服装品牌J. Crew等。它们的共同特点是都有众多的门店，固定资产相当重，重资产的固定成本刚性，成了压垮骆驼的最后一根稻草。㊁由于同样的原因，快时尚巨头ZARA的日子也很难过，2020年上半年亏损1.9亿欧元，计划关闭1200家门店。㊂
- **快消品**。这是制造领域资产相对最轻的行业，因为产品相对简单，生产制造也相对简单，重资产也较少。同样因为简单，快消品的

㊀ 注意，这些都是相对的。近几年来，阿里也在采取一些重资产举措，比如建立直营的"菜鸟直送"，在海外构建大型航空物流枢纽等。相反，京东物流开始独立核算，京东在向更加轻资产的方向发展。

㊁ 美国破产潮开启：保健品老店GNC破产 哈药亏至少11亿元。金融界，百度官方账号。

㊂ ZARA母公司半年亏损1.95亿欧元（约合人民币15亿元），计划关店1200家，创始人曾为全球首富。北晚新视觉网，百度百家号。

产品设计与工艺设计独立性高，垂直整合的生产制造也比较少，资产就较轻。还有一个原因就是，快消品的生命周期短，升级换代快，利用供应商已有产能，往往要比自建产能速度快，风险低。当然，任何行业都有特例。例如，ZARA属于快消品行业，但在制造上垂直整合度相当高，自己有自动化程度很高的工厂，属于重资产运营。

- **耐用品**。例如，冰箱、电视、洗衣机，产品的寿命相对较长，复杂度也相对较高，很多企业有垂直整合的制造能力，比如国内的家电巨头，固定资产都相当重。这些企业长期以来采取的都是垂直整合的方式，海尔曾经尝试轻资产运作，但最终仅限于把非主流的黑电产品外包，而主流的白电产品（比如冰箱、洗衣机）仍旧沿用重资产运营方式。美的也外包部分业务，但更多是基于成本的考虑，而不是基于资产轻重的考虑。

- **汽车**。汽车比耐用品更复杂，产品与工艺的耦合度更高，资产更重，是典型的重资产行业。长期以来，汽车是流水线生产，而流水线的自动化程度越来越高，相应地资产也越来越重。自20世纪八九十年代以来，整车厂一直在剥离零部件制造，推动模块化进程，将越来越多的模块、系统交由供应商做。所以，很多整车厂（除了丰田、本田等日本汽车制造企业之外）的固定资产有转轻的趋势。但整体上，汽车制造仍属于重资产运营，特别是中国的汽车制造企业。

- **大型设备**。大型设备批量更小，复杂度更高，产品与工艺的耦合度更高，垂直整合生产制造的概率更高，固定资产也就更重。工程机械、电力设备、半导体制造设备、通信设备等都是这样的例子。像通用电气这样的企业，虽然多年来推行外包，但整体资产还是相当重，因为这些行业的核心竞争力，有相当一部分以重资产为代价。比如对于核心部件，通用电气的一些事业部一旦认定属于其核心竞争力，其设计和制造就会自己做，主要是出于对知识产权的保护。

- **商用飞机**。商用飞机是大型设备的一种，批量相对更小，复杂度更高，产品设计与工艺设计的联系更紧密，整体上固定资产也更重。作为世界最大的三大航空集团，波音、空客和中航工业（中国航空工业集团有限公司的简称）的资产都很重，过去20年里，虽然波音在787等飞机上大力推行外包战略，中航工业也先后多次进行大型重组，但都改变不了该行业重资产的现实。㊀
- **航天军工**。航天军工产品批量小，定制多，产品与工艺的联系也非常紧密，整体而言航天军工的资产非常重。行业封闭，效率低下，整体管理水平不高，也是促成航天军工重资产的原因。这是一个全球现象。

我们上面说的主要是**离散行业**。对于**流程行业**，比如食品、饮料、造纸、冶金、石油冶炼、化工、制药、半导体芯片等行业，性质类似。例如，半导体芯片的产品和工艺都很复杂，所以固定资产很重，其复杂度和商用大飞机差不多，甚至可以说更复杂。鉴于大家可能更熟悉离散型产品，本书就主要围绕离散型产品来阐述。

在这些行业中，中国制造的优势是批量大、固定资产较轻的行业；美国制造的优势是批量小、固定资产较重的行业。如果维持现有的这种

㊀ 有趣的是，如果你看固定资产周转率的话，波音反倒比福特这样的汽车制造商高。但在飞机制造这样的小批量行业中，"牛鞭效应"的影响更显著，行业的大小年、经济的周期性导致更剧烈的业务变动，从而导致产能的利用更加不均衡，短缺与过剩交替出现，重资产对企业的影响更大。可以说，资产的轻重，其实指的是重资产的影响，而非严格意义上的固定资产周转率。

状态，那么两个国家是完美的互补关系。但问题是，随着中国制造在大批量行业的成功，中国企业的整体制造能力在大幅提升，并开始进军美国的那些小批量行业。美国保守主义的"逻辑"很简单：我走得慢或者原地踏步，都是你走得太快造成的，那我就给你使绊子……

虽然优势不同，中美两国企业面临的挑战却很一致，那就是如何提高资产周转率，从而提高投资回报率，特别是在经济不景气的时期。

在固定资产上，中国企业存在两个主要问题：①由于长期的快速增长，整体产能投资激进，致使增速放缓时产能利用率不足；②管理粗放、运营效率低，特别是复杂度较高的行业，进一步恶化了固定资产的周转。这两重问题同时存在，互相影响。这几年的典型例子是汽车制造行业，但在能源、冶金、化工、造船、工程设备、航天航空等多个行业，这些问题也相当突出。

在美国，大批量行业的重资产问题不是很明显，因为美国在大批量行业竞争力有限，很多已经退出，剩下的行业主要是轻资产运作，把生产外包给专业供应商。美国的重资产问题主要集中在小批量行业，它们也经历了长期繁荣带来的过度投资，但基本上已经在20世纪八九十年代消化掉了。现在的根本问题是，由于其处在资产更重的行业，产品和工艺的复杂度高，运营效率低下，资产利用率低，投资回报挑战重重。

实践者问

是不是轻资产企业优秀，重资产企业不优秀？或者说轻资产好，重资产不好？

刘宝红答

并非如此。轻重资产本身没有什么好坏之分。比如，台积电、富士康的资产很重，但在各自行业的竞争力都很强。在不同行业，企业的资产轻重没有可比性，但在相同行业，资产轻重是有可比性的，而且资产越轻的企业，财务绩效一般越好。比如，台积电和中芯国际都属于重资产企业，但台积电的资产相对更轻（表现为台积电的资产周转率显著高于中芯国际），财务绩效更好，竞争力也更强。

本书所说的"重资产"，主要指垂直整合下的重资产，或者说成熟行业的重资产。在**成熟行业**，垂直整合的重资产往往问题很多，比如需求单一、规模效益不足、竞争不充分、能力退化等；**在新兴行业**，产品和技术尚不成熟，设计变更很多，产品设计与工艺设计的互动很多，速度比成本更重要的情况下，垂直整合重资产增加了控制力度，对新产品的快速上市有帮助，也被很多企业采用。例如，在新能源汽车行业，特斯拉采用的就是重资产战略。

实践者问

资产多重算重？有没有相应的指标？

刘宝红答

我们一般用固定资产周转率来评判资产的轻重，但该指标并没有绝对的标准，比如高于某个值就是轻资产，低于某个值就是重资产。企业一般通过标杆研究，与同行相比，来判断资产的相对轻重。比如在波士顿咨询集团的一份研究中，同一行业里的企业，资产周转率最高的25%

和最低的25%，分别被视作轻资产和重资产。[1]

固定资产周转率是一个运营效率指标，它是指一段时间的净营收除以期初和期末的平均净固定资产。比如，某企业2020年的净营收为100亿元，年初净固定资产为40亿元，年末为60亿元，平均净固定资产为50亿元，那么固定资产周转率就是2（100÷50），意味着该公司的固定资产每年能够周转2次。

能力越低，固定资产就越重

竞争优势要么来自技术，要么来自管理。如果两者都不足，重资产就成了替代品。

一般情况下，产品和工艺的复杂度越高，固定资产就越重。这能在行业层面解释，为什么有些行业资产较重，有些行业资产较轻。但在同一行业，面临的挑战都差不多，为什么有的公司资产较轻，有的公司资产较重呢？

比如同是手机厂家，为什么苹果外包生产，是轻资产，而OPPO和vivo有厂房，是重资产？为什么同在家电行业，惠而浦和伊莱克斯的资产较轻，很多产品外包生产，而美的和海尔的资产则很重，有相当多的生产设施？再如，同一行业，越是往沿海地区走，企业的业务越聚焦，外包越常见，资产越轻；越是往内地走，企业的经营范围越大，垂直整合的情况越常见，资产也越重？

你可以说这是因为企业战略不同，比如为了获取、独占稀缺资源而采

---

[1] When "Asset Light" is Right, by Nicolas Kachaner and Adam Whybrew, Boston Consulting Group, September 30, 2014, www.bcg.com.

取垂直整合战略，这种情况在工业化早期比较常见。那么，同样是员工食堂，没有任何战略意义，为什么一些企业外包给第三方，另一些企业则自建，买很多餐饮设备，配备很多厨师，饭菜则多年一成不变？你不能说自己的大厨做饭好吃，也不能拿地点偏僻、没有第三方餐饮企业愿意服务来搪塞。

这背后的两大原因很多企业不愿意承认，但也无法回避，那就是：①**技术创新不足**，品牌溢价能力不足，这样就没有足够的盈利空间来外包重资产业务；②**管理能力低下**，无法有效地选好、管好供应商，通过市场方式获取资源，就不得不垂直整合，自建产能，重资产运营。

这也是为什么整体而言，跨国企业资产最轻，民营企业居中，而有些大型国有企业资产最重。苹果的技术、管理能力强，所以在制造上是轻资产；OPPO 和 vivo 的技术、管理能力相对较弱，就建了自己的大型工厂。早年的福特，因为管理能力较弱，从矿山到钢铁再到汽车，一度谋求建立整个产业链的垂直整合；现在的福特，管理能力增强了，资产也就轻多了。同理，以前的国有企业管理能力低下，大而全、小而全；现在管理能力增强了，业务就相对少了很多，固定资产周转率也较以前更高。

在过去二三十年里，做大做强是众多企业的目标，但有些企业把"做大"错误地等同于"做强"，甚至说要做强首先得做大。在快速增长、跑马圈地的年代，要做强先做大有一定的道理，但问题是，如何做大？做到多大？

要么横向扩张，抢同行的业务；要么纵向扩张，进入供应商的领域。横向整合是大的吃小的、强的吃弱的、快的吃慢的，一般整合难度较大，竞争对手会极力抵制。这是良性的做大，只有能力强的企业才有可能成为最强的横向整合者，成为最后"站着"的几个企业。在成熟行业尤其如此。

能力弱的企业则找一条阻力小的路走，垂直整合进入供应商的领域，结果就变成了"虚胖"：规模越来越大，能力却越来越弱，最终难逃"啥都做，啥都做不好"的命运，最后只好关停并转，成为被兼并对象。这样的垂直整合其实是小农意识的延续。

对于中国企业来说，经过二三十年的快速发展，虚胖严重，投资回报率低，这是普遍问题。企业规模越大，管理能力弱的问题就越突出，资源的边际回报率就越低，重资产的问题也就越明显。

小贴士　管理能力不足，资源的边际回报呈递减趋势

企业刚起步的时候，资源有限，天生轻资产。经过一段时间的原始积累，企业有了一定的规模，现金更宽裕了，也有了更多的资源，但没有能力把资源投入到投资回报率更高的领域，比如开发更多、更好的新产品，就把资源投入到投资回报不高的领域，比如生产设施等重资产，还美其名曰"建护城河"，提高竞争对手进入的壁垒。

这背后是资源的边际效益递减原理：你的钱越多，你就越可能进入那些投资效率低的领域，资产便会越来越重，投资回报率越来越低。管理能力强的企业，边际效益递减的就慢；管理能力弱的企业，资产周转速度恶化的就会更快。规模也是如此，企业越大，固定资产的周转一般会越慢，连丰田、本田这样的标杆企业也不例外，这与我们所熟悉的规模效应并不一致。

在20世纪80年代和90年代前期，丰田和本田都是非常成功的企业，之后两家企业的固定资产周转率经历了断崖式下降——丰田是20世纪90年代初，本田是2005年前后（见图1-3）。原因之一就是重资产进入过多的领域，比如进行全球扩张战略，在世界各地建厂，改善售后服

务网络等。虽说丰田和本田的整体管理能力相当不错，但它们还是习惯于日本企业的常用方法，以垂直整合重资产的方式来支持全球扩张，这难以逆转固定资产投资回报递减的趋势。[1]

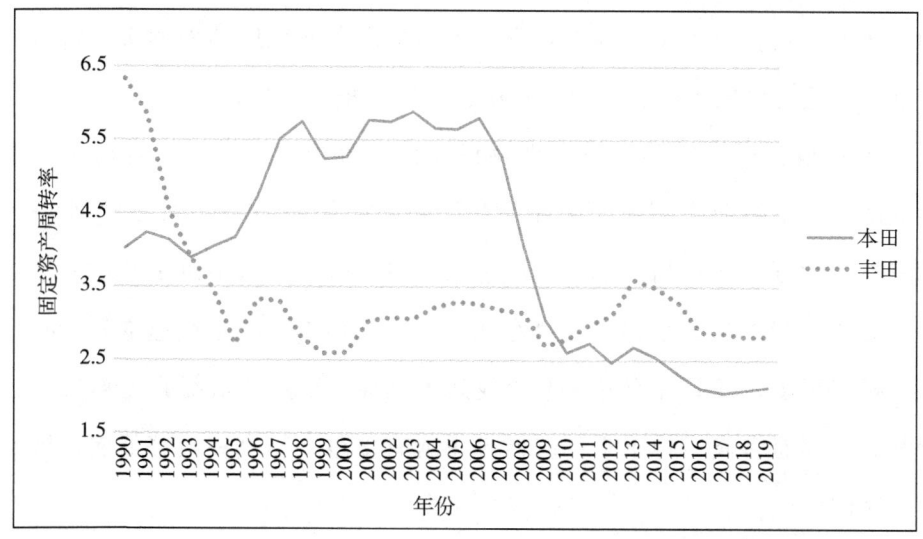

图 1-3　丰田和本田的固定资产周转率整体走低

资料来源：www.ycharts.com.

企业大幅盈利后经历的边际效益递减的挑战，在 20 世纪 50~70 年代的美国企业身上也能看到。当时美国出现了大量的巨无霸企业，垂直整合度高，业务复杂，资产周转速度越来越慢，严重影响了美国企业的国际竞争力。今天的中国企业，有些也在经历这些问题，比如前几年的"供给侧"改革，驱动因素就是有些企业资产周转率和投资回报太低；其余企业，特别是这些年高速增长、整体盈利还不错的企业，在经济增速放缓后，这一问题势必会变得更加突出。

---

[1] 日本企业的重资产，也可能与长期以来日本的利率低、资金成本低有关。进入 20 世纪 90 年代，日本的利率大跌，贷款利率从 1991 年的 7.5% 一路跌到 2000 年的 2%。丰田大幅投入重资产的时期，正好是日本利率大幅下跌的这些年，不知这是巧合，还是有必然的联系。

资源更丰富后，能力强的企业，更有可能把资源投入到产品、服务的**差异化**上，整合供应商的能力，迎难而上，抢占竞争对手的市场。这是横向扩张，规模效益大，投资回报也更高。能力弱的企业，就开始挑阻力小的路走，进入供应商的业务，把本来由专业供应商做的事，转由自己做。这是纵向扩张，规模效益小，投资回报率自然低。

垂直整合后，这些企业发现隔行经营很难盈利。因为管理能力是相通的，一个行业干不好，在另一个行业干好的概率也不大。这些企业没有能力做好，没有耐心改善，就进入更多的行业，只不过是在重复试错，做了机会主义的信徒，一直在找风口、找热点。经济快速增长的时候，机会很多，还真让有些企业给找到了机会，于是"猪都能飞起来"。但是，飞得有多高，掉下来的时候摔得就有多重，特别在经济低迷、增速放缓的时候。

这在有些中国企业身上表现得淋漓尽致。如果你到三线、四线、五线城市去就会发现，每个地方都有自己的明星企业，有些企业已经做到全国 500 强甚至世界 500 强的规模。鲜有例外，这些企业的垂直整合度高，最终变得前后通吃，资产越来越重——垂直整合得到的是肥肉，横向整合练的才是肌肉。

比如，企业原来的业务是焦化煤，就扩充到炼铁，因为炼铁需要焦化煤；然后是炼钢，因为铁是钢的原材料；然后是轧钢，因为轧钢以钢材为原料；然后是机械制造，因为机械是钢铁制造的；炼铁炼钢需要电，就又进入发电业务。这还没完，因为有了富余资金，就开始做供应链金融；钢铁要运输，就做物流一体化；最终，做成了当地的大企业，可以争取到优惠地皮，就搞房地产……

结果，技术和管理能力越来越弱，资源越来越分散，资产也越来越重，什么都做，什么都做不好。我看了一些企业的网站，有些还动不动就以重资产为豪，说有多少多少固定资产，有时一堆重资产就如一身肥肉，实在没什么值得自豪的。

经济快速腾飞时，是**增量经济**，整体上供应呈短缺态势，那些处于平均水平甚至低于平均水平的企业都"有饭吃"，这是不公平的，因为这是在鼓励资源利用的低效和重复投入。经济增速放缓，变成**存量经济**后，一个行业最终只有最好的那两三个企业"有活路"：老大吃肉，老二啃骨头，老三就只能喝点汤。其余的企业，出路只有关停并转。几十年来，这已经在美国得到充分验证。这也是为什么在杰克·韦尔奇时代，通用电气坚持每个事业部要么做到行业第一或第二，要么就剥离。

在对待重资产上，美国企业的行动相对坚决，一旦达不到预期，就速战速决，关停并转。这与美国的传统文化有关：合作建立的是短期关系，没什么历史遗留问题可考虑，也就不用顾虑太多的事。日本企业则普遍瞻前顾后、优柔寡断，即使效益不好，也一直拖很久才"断舍离"。⊖ 这也与日本的传统文化有关：决策速度慢，决策周期长。相较美国同行，日本企业的重资产问题普遍严重，固定资产周转率普遍不如美国企业。比如汽车制造行业，丰田和本田的资产周转率就明显低于福

⊖ 相比其他（发达）国家，日本企业在以下几个方面都滞后：公司重组上滞后，外包到别的国家上滞后，为了生产、组装而设计上滞后，模块化上滞后（后两点表明日本企业在产品设计上集成度高，在生产制造上垂直整合度高）。比如，日本经济虽然在20世纪90年代一开始就面临崩溃（房地产泡沫破灭，银行出现大量坏账等），但一直到1999年，索尼和三菱这样的大企业才开始大幅裁员，日产这样的企业才开始关闭工厂。参考自 *Best Practices in Lean Six Sigma Process Improvement, a Deeper Look*, by Richard Schonberger, John Wiley & Sons, 2012.

特，而且在过去二三十年里，整体上在走下坡路。

中国企业在应对重资产问题上，可以说存在两个极端：大型国有企业与日本企业相似，沿海地区的民营企业则与美国企业相似。在处理现有重资产上，我不担心民营企业，因为它们行动迅速，但同样因为习惯于快速试错，我反倒担心它们会轻率地进入重资产——重资产可以快速进入，但不能快速退出。

小贴士　资产从轻到重再到轻是不是必经之路

一位创业者联系我，说他们有业内很好的工程师，走的是轻资产路线，运营成本很低。但随着业务的发展，他们开始讨论建工厂的事，一致认为将来建工厂是必经之路。

我问他："重资产建工厂，你想解决什么问题或者预防什么问题？"答曰不知道。他们想这么做，主要有两方面的原因：①身边的同行前辈都是业务做大了就建工厂，特别是做到三五亿元的规模后；②他和一位厂长谈，这位厂长说业务做大后，如果全靠供应商那是很痛苦的事情。这位厂长是过来人，反复强调企业做大后，供应商的绩效就很难把控。

他的困惑是，几乎所有的有关供应链的图书都在宣扬轻资产，说轻资产是趋势，但他看到同行走的却是从轻到重再到轻的路线：创业伊始，一般是轻资产——要重也没资金（这点他理解，因为他们正在经历这一阶段）；到了一定规模后，就开始重资产（这点他不理解）；然后规模更大了，就又开始轻资产（这点他似乎理解，认为规模大了，能够引起供应商的重视）。

我把他讲的这些总结为**"纺锤形"**：两头轻、中间重。他问：这是不是规律？

这不是规律。拿电商来说，除非由于知识产权保护等特殊原因，我所接触过的电商在生产制造上一般会一路轻资产。但是，我也见过其他行业的一些企业，一旦有点规模了，现金流变得宽松了，就开始重资产。不过在我看来，**资产从轻到重，再从重到轻，更多的是管理能力提升过程中的试错**。也就是说，重资产是管理能力不足的替代方案，是轻资产之路上交的学费。

创业之初，企业的特点是有执行、没计划。业务量小，自然就不稳定，计划性也就差，但没关系，供应商可以通过执行来弥补。因为初创企业的业务较少，占供应商产能的比例也较小，供应商用富余产能挤一挤即可；即便这个供应商一时没产能，另一个供应商稍微挤一挤就行了。同样因为业务量小，是个小客户，初创企业对供应商的期望也不高，得到什么算什么。

企业到了一定规模，业务变多了，供应商再也无法通过富余产能来应对，这就需要有一定的计划，比如给供应商预测，帮助他们提前备产能、备原材料。但很多企业还是沿用粗放的管理方式，比如计划很薄弱，甚至没计划；和供应商无限博弈，这个没产能就找那个，这会给供应商带来很大的不确定性，他们不敢备产能、备原材料。于是，交付问题会非常棘手——交付周期延长，交付不稳定，质量存在问题。

与此同时，企业的业务变得更复杂，定制化需求变得越来越多，设计变更越来越多、越来越无序，验收标准不明确等问题就会呈几何级放大，与供应商扯皮的事情也会增多，这就是"成长的烦恼"。**内部失控必然导致外部失控**，供应商绩效就变得更糟糕。于是，为了确保供应，企业就开始自建产能，垂直整合自己干。

在垂直整合之下，需求端和供应端更容易协同，经过一些年月的努力，需求管理更到位了，设计变更更有节制了，验收标准也建立起来了，相应地，交付、质量问题就也慢慢解决了，但垂直整合带来的成本问题也就突显出来了。好在整体管理能力提高了，外包的条件也成熟了，于是就开始外包，走轻资产之路。

垂直整合的好处是自己干了那些活儿，才知道活儿该怎么干，也就可以更好地选择和管理外包的供应商。但是，这个学习过程长，代价高。那么，在垂直整合之外，有没有其他解决方案？有。比如，加强供应链管理职能，改善计划；选好和管好供应商，以更好地驱动供应商快速响应等。

创业伊始，企业的重心一般聚焦于营销和研发，对供应链的资源投入不足，供应链的职能就很薄弱，计划和执行都做不到位。比如，在案例企业，供应商由设计人员选择和管理。业务规模变大后，设计人员就应对不了了，这时需要专业化，由专门人员来负责。

再如，与供应商分担一定的风险，方式包括支付定金，买断部分产能，甚至支付设备购置费等，这都是可供选择的方案。如果把购置及维护运营重资产的钱拿出一小部分，加强供应链职能，适当分担供应商的风险，比完全配置重资产而承担所有的重资产风险，总成本往往会更低。

这里呈现的其实是典型的两个极端：要么对供应商粗放管理，持币购物，不承担任何重资产风险；要么垂直整合，自建产能，承担所有的重资产风险。⊖非黑即白，非此即彼，都是管理能力不足的表现。

实践者问

我看到有些企业虽然在外包，却还保留着自己的生产能力，为什么？

⊖ 在极端的避险心理下，有些企业不愿承担任何风险，比如给供应商做出一定的承诺，导致供应商以同样方式应对，结果是供应商绩效失控，最后走上垂直整合之路，反倒要承担更多的风险。这都是企业不成熟、管理能力不足的表现。

刘宝红答

这些企业保留一定的生产能力，有多种考虑，比如：①支持新产品开发，等设计定型、验收确定后，再外包给供应商；②帮助企业保留一定的生产工艺知识，以便更好地管理供应商；③作为和供应商议价的筹码；④保护知识产权，应对紧急需求等也是常见的原因。

整体而言，这是完全轻资产与完全重资产之间的第三条路，以适当增加管控力度。类似的做法在非生产行业也很常见。比如，有些品牌商走渠道路线时，也建一些自己的旗舰店（线上或线下），便于测试市场，收集数据，推出新产品；有些物流公司在依靠第三方维护车辆的同时，也自建有限的维修业务，以便熟悉车辆维护，设定维修标准等；有些餐饮公司在采用加盟方式的同时，也设立自己的直营店，便于试验和推出新菜品等。

供应商管不好，重资产成为替代方案

我们知道，企业获取资源的方式有两种：要么自己做，垂直整合，重资产；要么供应商做，采用市场方式，轻资产。两者的关系是，如果企业选不好、管不好供应商，无法有效通过市场方式获取资源，就转向垂直整合，以重资产方式获取资源。

企业选不好、管不好供应商，有些的确是因为情况特殊，比如资产的专用性强，双方高度博弈，交易成本太高，企业不得不垂直整合。当技术处于新兴阶段时，这种情况比较常见。比如在电动汽车领域，特斯拉和比亚迪这样的整车厂垂直整合度高，建有自己的电池厂，就是这种情形。但是，更多的时候，却是因管理方式简单粗放，无法有效理顺供应商关系，约束不了博弈，跟供应商做不到风险共担，成就共享。

如图1-4所示，当双方的诉求能够清晰描述时，我们会通过**合同**来约束双方的博弈；当双方的诉求有很多不确定性，无法清晰描述时，我们就得借助**关系**来约束双方的行为。持币购物是百分之百地靠合同约束，企业不承担任何重资产风险，但管控力度也最弱；垂直整合是百分之百地靠关系约束，企业承担全部的重资产风险，但管控力度最强。两种极端情况之间还有好几种形式，我们这里总结为**协作关系**、**竞合关系**、**代工关系**。

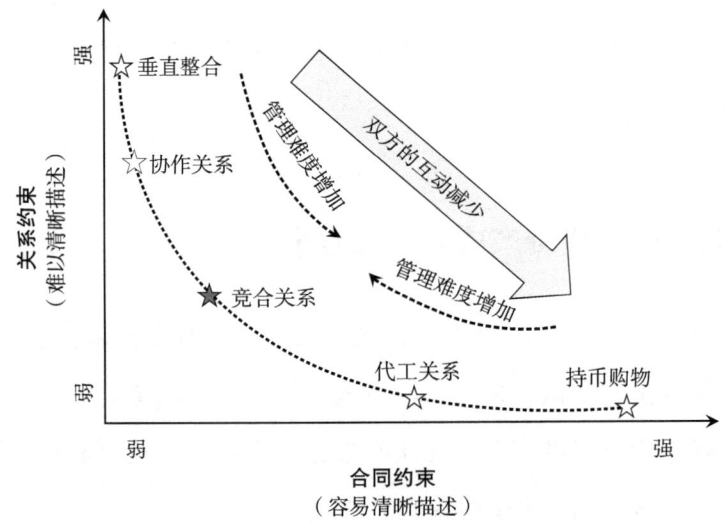

图1-4　从垂直整合到持币购物，中间有很多选择

换个角度看，持币购物完全依赖**市场**机制，有选择，没管理：供方市场充分竞争，需求可清晰描述，这个供应商不行，那就换一个。相反，垂直整合则完全依赖**管理**行为，没选择，有管理：这活儿归自己的

工厂做，你没有选择的余地，不喜欢也得想办法和工厂协作。从完全靠市场机制调节，到完全靠内部管理协调，中间有很多组合，究竟多少靠市场，多少靠管理，取决于企业的管理能力，也就是如何有效约束供应商的博弈。

协作关系下，需求的不确定性很大，很难通过合同来描述，合同的约束力有限，供应商的行为更多地需要协作意愿、长期关系来约束。"关系"在这里就是"社会契约"，让供应商不计较一时得失，为更大、更长远的目标共同努力。协作关系下，双方互动很频繁，沟通障碍也很少。

协作关系有三点要求（在第三章还会详细讲到）：①长期关系，供应商的短期损失可以在长期得到回报；②供应商的数量有限——协作关系需要大量的资源来维护，我们无法和每个供应商建立协作关系；③共同解决问题，而不是把问题转移给供应商。

企业管理能力不足时，上述三点都做不到：供应商选不好、管不好，所以一直在寻找供应商，导致供应商数量膨胀；没有能力推动内部职能协作解决问题，就把问题转移给供应商；没有能力做出长期承诺，短期关系就盛行。所以，即便是协作关系，也是暂时的，很快会变成竞合关系。

竞合关系下，双方面临的不确定性相当大，不能清晰地通过合同来约束；双方的互信不够，也不能完全基于关系来约束行为。供需双方互相依赖，互相提防，边打斗，边合作。在供应商关系中，竞合关系最具挑战性，对企业的管理能力要求也最高。

作为解决方案，我们要么改善商务关系，把竞合关系转化为协作关系；要么推动设计的标准化、模块化、系列化，把竞合关系转化为代工关系或持币购物。但是，企业的管理能力不足时，两条路都走不通，要么继续在竞合关系下挣扎，要么就垂直整合。

代工关系下，双方的合作界面清楚，但没有持币购物那么简单；不确定性有，但相当低，双方的关系主要通过合同来约束。与持币购物不同的是，供应商需要按照企业的要求来定制，双方的互动比持币购物更多。

代工关系下，理想的情况是企业没有进入制造领域的意图，代工企业没有推出自有品牌的计划，双方的能力互补，竞争关系较弱，协作基础较强。但是，即便是在这样的理想情况下，双方也不想互相绑定，企业在寻找更好的代工企业，代工企业也在寻找更多的客户。这种表面上的整体均衡，经常可能变为局部的不均衡，比如：产品升级换代，需求的不确定性增大；工艺锁定了，代工企业的议价能力增强；代工企业想推出自有品牌，和企业形成竞争等。这些情况下双方都可能变成竞合关系。

可以说，在供应商关系中，**竞合关系是常态**。协作关系处理不善，可能会演化成竞合关系；产品、技术升级换代，需求的不确定性增加，原来的持币购物、代工关系也可能复杂化，成为竞合关系。企业管理能力不足，协作关系建立不起来，竞合关系又摆不平，结果就是：要么继续轻资产，承受供应风险；要么转向垂直整合，以承担重资产风险为代价。

下面我们以京东和亚马逊的自建物流为例，看看随着业务的发展，供应商关系管理是如何演进的。京东和亚马逊是如何走上垂直整合，重资产进入物流领域的？京东的自建物流最终为什么被剥离了？

案　例
京东和亚马逊的自建物流

> 你最终还是变成了自己曾经最讨厌的样子。

京东和亚马逊刚开始做电子商务时，规模小、业务少，与那些物流服务商的体量相比，完全不是一个数量级，双方是典型的**持币购物关系**：京东和亚马逊对物流服务商的管控能力有限，得到什么就算什么。

这些电商有了一定体量后，与物流服务商的关系变得更密切了，对它们的要求也更多了，物流服务商也开始投入更多的资源（主要是通用资源），但如何实现，还是物流服务商自己的事，京东和亚马逊涉入不深，这有点像制造领域的**代工关系**。

京东和亚马逊继续成长，规模更大，实力更强，定制化的要求就变得更多，比如更快的交付和更好的客户体验，以体现它们的差异化优势。这要求物流服务商投入更多的资源，主要是专属性强的资产，比如建更多、更小的配送中心，只为支持电商业务，特别是在几个电商节期间。

对物流服务商来说，这无异于"建个教堂只为复活节的那个星期天"，会显著增加它们的资产风险，所以不愿意建。⊖但是，它们的相当一部分业务来自京东和亚马逊，双方的依赖度都很高，双方的关系便成了相爱相克的**竞合关系**。

围绕专属资产的投资风险，京东和亚马逊摆不平跟物流服务商的竞合关系，变不成**协作关系**，于是便开始垂直整合，自建物流，走上了重

⊖ 英语中有句俗语 "You don't build a church just for Easter Sunday"。复活节的那个星期天，去教堂的人最多，如果按照一年一次的规模来建教堂，那平时就闲置太多了，资源利用率太低。就京东和亚马逊来说，共同的抱怨是物流服务商在资产投入上太慢。作为一个局外人，我能理解物流服务商为什么慢：那些扩张激进的同行，大概早都死在那些激进的项目上了。

资产之路。整个过程如图 1-5 所示。

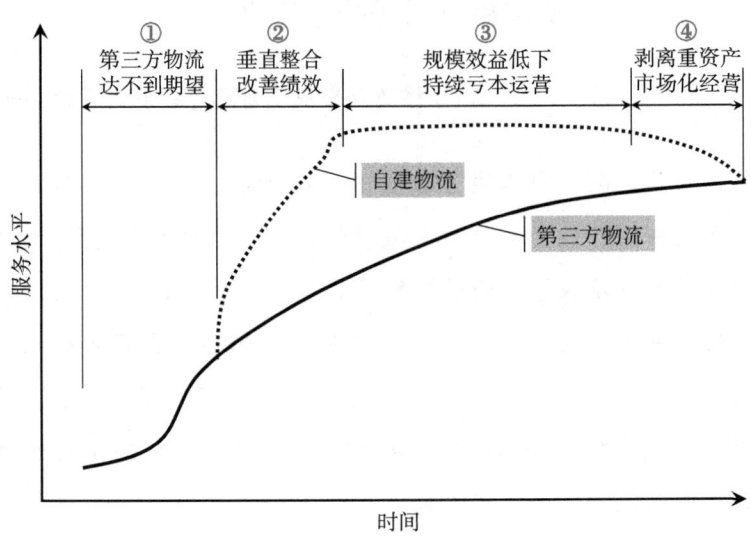

图 1-5　京东物流的垂直整合之路

京东和亚马逊自建物流后，围绕竞合关系的博弈问题解决了，对物流配送的控制力度增强了，整体的配送服务也改善了，从而帮助两者获得了更大的市场份额（见图 1-5 中的②）。但是，垂直整合也带来了新问题：这些重资产只服务京东和亚马逊，需求单一，规模效应不足，直接表现就是物流成本高，物流业务长期不盈利（见图 1-5 中的③）。

实体物流是重资产行业，自建物流显著影响了京东和亚马逊的固定资产周转率。自从京东 2007 年开始自建物流，亚马逊物流在 2015 年正式启动后，两个公司的固定资产周转率都在逐年下降，如图 1-6 所示。当然，亚马逊的业务比京东更复杂，比如 AWS 数据中心的资产相当重，后来并购的全食有很多店面，都是重资产，但不管是京东还是亚马逊，自建物流都是其固定资产的重要构成部分。

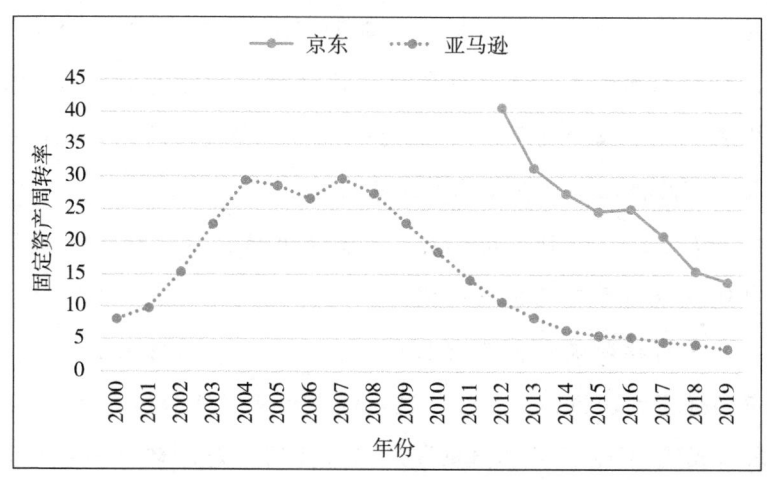

图 1-6 自建物流以后，京东和亚马逊的固定资产周转率持续下降

资料来源：www.ycharts.com.

这背后是专用资产的规模效益问题，也是先前与物流服务商之间竞合关系的核心所在。如果物流服务商建这些设施，由于非电商企业整体上满足于已有的服务，所以不愿意担负更高的成本来得到更好的服务，这就意味着这些设施的专属性强，只能用于电子商务业务，由于规模效益不高，从而使物流服务商处于博弈的劣势（万一京东和亚马逊这些电商巨头的生意没了怎么办）。这也是第三方物流不愿意投入巨资的根本原因。京东和亚马逊选择自建物流，解决了围绕专用资产的博弈问题，但并没有解决规模效益问题，无非专属固定资产的风险完全由京东和亚马逊来承担罢了。

自建物流持续亏本，无法维持时，京东开始剥离物流业务，成立独立的京东物流公司（2017 年），让它自负盈亏，途径是服务更多的客户，开辟更多的业务，并且谋求日后上市，这就走到了图 1-5 中的④。

顺便解释一下，说京东的自建物流亏本，其实不准确，严格意义上讲，是京东零售卖不了好价钱，无法把物流的高成本转移给消费者。根本原因是，在消费者眼里，虽然人人都说京东物流好，但其价值没有想象的大，所以不愿意支付更高的价格。这也说明，自建物流不是京东和亚马逊想象中的"核心竞争力"，因为"核心竞争力"的一大前提是客户认可，而认可的根本表现就是客户愿意买单。

客户不认可，至少股东得认可，就如亚马逊，因为还处于跑马圈地阶段，自建物流对于市场份额的提升、股价的提升尚有意义，所以允许它亏损。京东自建物流后，股价长期不温不火，表明股东不认可。在客户和股东都得不到回报时，拆分物流也就成为京东的必然选择。

京东物流连续12年"不盈利"，"核心原因就是外部订单量太少、内部成本太高"。㊀其根本性问题是：垂直整合下，资产较重，客户单一，规模效益低下，注定单位成本降不下来。

独立核算后，京东物流的首要目标就是找更多的客户，提高规模效益。作为具体措施，京东物流增加了配送员的揽活任务，也向更多的电商开放。这些电商即便在产品上不和京东零售直接竞争，在物流资源上也和京东零售是竞争关系，特别是在节假日的促销高峰时期，比如"618"和"双11"。京东零售是京东物流的母公司，当然会获得更高的优先级，但其他电商担心节假日得不到应有的服务，只做京东物流平日的备份，所以就不愿意与京东物流合作。这些电商认为，和顺丰这样的第三方物流合作，节假日、旺季时更可能得到公平对待。

京东物流为了获得更多客户的青睐，就得尽量和京东零售撇清关系，就如当年德尔福和通用汽车之间的情形。原来德尔福是通用汽车的一部分，当年拥有全球最大的汽车零部件制造能力，但客户只有通用汽车，需求单一，规模效益不够大，于是德尔福开始寻找更多的客户。其他客户担心会受通用汽车的影响，自己得不到足够的重视，后来通用汽车就

㊀ 刘强东，《致全体配送兄弟的一封信》，虎扑网，https://bbs.hupu.com/。

剥离出了德尔福，让德尔福独立上市（1999年）。这还不够，因为通用汽车是德尔福的最大股东，依然能够显著影响德尔福的资源配置。通用汽车最后决定卖掉德尔福的股票（2011年）。最终，德尔福变成通用汽车众多供应商中的一员，它们的关系也变成了典型的竞合关系。

对京东物流来说，需求多元化的漫漫征程至多才算刚开始。独立核算是第一步，是不是要上市，什么时候上市，上市后京东会不会最终放弃控制，尚待时间来说明。㊀

京东物流独立核算后，成本压力更大，一分钱一分服务，当然希望京东零售按照市场水准付钱；京东零售不但希望京东物流继续维持以前的高水准服务，而且能够持续降价，成为供应商中的"模范"。要知道，独立核算后，京东物流说到底还是一个物流公司，与其他物流公司不会有本质上的区别——别人做不到的"物美价廉"，京东物流当然也做不到。因此，两者的关系就不可避免地向着**竞合关系**发展了。

在竞合关系下，作为客户，京东零售有两个选择：其一，按照市场价支付京东物流，但因为消费者不愿意买单，那就自己承担"增加"的物流成本；其二，适当降低服务标准，以便降低物流成本，保持一定盈利。

作为供应商，京东物流也有两个选择：其一，继续原来的高标准来服务京东零售，但后者不愿意付钱，那京东物流就继续亏损；其二，适当降低服务标准，以京东零售能够承担的价格提供服务，保持一定盈利。

两者竞合博弈的结果就是"一分钱一分货"，在京东零售愿意支付的价格下，京东物流提供给京东零售的服务势必打折扣；京东零售原来从专业物流服务商拿不到的服务，在京东物流那里也拿不到。如图1-7所示，降低物流成本，从而降低物流价格，同时以牺牲部分物流服务质量为代价，就成了最终的均衡。

㊀ 2021年5月17日，在本书付印之际，京东物流赴港上市。

独立核算后，京东物流为了降低对京东零售的依赖，积极开拓新客户，包括其他电商，客观上改善了那些电商的物流服务。一涨一跌，京东当年付出巨大代价，自建物流带来的差异化优势，也就逐渐归于平庸。

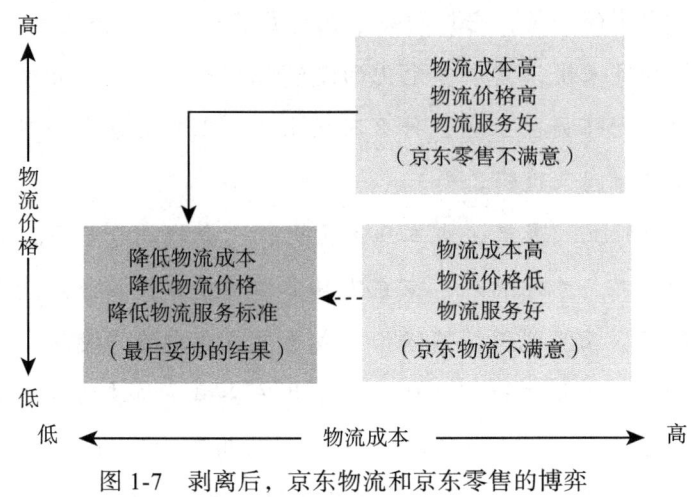

图 1-7　剥离后，京东物流和京东零售的博弈

作为采购方，京东零售为了给予京东物流更充分的竞争，一种做法就是导入更多的物流服务商，就和当年通用汽车对德尔福、AMD 对格罗方德所做的。㊀ 好处是，经过多年的能力建设，其他物流服务商也能更好地满足京东电商业务的需求（如图 1-5 中的实线所示，其他物流服务商的能力也在提升）。作为客户，京东零售的期望也会调整，原来不愿意给物流服务商的，比如更高的价格和其他承诺，经过垂直整合与解体的轮回后，现在也愿意给了。这就如 NBA 的球队一直输球，于是主教练遭解雇，成了替罪羊；换了个教练，继续输球，这回没人再抱怨了。有些事只有经历了才知道，经验不可替代。

㊀ AMD 剥离重资产的芯片制造，成为格罗方德的主要构成，并承诺给后者一定期限的独家供应权。后来为了导入更多更好的供应商，AMD 不惜支付 3.35 亿美元的巨资给格罗方德，以买断当年的独家协议。参考自 AMD Takes a $335m One-time Charge for More Sourcing Flexibility, by Renee Johnson, techreport.com。

京东物流辛辛苦苦十几年,其实只是个过渡角色:它属于专用资产,以高昂的代价,提供一流的服务,但消费者不愿意买单,股东也不认账;无法把成本向需求端和股东转移,最终走向"一分钱一分货"的均衡。当年斥巨资建立的京东物流已泯然众人矣,成了一个典型的物流服务商,做着典型的物流服务商的事。

实践者说

从京东从轻到重再到轻的过程来看,京东早前对物流的重资产建设实际上对业务起到了很好的支撑作用,当初物流给京东带来了很大的价值,也建立了一定的行业壁垒。

我看过报道,一些投资机构之所以投资京东,一个很大的原因是它建立了物流这个重资产,其他电商没有办法一下子建立起来,这成为行业壁垒和京东当时的领先优势。

但随着业务的发展,京东物流现在可能成了京东发展的负累(因为亏钱)。

我的理解是,不能武断地认为京东从轻到重再到轻的战略是错的,如果只从供应链的角度来看,确实可以说重资产是供应链管理能力不足决定的,或者是因为当时市场上暂时无法提供可以达到京东要求的服务水平,被迫自己建物流。但从公司的战略上来讲,京东重资产或许也是不同于淘宝轻资产的另一条路,两条路都可以通罗马。

——谢巍,供应链管理专业人士

刘宝红答

鬼脚七说,"人生所有经过的路,都是必经之路",放在京东身上同样适用。两条路都可以通罗马,但并不是说两条路的艰辛程度一样,取得的成果也一样。虽然历史不容假设，但是，如果京东把那么多的资源投入研发，就如同阿里这些年来所做的一样，结果会是什么样子？阿里的市值是京东的 4.7 倍（2021 年 1 月 22 日），是不是与两个企业在轻资产、重资产上的战略选择有关呢？

这里的问题是，京东能否避免这样的轮回？

其实，京东的问题和其他领先企业没什么本质不同，那就是供应商的能力无法支撑业务发展，而为了改善能力，势必投入专属性强的资源，主要是固定资产。为什么有的企业能够通过供应商得到这样的资源，而有的企业则陷入垂直整合，最终又不得不剥离重资产呢？

就拿智能手机来说，苹果垂直整合了一部分能力，比如芯片设计，但对于生产制造却一直坚持轻资产的战略。苹果的需求相当复杂，不确定性非常大，资产的专用性很强，它是如何管理竞合关系，并将其转变为协作关系的呢？我想其中一个重要因素是苹果管理供应商和供应链的能力更强，而且苹果愿意分担一些重资产风险，比如买断产能、提供设备、给供应商一定的业务承诺等。⊖

也就是说，在持币购物和垂直整合之间，苹果这样的企业找到了第三条路；京东和亚马逊这样的企业管理供应商的能力较弱，结果就走上重资产之路，承担了更多的风险，付出了更大的代价。

重资产决策动辄涉及大笔投资，其背后有很复杂的原因，我不想也不能一一分析。不过我发现，**最终选择轻资产的企业，一般比较成熟，管理能力强，在供应商管理上能采取差异化的做法**；走重资产垂直整合

⊖ 当然，苹果产品的差异化优势明显、毛利高，从而能让供应商有更好的盈利，这也是一大原因。

之路的企业，管理能力一般较弱，对待供应商非黑即白，在寻找第三条路上能力不足。很多新兴企业属于后者，它们在业务模式创新上能力较强，但在供应链运营上能力较弱，在重资产上试了很多错。

小贴士　在重资产决策上，强势的创始人是把双刃剑

对于企业特别是新兴企业来说，硅谷流行着一句话，那就是"创始人不可替代"。但性格即命运，创始人的强硬风格，往往也是重资产的根源。

作为创业家，性格强硬、控制欲强是很多人的共性。"有了晶圆厂，才是真男人"，这是有名的硅谷硬汉、AMD 的联合创始人杰里·桑德斯的"名言"，透出浓浓的强人控制欲味道。刘强东、贝佐斯就是这样，热衷于垂直整合，比如重资产进入物流和零售领域；阿里巴巴的创始人相对柔和一些，看重专业化，阿里和菜鸟驿站走的是轻资产路线。⊖比亚迪的垂直整合度高、资产重、固定资产周转慢，和王传福的个人喜好也不无关系。

这些人的共同特点是年纪轻轻就创业，精于业务模式创新而疏于供应链运营。他们对生意有敏锐的直觉，敢于抓住机会，敢于冒险，错了也可以很快纠正，因为业务模式的验证周期相对较短；而供应链运营一旦涉及重资产，验证周期就比较长，进去容易出来难，这些创始人没有

⊖ 一说起物流，支持京东物流的人总会说，当时第三方物流的绩效太差，京东不得不重资产进入物流行业。第三方物流差没错，但在我看来，这主要是企业的选择问题，或者说企业创始人的选择问题。京东不是非得重资产不可，阿里轻资产，市值是京东的 4.7 倍（2021 年 1 月 22 日）。或许有人会说，阿里发展得好，并不是电商本身做得有多好，而是进入了很别的领域，比如支付工具等。没错，阿里投入资源进行横向扩张，核心竞争力越来越明晰。京东正好相反，一路垂直整合，把钱砸进了物流，没钱横向扩张，核心竞争力越来越模糊。退一步讲，如果说京东物流是不得已而为之，那京东零售呢？零售的入行门槛不高，没多少专属资产问题，京东为什么热衷于自营，走重资产之路，而阿里则致力于搭建平台，继续轻资产？

吃过重资产的苦头，试错的代价很高。

一些年轻的创始人性格强硬、不愿妥协，影响了对社会资源的整合，无法和供应商有效协作，就容易走上垂直整合之路。他们集裁判与球员于一身，缺乏基本的制衡，导致决策质量低，在重资产上交了很多学费。比如马斯克说特斯拉会加大垂直整合的力度，"特斯拉能够制造每一个零部件是很重要的，因为这降低了供应商风险。假如2%的零部件供应商无法交付，我们就无法造车"。⊖这背后的逻辑还是对供应链的管控：在"钢铁侠"眼里，凡是无法管控的，都是风险，而为了管控风险，就得自己做。

我能理解，特斯拉的电动汽车和传统汽车有实质性区别。传统汽车更像个机械系统，而特斯拉的电动汽车则更像个电子系统。同样的零部件，集成到传统汽车里的方式与集成到电动汽车里的方式可能有着显著不同，因为在特斯拉的电动汽车里，很多模块及其之间的界面定义尚不清楚，特斯拉就得更多更深地介入，所以在供应链里的角色要远重于传统的汽车整车厂，垂直整合度会更高。

但是，这种适度垂直整合的信息，从强人马斯克的嘴里说出来，其信号却是异常强烈，在运营层面实施起来就很容易过度垂直整合。要知道，在新兴行业，人们本来就容易过度特殊化自己的需求，走上垂直整合之路。作为联合创始人和CEO，马斯克这样旗帜鲜明地强烈推动，势必为特斯拉的垂直整合推波助澜。

特斯拉垂直整合度高，什么都做，直接结果就是什么都是高成本。它的成本居高不下，除了电池本身成本较高之外，与特斯拉垂直整合带来的重资产不无关系。2019年第一季度特斯拉就亏损7亿美元，于是马

⊖ Tesla Q1'16 Earnings Conference Call: Full Transcript, by Paul Quintaro, www.benzinga.com.

斯克宣布裁员，并给所有员工发邮件，一再强调要节支。比如，每一笔开支，不管是零部件采购、员工工资，还是差旅、租金，每页都要公司CFO签字，他自己每10页抽查1页并签字。㊀特斯拉每年的成本以数十亿美元计，真不知道马斯克和CFO怎么能签完那么多的字。

在给员工的电子邮件里，马斯克说，特斯拉要处理上万个零部件和工序，每一分钱累计起来就不得了，他期望每一位员工把钱看得紧紧的。但如果要说花钱，还有谁能比马斯克花的更多呢？截至2019年年底，特斯拉的固定资产超过100亿美元。在做出那些对于固定资产的投入的决策时，马斯克自己应该扮演了最重要的角色。作为一个垂直整合的偏执狂，他是否会同样严格要求自己，做好那些固定资产的决策呢？

实践者说

对京东来说，在过去的成长发展阶段，物流快是其非常必要的一张王牌。当成长到当前阶段，需要向盈利妥协时，适当地降低服务水准，提高零售价格，换取平衡也是市场需要的。哪怕退回到京东自建物流之初，就算刘强东知道会有这种结果，我想他依然会选择自建物流，以构建阶段性的核心竞争力。

——曹欢，公众号"供应链管理专栏"读者

刘宝红答

要下这个结论还为时尚早，关键要看京东物流与京东以后"脱钩"的痛苦程度。如果你问通用汽车，当年该不该垂直整合全球最大的零部件制造业务，答案八成是"悔不该当初"，因为零部件制造的剥离过程

㊀ Read the email Elon Musk sent to Tesla employees calling for 'hardcore' control of expenses, by Lora Kolodny, CNBC, www.cnbc.com, May 17, 2019.

异常痛苦，工会、养老金等问题直到现在还在困扰着通用汽车，这都二三十年了。如果你问 IBM，该不该当年自建芯片制造厂，八成你也会得到一个"不"字，那么多年来，IBM 的芯片制造业务不盈利，光找接盘侠就花了好几年时间，最后不得不倒贴 15 亿美元出手。当然，如果你问杰里·桑德斯，后不后悔当年在 AMD 自建芯片制造厂，答案绝对是"不"，因为当时第三方芯片代工还很不完善，没有晶圆厂就很难立足。现在的问题是，京东更像哪种情况呢？

垂直整合的重资产，最终难逃劣质化的命运

与驯化了的动物会丧失野性一样，时间一长，垂直整合的重资产难逃劣质化的命运，从而失去竞争力。

让我们先看看英特尔的例子。

在芯片制造领域，英特尔是典型的垂直整合，有自己的芯片生产设施。一个现代化的芯片大厂，投资动辄在几十亿美元，这样的大厂英特尔就有 15 个，固定资产之重可想而知。英特尔 60% 以上的业务来自 PC，而 PC 的销量自 2011 年达到顶峰后，是"王小二过年，一年不如一年"，英特尔的产能利用率问题日益严峻，固定资产的投资回报成了大问题。

既然有富余产能，何不给别人代加工？也就是说进入代工领域，和台积电、格罗方德等竞争。这是很自然的想法，但想进入代工领域，英特尔面临的挑战更大——技不如人。这有点让人费解，多年来，英特尔一直领跑芯片制造领域，为什么反倒技不如人呢？

原来，像台积电那样的代工企业，多年来和各种各样的客户合作，吃过很多苦，也练就了很强的本领，最终成了芯片制造领域的专家，在成本、性能和交付上综合表现领先。虽说英特尔也有几十年的芯片制造历史，但都是给自己制造，集中在 CPU 领域，客户单一、产品单一、工艺技术也单一，一直是"近亲繁殖"，其制造能力在市场上的竞争力并没有想象中的那么强。

这清楚地体现在英特尔的制程工艺水平上。2018 年，全球主要芯片代工企业的工艺水平，不管是量产还是研发，抑或是从研发转入量产，英特尔都处于下风，落后于台积电和三星。在半导体行业，英特尔、台积电和三星是三大巨头，一直走在技术发展最前沿，它们都买最先进的设备，都在挑战最尖端的制程工艺，为什么英特尔会落后于台积电和三星呢？这和英特尔的垂直整合有关。

英特尔的生产制造业务作为垂直整合的产物，长期处于非充分竞争状态，即便做得不好，内部客户也不能拿它怎么样。没有**充分而持久的竞争**，就没有持续改进的压力和动力，改进速度就会慢于竞争对手，这是英特尔在制程工艺上落后的一大原因。此外，英特尔的制程工艺是围绕 ×86 CPU 优化的，长期在 CPU 领域"近亲繁殖"，没有**杂交优势**，在应对低成本处理器时没有成本优势，是英特尔在制程工艺上落后的又一个原因。⊖

这就是英特尔在代工领域的现实状态：虽然是一家技术公司，但

⊖ 垂直整合的资源，经过长期的磨合，会与自己的产品高度啮合，但如果产品需求变了，其僵化了的结构就成了大问题。对英特尔来说，由加工自己的产品到代工别人的产品，对工艺的技术、效率要求也更高了。

在**制造能力**上并没有竞争力。在宣布进入代工领域五六年后，英特尔愈发处于进退两难的境地，在主要的代工客户中，只有阿尔特拉是个大客户，但没多久就被英特尔收购了；⊖除此之外，很难找出第二个像样的代工客户。

制造能力上没有竞争力，成本上也没有。从竞争战略而言，历来英特尔走的是**产品**技术领先的路，靠差异化卖个好价钱，而不是把**工艺**做到极致，靠制造和供应链获得成本优势。这种企业靠产品的差异化优势，习惯性地把生产制造的低效转嫁给客户。对它们的生产制造来说，是"地好"，而不是它们"种得好"；所谓的制造优势，其实是在沾研发的光，并不是说制造能力有多强。

这也是很多垂直整合的企业的共性问题：**有制造能力，但没有制造优势**。这些企业看上去很成功，但并不能说明其生产制造本身有多好。比如快时尚巨头 ZARA，在垂直整合模式下，自己设计、自己生产、自己销售，其生产和销售其实是在沾设计的光，如果把生产制造或销售渠道单列出来的话，估计会很差。

有趣的是，英特尔的整体产能过剩，但局部产能却出现短缺。2018年下半年市场上有信息显示，因为 14 纳米芯片的产能不足，英特尔四处找代工企业，比如格罗方德、台积电和三星等。⊜ "地主家怎么也能没有余粮？"英特尔当然解释说是"市场需求"造成的，是因需求超过了预期。这借口一点技术含量也没有，产能不足的时候，当然是需求高过预期。真实的原因是英特尔在新世代产能投入不足，而这与其整体产

⊖ 2015 年，英特尔以 167 亿美元收购阿尔特拉（Altera），这是英特尔历史上最大规模的收购。

⊜ Intel is rumored to be buying capacity at GlobalFoundries, www.guru3d.com.

能过剩不无关系：低端产能过剩，固定资产的投资回报低，于是在最新制程的投资上也就更加谨慎，造成高端产能短缺。

早些年，芯片的产品设计与工艺设计关系紧密，垂直整合模式促进了两者的交互优化，从而设计和生产出更好的产品，产品的毛利也高，能够承担高昂的制造成本；这些年来，芯片业趋向成熟，芯片的设计、制造和测试封装越来越独立，毛利持续下降，成本高昂的垂直整合模式受到挑战，一度引以为豪的制造能力就成了负担。

作为英特尔的老对头，AMD 从 2008 年就开始剥离生产制造，其芯片制造成为格罗方德业务的主要构成。IBM 也是最终把芯片制造剥离给格罗方德。在这种情形下，英特尔还在坚持垂直整合的道路，但随着行业的成熟，毛利持续下降，而拥有最新工艺的晶圆厂要求的投资巨大，从而影响了英特尔在生产制造上的投入，这势必导致其制造能力的进一步劣质化。

2020 年 7 月，英特尔终于熬不住了，宣布鉴于 7 纳米技术一再延迟，全面落后于竞争对手台积电，考虑将生产制造外包。这次地主家真的没有余粮了，貌似偶然，其实是必然。消息一出，英特尔的股价应声下跌 16%，几百亿美元的市值消失了。这是令人震惊的失败，彭博社用"stunning"一词来形容，预示着美国芯片行业时代的结束。㊀

英特尔的例子或许太大，离我们太远了，让我们看一个小一点的例子。

2003 年，我刚到硅谷工作时，老东家有自己的清洗业务：买了一台

㊀ 在英语中，"stunning"有让人目瞪口呆的意思。Intel 'Stunning Failure' Heralds End of Era for U.S. Chip Sector, by Ian King, Bloomberg.com, July 24, 2020.

设备，雇了几名员工，在仓库的一个角落，把那些零部件上的油腻、灰尘清洗干净。这台设备刚买来的时候还算先进，但几年以后就变得相当老旧，公司也是"小车不倒使劲推"，没意愿投资新设备。那几名员工刚招来时倒是经过了系统的培训，对清洗还有点专业度，但因一直守着那台设备，工作简单，没有任何挑战，也没有机会与同行交流，他们在仓库的角落里落寞地过着日子，专业能力其实一直在走下坡路。就这样，从设备到人员，清洗能力就不可避免地劣质化了。

后来，清洗业务外包给附近的一家专业供应商，设备给了供应商，这几个人也就划归供应商了。⊖这家供应商有几位博士，专长化学分析，他们定期检验清洗效果，发现其经常达不到规范的要求。以前老东家自己清洗的时候，只看过程，不看结果，虽说有规范，那几个员工既没动力也没有能力来验证。于是，这家专业清洗供应商维修了设备，改进了清洗配方，整个清洗过程控制更加到位，清洗的质量、按时交付率、损坏率等一系列指标都大幅改善。那几个员工，清洗完我们的零件后，还可以去清洗别人的零件，规模效益更好了；身处一群专业人员之中，他们的技能也得到了提升。⊜

我们再看一个 IT 领域的例子。

有个日本公司，几千人的规模，有自己的软件开发部门，几乎所有

⊖ 在北美，这是挺常见的：不管是外包生产制造，还是其他业务流程，外包供应商经常把原来的设施和员工一起接收。这样，一方面利于外包过程中，历史经验和知识能够平稳过渡；另一方面也减少裁员，尽量减小对企业社会形象的影响。

⊜ 对员工来说，职业发展也往往因为外包而带来更多的机会。比如原来给制造企业管仓库，员工的职业通道到顶就是库管经理；现在随着仓储业务剥离到了专业的仓储企业，原来的员工也跟着一起去，在专业的公司职业发展更加广阔，可以一路向上发展到总监、副总，甚至公司老总。

的软件都是自己开发。ERP 虽然用的是微软的 Dynamics，但那是多年前的老版本，这些年做了很多定制。定制到什么程度呢？连新版本的 ERP 都无法上，因为以前定制的功能可能不兼容，所以至今还在用老版本。几百个人的 IT 团队，整个信息化水平却相当低。

在这种现象后面也能看到垂直整合后，内置资源劣质化的问题。公司刚建立起来的时候，这些软件开发人员和外面的专业人员水平差不多，因为有很多来自专门的软件公司。但在同一个行业、同一个公司，待在封闭环境里的时间长了，这些人的知识、技能都会落后。他们知道自己知道的，比如对那些老软件的每个 bug 都已烂熟于胸，但不知道自己不知道的，比如最新的技术发展。

我以前上班的公司也有这么一群 IT 人员。他们大多在公司工作了一二十年（在硅谷的高科技界，这可不算短），一直在维护 ERP 软件，开发各种定制化功能。这是些资深员工，年资长，收入比我们这些年轻的经理都高，但我发现他们相当一部分人很不开心。想想看，数年如一日地对付那些相同的老问题，换作你，你能高兴吗？那为什么他们不辞职，换个更有趣的工作呢？别忘了，这可是硅谷，世界信息技术的中心。

很简单，换不了。这些人长期在封闭环境里工作，能力提升跟不上业界的发展，早已劣质化，被淘汰了。企业效益好时，没人愿意去动他们；效益不好时，一旦被裁，就很难找到有同样报酬的工作了。

现在你也许能理解，虽说你们也有自己的仓储、物流人员或熟悉精益生产的工程师，却还在请第三方顾问来帮你们优化仓储空间，改善物流运输，推动生产线的精益化运作。因为这些专业能力，一旦通过垂直整合的方式内置化了，**除非是核心竞争力**，否则企业很难持续对此投入资源；竞争不充分，自身又缺乏持续改进的动力，就会不可避免地走上劣质化之路。

对于核心竞争力来说，之所以称为"核心"，是因为它是企业赖以生存的能力，代表企业在市场上竞争，所以竞争是充分的，改进的压力是持久的。同样，因为是核心竞争力，企业在资源投入上也更有保障。而非核心竞争力，背靠大树好乘凉，在核心竞争力的庇护下，很容易"偷懒"，最终劣质化是必然的。

垂直整合的重资产，成本上缺乏竞争力

垂直整合后，除非是核心竞争力，否则内置资源在**专业能力**上会逐步劣质化。即便不劣质化，在一个封闭环境里，提升速度也会慢于专业供应商，逐渐失去竞争力。那么成本以及我们一直期望通过垂直整合来保证的交付和产能呢？很遗憾，这些能力也会劣质化。最终，这些垂直整合的资源会在技术和商业上都失去竞争力。

前面说过，对于重资产来说，一旦垂直整合了，需求变得单一，周期性、季节性、业务正常变动的影响就更大；而专业供应商，因为需求更加多元化，东边不亮西边亮，整体的需求变动一般更小。为了有效应对需求变动，确保产能和交付，在垂直整合的情况下就要建有更多的富余产能，这客观上造成产能利用率更低、单位成本更高。

对于这点我们有直观的理解。我们在建工厂的时候，一般都按旺季的需求建产能，而大多时间里，我们的需求是填不满工厂产能的。体现在具体的设备上就是，虽然有些设备用得很少，但你至少也得买一台。它们大部分时间就停在那里积灰尘，产能利用率低下，摊销的单位固定

成本更高。这从根本上决定了，**垂直整合并不便宜**。

十几年前，我在美国的第一份工作是做采购，有些供应商经常来游说，说把他们一些下级供应商的工艺也整合进来，那样的话可以有更好的质量管控、更快的交付（因为可以减少产品在不同供应商之间来回，节省运输时间等）。在技术方面，存在下级供应商，一般都有技术原因，如果一级供应商要垂直整合，就需要采购方的技术支持来验证、认可，这需要我们的资源投入，自然要有回报，所以说给我们更好的价格。于是我就问，价格能降低多少？一谈到钱，供应商就顾左右而言他。刚开始我觉得供应商在蒙我们，他们想独吞好处；后来我想通了，垂直整合后，供应商根本无法有更低的成本，能维持原价已经不容易了。

遗憾的是，很多企业不理解这点，特别是那些因"供应商报价太高"而决定垂直整合的企业。起初，这些企业到处询价，发现各供应商的报价都比自己算出来的高，就觉得供应商在"欺负"自己，于是就自建产能，垂直整合。垂直整合后，它们很快发现，最糟糕的供应商其实就是自己的生产线、子公司或分公司，对它们可以骂但不能打，或者可以打但不能打死，交付和灵活性往往不如第三方供应商也就罢了，如果独立核算的话，你还会发现，它们的价格并没有竞争力。

企业老总的解决方案简单粗暴，就是导入市场机制。对此，他们的理由很"充分"：不能光养马，还要赛马，让子公司和外部供应商"公平竞争"。在"公平竞争"的压力下，子公司就会不可避免地陷入双输境地：①如果在价格上与外部供应商相当，那就得牺牲交付、服务来降低成本，比如挤压富余产能，在内部客户眼里就变得越来越不灵活，越来越"不听话"；②如果要维持交付、服务水平和灵活性，那就得维持高价。两种情况母公司都无法接受，子公司变得左右为难。

在独立核算、自负盈亏的压力下，这些子公司开始"市场化"，不见兔子不撒鹰，在产能建设上更加谨慎，特别是季节性、周期性产能。我在深圳访问一家公司时，他们就在抱怨子公司的"劣迹"，说子公司拿到业务后，转手就外包给第三方，而外包的结果是，因为管理不善，无法确保交付时间和产品质量。这其实是必然会出现的。这是一家千亿级的企业，向来秉承"肥水不流外人田"的宗旨，一直走的是垂直整合的路线。产品成本压力大，就把子公司"市场化"，市场化的结果是，子公司采取的博弈措施基本和第三方供应商差不多，也不愿意为季节性需求建工厂、添设备、招工人，靠内部关系拿到业务后，直接外包给第三方。

这时，那些当年垂直整合的推动者就开始想方设法把业务给专业供应商，于是子公司更多地就成了与专业供应商谈判的筹码。子公司的业务更少了，单位成本也就更高了，越来越成为母公司的负担，从母公司得到的资源也越来越少，设施设备无法更新，优秀员工留不住，便不可避免地走上劣质化之路。

就这样，走重资产之路、垂直整合的公司最终发现，自己的那些资产最终没有带来多少竞争优势，特别是产品大众化后，更是成了包袱，变为投资回报率的杀手。于是，这些子公司愈发边缘化，在劣质化的路上越走越远。

小贴士　没脾气也没能力的内部供应商

在我的《采购与供应链管理：一个实践者的角度》（第3版）中，有一个核心概念，那就是没有完美的供应商。有能力的供应商有脾气，比如技术好、质量好的供应商，一般价格高、交付慢、灵活性差；没脾气的供应商也没能力，比如那些配合度高、服务好的供应商，一般技术、质量较差。与我们打交道的主要是这两类供应商。

企业走垂直整合的路，根本原因是找不到合适的供应商，无法通过市场方式有效地获取资源：有能力的供应商有脾气，不好管；没脾气的供应商也没能力，不愿意用。那就自己建产能，自己干，"内部供应商"就这样产生了，不管它是自己的生产线，还是独立核算的子公司。那么，这些"内部供应商"算哪一种供应商？没脾气也没能力。

没能力，是因为在封闭环境中，竞争不充分、不持久，内部供应商在持续改进上速度放缓，在业务能力上与专业供应商的差距逐渐拉大；需求单一，规模效益差，单位成本高，在成本上没有竞争力。没脾气，是因为在垂直整合的公司，内部供应商是公司的一部分，他们不听话，就告到共同的老总那里去，内部供应商即使再不愿意，最后总是要听话的。没脾气也没能力，最后内部供应商就变成了劣质资源。这还不算是最糟糕的。在部门利益的驱动下，有些内部供应商连"没脾气"也做不到，而是变得能力不大，脾气却不小，真是应了一句话：最糟糕的供应商，就是自己的生产线。

"一站式"供应链是空中楼阁

经常听到一些巨无霸企业到处并购，垂直整合，承诺给客户提供"一站式"供应链服务。一听到这些，你可要非常谨慎，因为这样的并购与自建产能本质上并无二致，最后的结局也很相似，难逃劣质化的命运。

让我们先看看法国巨头圣戈班的例子。

2000年前后，工业巨头圣戈班大举进军半导体设备行业，在硅谷并购了一系列的专业供应商，比如表面处理和机械精加工企业。坦白地讲，这些供应商还不是最糟糕的，否则精明的圣戈班不会投巨资将其买下，但也绝对算不上最优秀。

行业内的那些最优秀的公司，要么不愿意把自己卖掉（谁愿意把生金蛋的鸡给卖掉呢）；要么要价太高，不符合并购者的诉求。这些巨无霸企业的如意算盘是，付出合理的代价，**并购足够好但不是最好的资产**，通过包装和提高管理能力，产生"1+1>2"的整合效应，但这经常是一厢情愿。

就以圣戈班来说，收购了这些公司后，它希望通过垂直整合，给客户提供"一站式"服务。可这些供应商被收购后，管理成本上升，响应速度也下降，整体竞争能力不升反降，结果连圣戈班自己都不肯用这些并购来的兄弟公司，而是把业务给其他供应商。没几年，这些并购来的资产就又逐一剥离，高价买进，低价卖出，做的是"一马换二羊，二羊换四兔"的交易。

比如圣戈班当时高价买下一个机械加工厂，几年后盈利没达到预期目标，就低价出手了，接手的就是原来的老板。这老板高价卖出，低价买回，大赚一笔。这故事还没完。又过了几年，又有一个热衷于"一站式"供应链的巨无霸伟创力看中了该机械加工厂，那位老板就把机械加工厂进行重新包装，再一次高点卖给伟创力，又狠赚一笔。这个机械加工厂的故事应该还没结束，只是我后来没有继续跟踪。

在半导体设备行业，类似的情况也发生在应用材料、普莱克斯、BOC等巨头身上。在我做采购的几年里，这些巨头买进卖出就有好多起。不过结果都一样，这些"一站式"供应链仍旧是高管们的最爱、MBA们的纸上谈兵，没有一例经得住考验，达到预期目标，最后纷纷以剥离收尾。

为什么呢？这些企业在大肆并购的时候，给客户的一大卖点就是更低的价格、更好的服务。但是，在需求日益碎片化、多元化的今天，**垂直整合不是成本最低的解决方案**，当产品和服务的差异化优势很小时，就无法在市场环境中生存。这是个根本问题，也可以说是垂直整合带来的结构性问题。

这些资产被并购了，但相应的技术和管理能力并没有普遍提升，因为并购者并不是相应领域的专家（否则就不并购了），无法给被并购者提供实质性的帮助。但由于成了大公司的一部分，被并购者的整个成本却更高了，比如更多的管理费、更好的员工福利等（大企业的福利一般好于小企业）。能力没有提升，成本更高，那么性价比就更差，不要说开发新客户，就是老客户也保不住，从而导致业务量下降，单位成本升高，于是形成恶性循环，逐渐步入下坡路。

有时采购方鼓励供应商打造"一站式"供应链，认为这样可以降低成本，加快速度，改善质量，最终不过是空中楼阁，因为供应商根本做不到。采购方如果得不到他们想得的，不要说给供应商更多的新生意，连老生意也会逐渐移走，从而让"一站式"供应链失败得更快。

.... 案　例 ....
"一站式"并购激起同行反弹

一个人的悲剧是悲剧，一群人的悲剧就成了喜剧。

在一个行业里，如果有公司跳出来，雄心勃勃地进行垂直整合，给客户提供"一站式"服务，势必引起行业震动，激起一系列反制。反制主要来自同行，因为并购的对象是供应商，而同行往往因为用同样的供应商而首先受到影响。

我至今还清楚地记得，十几年前我做采购的时候，竞争对手并购了我最重要的供应商。公司自上至下，从设计到采购马上炸了锅。研发人员说，这下竞争对手能看到我们那么多图纸、规范和知识产权了；生产和供应链的人员说，这下旺季一来，产能都给竞争对手了。在震惊和愤怒中，大家也带着世界末日来临般的快乐，召开一个又一个会议，核心议题就是如何淘汰这个供应商。㊀

不过，不管有多大意见，在现实面前，大家很快就不得不回归理性。在成百上千的关键零部件中，有一个关键工序必须经过这个供应商，要更换，难如登天。退一步讲，知识产权的泄露，其实也没有工程师们谈的那么可怕，行业这么小，这些工程师中有一小半原本就是从竞争对手那里过来的，当然，竞争对手那里，也有一小半的人是从我们这边过去的，谁做什么，用什么样的技术，其实大家都清楚，不过碍于专利诉讼的危险，大家都不敢明目张胆地侵权罢了。竞争对手当然知道我们的顾虑，很快就派"使者"来了，保证它们和这家供应商之间建有"防火墙"，不会让它们接触到我们的知识产权。于是大家也就找个台阶下，承认了现状。

这事当然还没完。老产品移不走，新产品可以不给你呀！于是，新业务都给了这个供应商的竞争对手。我们这么做，其他同行企业也这么做。就这样，随着产品的更新换代，老产品的产量下降，该供应商的营业额也随之下降，规模效益更小，单位成本更高，竞争力不升反降。

㊀ 正是在这次事件中，我发现，如果世界末日果真来临的话，大家高兴的成分远多过悲伤，因为这是扮演英雄的好机会。要知道，一个人的悲剧是悲剧，一群人的悲剧就成了喜剧或闹剧。

小企业被大企业并购时，总是期望这并购企业财力雄厚，能够投资更多。大企业也是明着暗着这样承诺，给并购对象画饼，也是画给最终客户看的。但是，它一看并购对象并没有达到业务期望，大企业的钱袋子也就越捂越紧，投入资源越来越少。没有足够的资源，并购对象就留不住优秀的员工，没有资金更新设备，于是步入下坡路，很快从人们的视野中消失了。

这就是十几年来，我在半导体设备行业看到的"一站式"供应链运动。我有切身体会的就有三个这样的大企业，每年有着几十亿美元甚至几百亿美元的营收，它们先后垂直整合供应商，但最后的"一站式"供应链都成了空中楼阁，不得不剥离这些并购来的重资产。而真正成功的却是横向整合：一个供应商成了这些剥离资产的"接盘侠"，把这些不同地域、具有不同优势的资产重新进行整合，吸纳了众多同行的优点，从而成了最优秀的公司。

如何应对垂直整合的高成本

对于垂直整合的重资产，我们总结了以下几种主要出路，以应对其高成本（见图1-8）。

（1）看能否转移，即通过产品的差异化优势将高成本转移给客户，由客户买单。

（2）不能转移的话，看能否改善，即通过自我效率的提升，内部消化。

（3）两者都不行的话，那就外包，依赖更专业的供应商。

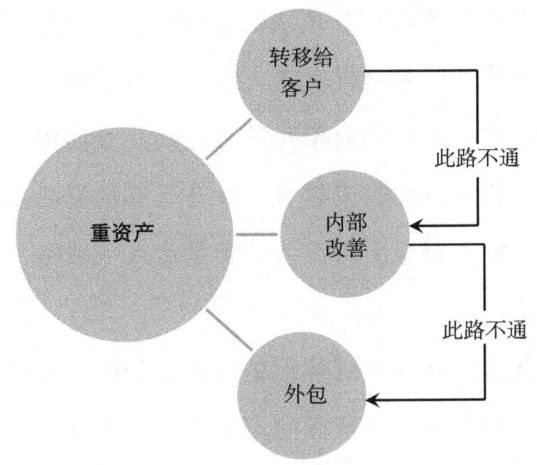

图 1-8 垂直整合的重资产的几种出路

对北美企业来说，20 世纪 70 年代以前，全球竞争有限，美国企业主要是把高成本**转移**给消费者和客户；20 世纪八九十年代，以日本为代表的全球竞争来袭，美国企业不得不练内功，全面学习日本的管理方式，从全面质量管理到流程再造，再到精益制造和六西格玛，以提高**卓越运营**的水平，内部消化高成本。经过多年的努力，美国企业发现，卓越运营还是无法克服垂直整合带来的根本问题，比如规模效益不足和资源劣质化问题，于是开始外包和全球寻源，在 21 世纪前 10 年全面进入外包模式。

追求差异化优势，转移成本给客户

在美国有这么一句话：没有人因为买了 IBM 的产品而被开掉。IBM 的产品贵是贵，甚至可以说是最贵，但性能好，如果 IBM 的产品都解决不了问题，那只能说是问题太难，怪不得谁了。这句话也代表了美国企业的最大愿望：追求差异化优势，让客户愿意不计成本地采用，从而把成本压力转移给客户。这些企业当然也追求性价比，但它们聚焦的是做大分子，在提高性能上做文章；而不是一味地做小分母，在与供应商的降价谈判上一路走到天黑。

这种差异化的优势，要么来自产品技术，比如高科技行业；要么来自品牌效应，比如奢侈品（奢侈品牌能够在专卖店卖，而大众产品只能放超市卖，就是因为前者可以把专卖店的高成本转移给消费者）。在大型设备、飞机制造、军工国防这样的行业，效率低、成本高是企业普遍面临的挑战，差异化战略是企业的普遍选择。同样，在以重资产著称的芯片制造业，只有技术的差异化，才可能系统地把重资产的高成本转移给客户，台积电就是例子。

台积电和中芯国际都是芯片代工企业，是重资产的典型。两家企业都有一系列的芯片制造设施（业内叫晶圆厂），每个晶圆厂的投资动辄三四十亿美元，涉及最新技术的更甚，比如台积电的 Fab 15 晶圆厂投资高达 93 亿美元。[⊖]固定资产投资大、周转率低是芯片制造的特点。就这两家企业来说，台积电大概是每年周转一次，中芯国际大致是两年周转一次，如图 1-9a 所示。在技术上，台积电有明显的优势，在毛利率上有直接体现：10 年来，台积电的毛利率接近 50%，是中芯国际的两倍多，如图 1-9b 所示。

毛利润是销售收入减去销货成本，而销货成本等于直接物料和直接人工，不包括固定资产的折旧——后者是靠毛利来覆盖。台积电的毛利率在 50% 左右，能够很好地覆盖固定资产的折旧，还剩下很好的净

⊖ Semiconductor fabrication plant, Wikipedia.org.

利润。在 2010~2019 年的 10 年里，台积电每年的净利润率都在 30% 以上，在全球范围内，不管在哪个行业，罕有能够与之匹敌的企业。

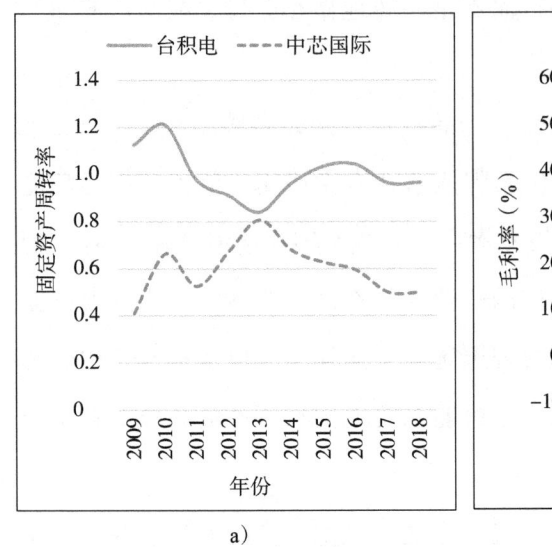
a)

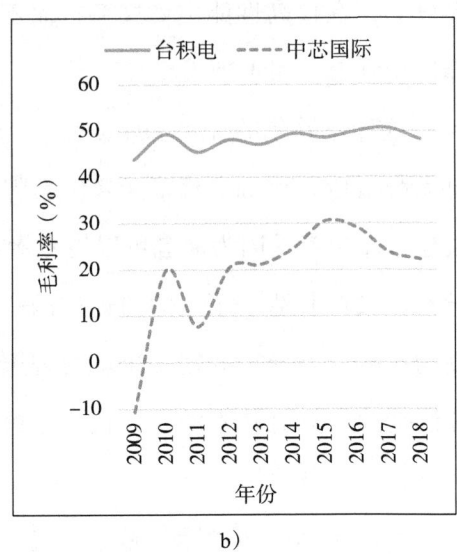
b)

图 1-9　台积电与中芯国际的固定资产周转率和毛利率的比较

资料来源：www.ycharts.com.

　　台积电的高利润率，很大程度上得益于工艺技术上的差异化优势。也就是说，台积电能够有效通过技术优势把固定资产的高成本转移给客户，让客户买单。但因为它的工艺先进，生产的芯片性能好，客户也更愿意跟它合作，比如海思（华为的子公司）、苹果、高通等是台积电的主要客户，2019 年都在争夺其 7 纳米的产能，在当时那是最新也是最贵的工艺。⊖

　　相比之下，中芯国际就差一些，在过去 10 年间，其平均毛利率不及台积电的一半，净利润率在大部分年份都是个位数。一方面，这与中

⊖ Apple, AMD, Huawei and Qualcomm are TSMC's top customers for 7nm chips in 2019, by Cookie Monster, Oct 28, 2018, Hardwarezone.com.sg.

芯国际的规模较小、运营效率较低有关；另一方面，也是更重要的原因，中芯国际的工艺水平落后，面临的竞争激烈，导致毛利率较低。例如，2019 年中芯国际刚开始 14 纳米的工艺，落后台积电大约 17 个季度。㊀ 放到历史长河里，四五年的差距可能没有什么，但在高科技领域，却如同一个孩子上中学，另一个孩子上小学那么明显。

技术的差异化，很大程度上取决于在研发上的投资。就以 2017 年来说，台积电的研发费用高达 26 亿多美元，㊁ 而中芯国际的总营收也不过 31 亿美元。半导体芯片制造之所以充满挑战，除了晶圆厂需要投入巨资外，工艺研发也是一个烧钱的行当，比如 3 纳米的工艺开发需要 40 亿～50 亿美元。㊂ 企业必须在设备（固定资产）和生产工艺上都领先，才可能具有竞争力，客户才会为你的重资产买单，否则固定资产的成本会要了你的命。

对半导体制造行业来说，设备制造商在做前端的研究，汇聚到设备的性能上，芯片制造商在做后端的研究，汇聚到生产工艺上，两者整合到一起，才造就出芯片制造的差异化优势。它们之间的关系就相当于赛车和赛车手：赛车本身的性能要好，赛车手的驾驶技术也要好，两者相结合，才可能在大赛上胜出。

可以说，差异化优势是整个供应链上强强联合的产物，离开一流供应商，企业很难获取差异化优势。这就是为什么芯片厂家那么关注

㊀ China's Biggest Chipmaker is Still Years Behind its Global Rivals, by Arjun Kharpal, Aug 15, 2019, CNBC.com.

㊁ Top 10 Semiconductor R&D Spenders Increase Outlays 6% in 2017, IC Insight, www.icinsights.com.

㊂ 5nm vs. 3nm, by Mark Lapedus, Semiconductor Engineering, Jun 24, 2019, semiengineering.com.

ASML 的最新光刻机，也需要泛林研发、应用材料等企业的顶尖蚀刻机了。通用电气的发动机对商用大飞机 C919 来说至关重要，也是同样的原因。这些供应商是典型的有能力、有脾气，如何有效管控，确保核心技术和物料的供应，是采购与供应链管理的核心挑战。

但是，**所有的技术优势都是暂时的**。任何产品都有生命周期，从**技术驱动**的新兴阶段，到**效率驱动**的成熟阶段，都躲不过大众化这一劫。产品大众化后，技术成熟了，竞争将更加激烈，客户对价格也更加敏感，企业在追求产品的差异化优势的同时，必须兼顾供应链运营，控制住成本，否则很快就会成为历史。

对于这点，我们看看飞机制造业的历史就知道了。

在美国，航空业是国民经济的重中之重，每年有 1.3 万亿美元的营收，占美国 GDP 的 5%，是美国的第一大出口行业。⊖航空业的重中之重是飞机制造业，从波音多年来一直是美国的第一大出口商便可见一斑。⊜

飞机制造业历来是资产重、垂直整合度高的行业。这是因为：小批量行业，产品设计与工艺设计的复杂度高，相互关联紧密，客观上需要产品与工艺在同一个企业；固定资产的专用性强，围绕专用资产的博弈多，供应商的选择与管理困难；长期以来技术驱动下的高毛利掩盖了垂直整合带来的重资产问题。

但是，行业内外的巨变，特别是冷战的结束，让技术驱动的飞机制

⊖ The Economic Impact of Civil Aviation on the U.S. Economy, Nov 2016, Federal Aviation Administration, www.faa.gov.

⊜ 受 2019 年的 737 Max 安全事故和 2020 年的新冠肺炎疫情影响，波音不再是美国最大出口商，不过这应该只是暂时现象。

造业挑战重重。

冷战时期,飞机制造的目标是**更高、更快、更远**。军事上,这关乎生死,自不待言;商业上,这关乎民族自豪感(美国、欧洲和苏联都投入巨资开发超音速飞机,虽然最后都是以失败告终)。在军事和政治导向下,只要飞机好,不愁卖不掉,重资产、高成本等问题被完美地转移给客户。就这样,工程师文化盛行,技术因素在各种决策中占据主导地位,直接表现就是性能第一,成本控制上不了议事日程。

冷战结束后,军工订单大幅减少,商用订单的比例加大,飞机制造业就需按照商业的方式运作,飞机制造的目标也变为**更好、更快、更便宜**,从追求性能转向追求效率,重资产、低效率等问题浮出水面。这是商业导向的必然结果。整个行业不得不向其他行业看齐,比如从汽车行业取经,把成本降下来,交付和质量提上去。这意味着不但要有好的产品技术,还要有好的供应链运营。

其后每隔几年,航空业就遭受一次影响深远的打击,比如1997年的亚洲金融危机,2001年的"9·11"恐怖袭击事件、2003年的"非典"、2008年的金融危机、2020年的新冠肺炎疫情。每次危机下,需求大减,飞机制造业就深陷低谷。伴随着经济的周期性波动,重资产带来的成本刚性成了飞机制造业的老大难。

经济低迷,唯有成本领先才可生存。整个飞机制造业就不得不在供应链运营上下功夫,采取精益制造、六西格玛等一系列举措,内部挖潜,以提高运营效率,这也是重资产的第二条出路;实在挖潜不了,就外包,依靠规模效益更大、单位成本更低的专业供应商,这是重资产的第三条出路。接下来我们依次介绍这两条出路。

提高运营效率，继续重资产的良性存在

卓越运营在美国的兴起，与20世纪七八十年代的全球竞争态势有关。在此之前，世界经济整体上是短缺状态，美国是世界经济的发动机，基本上生产多少都能卖掉；进入20世纪80年代，美国经济增长放缓，全球竞争加剧，特别是日本企业的崛起，让美国企业面临巨大的压力。产能过剩，垂直整合的重资产投资回报降低，可以说这让美国企业雪上加霜。

日本企业崛起后，美国首先受到冲击的是大批量行业，然后才是小批量行业。在美国，大批量行业的代表是汽车制造业，小批量行业的典型则非飞机制造业莫属。前者在20世纪80年代就饱受挑战，后者的苦日子在20世纪90年代更明显。两者的共性是产品进入成熟期后，技术创新有限；垂直整合度高，重资产的周转慢，成本的刚性大，无法有效随着经济周期的变化而调整。后来，它们先后不约而同地转向全面质量管理、精益生产和六西格玛，以期降本增效。

美国企业先从全面质量管理开始，但很快发现，你无法通过改善管理来改善质量。质量是结果，改善质量必须从控制过程的变动性入手，而过程控制正是精益生产的精髓；精益改善无法一蹴而就，必须就具体的项目来执行，在明确的目标指导下，更加有针对性地改善，这就是六西格玛；最后，精益和六西格玛合体，就成为精益六西格玛。这就是最近三四十年里，美国在卓越运营上的一些主要举措。

小贴士 精益在美国的导入和完善历程

精益在美国的导入和传播遵循一定的规律：①先是大企业，后是小企业，比如在精益生产的公开课培训中，20世纪八九十年代初主要参训人员来自大企业，20世纪90年代后期就变成了中小企业；㊀②先是大批量行业，比如汽车、家电、计算机，后是小批量行业，比如飞机制造、工业设备等；③先是制造业，后是非制造业，比如服务、金融、医疗卫生等。

在管理思想的导入和传播上，大企业扮演着举足轻重的作用，精益也不例外。在《财富》世界500强榜单中的美国企业，虽然数量不到美国企业总数的0.01%，却贡献了美国2/3的GDP；其中最大的50家，销售额接近美国GDP的1/3（2019年）。㊁它们率先导入精益生产、六西格玛，并通过影响它们的供应商和客户，在全面推广这些方法论中扮演关键角色，在各行各业都能看到它们的影子。

- 在汽车制造领域，通用汽车、福特、克莱斯勒在20世纪八九十年代全面导入精益生产，以应对日本汽车的竞争，从而带动了整个汽车行业实行精益生产。
- 在家电制造领域，惠而浦在20世纪90年代初就成为精益生产的早期接受者，它的老对手美泰克在20世纪90年代后期也加入了精益生产的行列。
- 在飞机制造领域，波音在20世纪90年代初培训了超过10万名员工，并帮助供应商导入精益生产，从而带动整个飞机制造业开启了精益生产之旅。

㊀ Best Practices in Lean Six Sigma Process Improvement, a Deeper Look, by Richard Schonberger, John Wiley & Sons, 2012.
㊁ The 2019 Fortune 500 List: The Prize of Size, by Clifon Leaf, May 16, 2019, Fortune, fortune.com.

- 在工业制造领域，通用电气、霍尼韦尔等成了精益生产和六西格玛的忠实信徒（六西格玛一度成为通用电气最重要的管理工具），在工业制造领域全面导入精益六西格玛。

值得注意的是，基本的**精益实践**源自以丰田为代表的日本企业，但系统的**精益体系**却是由这些有代表性的美国企业总结的。这与全面质量管理有些相似：全面质量管理源自美国，但成套的管理方法论却是由戴明博士等引入日本后，在日本发展、完善和成熟的。一种管理思想的**原创性**很重要，但在传播、实施过程中的**再创造**也不能忽视，甚至可以说更重要。这就如科学是原创，但科学本身解决不了问题，是工程把科学应用到实践中，创造了真正的价值。

所以，如果认为精益是日本企业的"专利"，美国人只是拿来用，那就大错特错了。美国企业在丰田等实践的基础上改进、提高和完善了精益生产，并附加了自己的理想和愿望，也为精益树立了更远大的目标。

正因为如此，我们今天看到的精益其实是多种成分的组合：①丰田等日本企业的实践；②丰田等日本企业想做到但没做到的；③美国企业想做到但没做到的。这注定**精益是现实与理想的结合体**，美国在学习精益的过程中，理想化了很多日本的做法，同时也把自己的愿望整合了进去。话说回来，任何一种主流管理方法论的完善过程，其实也是被神化的过程。

之所以说是神化，这是因为：我们看到的很多精益理念，丰田做到了没有？没有，否则的话，为什么它们的库存周转率、固定资产周转率几十年如一日地走下坡路？丰田之外的日本企业做到了吗？也没有。否则的话，为什么这二三十年来，日本的整体经济每年只有百分之零点几的增长，连美国的一半都不到？美国企业做到了没有？这就更不用提了，不管它们宣称有多么精益，其实注定是一地鸡毛。

我想说的是，**做没做到精益并不重要，重要的是面对这种神话，企业是不是要选择相信，来促使自己不断求索**。人要有信仰，企业也是。从本质上讲，科学管理、全面质量管理、精益生产、流程再造、供应链管理等的根本准则相当一致，都是现实与理想的结合，关键是我们要从众多的管理思想中选择一种，学习、实践那些最根本的准则。

对于美国企业来说，精益的价值在于它们以精益为号召，把基本的管理理念融合了进去，为团队提供共同语言，凝聚团队的力量来持续改进。日本企业则在20世纪八九十年代日本经济登顶后，集体性地迷失了，它们缺乏明确的管理思想来指导企业层面的改进。一个国家、一个民族，一旦不再持续地学习和改进，就没了活力，注定要掉队。

顺便提及，美国企业学精益，最大的动力还是来自投资回报率的压力。在严苛的绩效考核下，美国企业大多是短期目标导向，局部优化的情况比较普遍，风险是摁下葫芦浮起瓢。相比之下，日本企业的财务指标压力一般没有美国企业大，决策相对更长远、更全面。但风险也在这里，离开了活在当下，长远目标往往变成了不作为的保护伞。对于市场竞争充分的中国企业来说，业务模式上学习美国企业，重视业绩考核和短期效益；运营管理上学习日本企业，比如实施全面质量管理、精益生产。两者加到一起，便形成了中国企业的特色，成就了这些年中国企业的飞速增长。

实践者说

在日本，的确有很多企业不学习丰田管理体系。人们常说，日本人善于埋头干，美国人善于总结和提炼。

——张晓飞，"供应链管理专栏"微信公众号读者

精益生产：以汽车制造为代表的大批量行业

作为"工业中的工业"的汽车制造业，历来是美国的重点出口行业，其销售额占美国 GDP 的 3%～3.5%。和航空制造业一样，汽车制造业是美国的支柱行业，给了美国人无限的骄傲，并得以不断地探索未知，是"美国梦"的象征。

传统的美国汽车制造业是典型的大批量生产，以生产效率为导向。整车厂的资产很重，让工厂闲置可是个大罪，于是便让工厂满载运行，没有需求就创造需求，比如促销。但代价就是不精益，库存堆积如山，交货周期长且不稳，成本居高不下。

日本汽车企业进入美国后，美国起初以为日本企业的竞争力源于自动化、低工资和政府补贴。1980 年，福特汽车意识到情况并非如此，于是就派人到日本企业参观，发现组装同样的车，马自达只需福特 60% 的时间，而且质量好很多。这促使福特开始了学习精益的征程。在长达 30 多年的伙伴关系中，马自达帮助福特推动精益生产，很多福特高管，包括前 CEO 马克·菲尔兹在内，都曾到马自达学习过。⊖福特持有马自达的股权曾一度高达 33.4%。

通用汽车则是通过和丰田合资来学习精益。1982 年，因为硅谷的人工成本太高，缺乏竞争力，通用汽车关闭了其在佛雷蒙市的工厂。这个工厂曾经是通用汽车最糟糕的工厂之一，成本高，劳工关系紧张，质量、交付问题非常多。两年后，两家公司合作，丰田出管理，通用汽车出设备和员工，精益生产让该工厂起死回生，并一度成为密西西比河以

⊖ How Ford's Partnership with Mazda Unraveled, by Hans Greimel, AutoNews, www.autonews.com.

西唯一盈利的汽车厂,也成了通用汽车学习精益的大本营。直到2008年金融危机,通用汽车破产,丰田也不愿意继续,这个工厂才关闭,后来部分设施由特斯拉并购,现在生产特斯拉的电动车。

通用汽车和福特屡次经受严峻的财务危机,精益生产可以说是它们的救命利器之一。相比之下,克莱斯勒的精益之路就坎坷多了。

20世纪80年代,在美国政府的支持下,克莱斯勒实施精益生产。精益生产的本质是减少变动,使产品流更稳定。确定性增加了,这样我们就不需要设置太多的安全库存、富余产能来应对需求和供应的变动,从而减少浪费,提高资产的利用率和投资回报率。这需要全员参与,自下而上地实施。而克莱斯勒这样的企业,则以精益为借口裁员,导致员工不愿意全心全意支持精益运动,精益的效果有限,结果也就可想而知了。

整体而言,底特律的三大汽车巨头中,福特的精益运动最成功。福特接受了戴明博士的建议,全面实施精益生产,并在丰田体系的基础上,开发出了"福特制造体系"。通用汽车则在导入精益的同时,想更多地通过自动化来增强竞争力。比如,1980～1986年,通用汽车在自动化领域投入450亿美元,比当时丰田和本田的市值之和还高,得到的结论却是"效率没有提升"。[⊖]

想想也是,汽车制造业当时的挑战是需求愈发多元化,而大批量行业的资产重、灵活性差,无法有效应对差异化需求;通用汽车的自动化,其实是在大批量生产的路上走得更远——生产线的自动化程度越高,资产就越重,就越希望批量更大,也就变得越不灵活。

⊖ History of Manufacturing Practices in the US, Japan, and China, www.QualityInspection.org.

传统的重资产、大批量的生产方式是在通用汽车形成的，除了效率至上的推式体系外，还有管理层和操作层的严格分离。这种分离背后的劳资关系，以及对立关系带来的高昂成本，正是让美国汽车业万劫不复的一大原因，也是实施精益的根本性文化障碍。

例如，马自达当年在美国密歇根建厂，想原封不动地照搬在日本的生产模式，挣扎了好几年，进展却很有限。美国劳资关系中的敌对情绪由来已久，工人只是工人，你想让他们有主人翁意识，自下而上地持续改进？不太可能。不改进，不少拿钱，改进了，也不多拿钱，还可能把自己的工作给"精益"掉，何苦呢。

不过话又说回来，虽说实施中挑战重重，精益给美国汽车制造业还是带来了实质性改善，从其库存周转率上便可窥见一斑。我们以福特为例，之所以是福特，是因为通用汽车和克莱斯勒都破产重组过，只有福特有连续性。如图 1-10 所示，1990～2000 年，福特的库存周转率一直在提高，从原来显著不如丰田，到显著超越丰田。自 2000 年以来，虽然汽车制造业的整体库存周转率在下降，但福特的库存周转率还是明显高于丰田。⊖

库存周转率如此，固定资产周转率也如此。在过去 30 年里，伴随着经济周期，福特的固定资产周转率上下起伏，但整体呈现一定的改善趋势。丰田的固定资产周转率则与库存周转率类似，20 世纪 90 年代初开始急剧恶化，一度跌到不及峰值的一半，然后长期在低水平徘徊，大概只有福特的 60% 多一点，如图 1-11 所示。

⊖ Richard Shoneberger 在 *Let's Fix It!* 一书中指出，库存周转率下降是全球现象，一大驱动因素是需求和供应的全球化，库存点和生产设施大幅增加，从而导致规模效益下降。

第一章·垂直整合后，重资产难逃劣质化的宿命 | 63

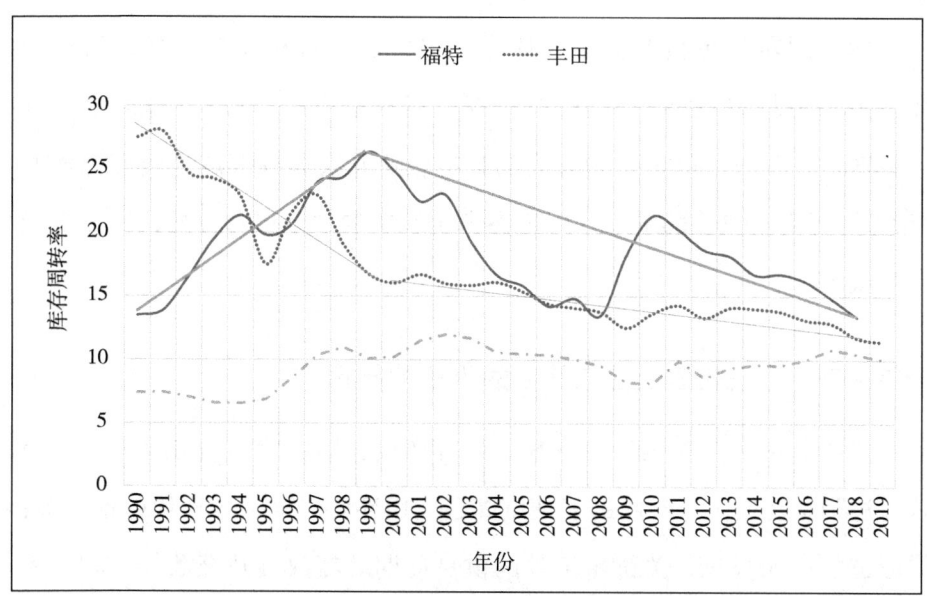

图 1-10　丰田和福特的库存周转率

资料来源：www.ycharts.com.

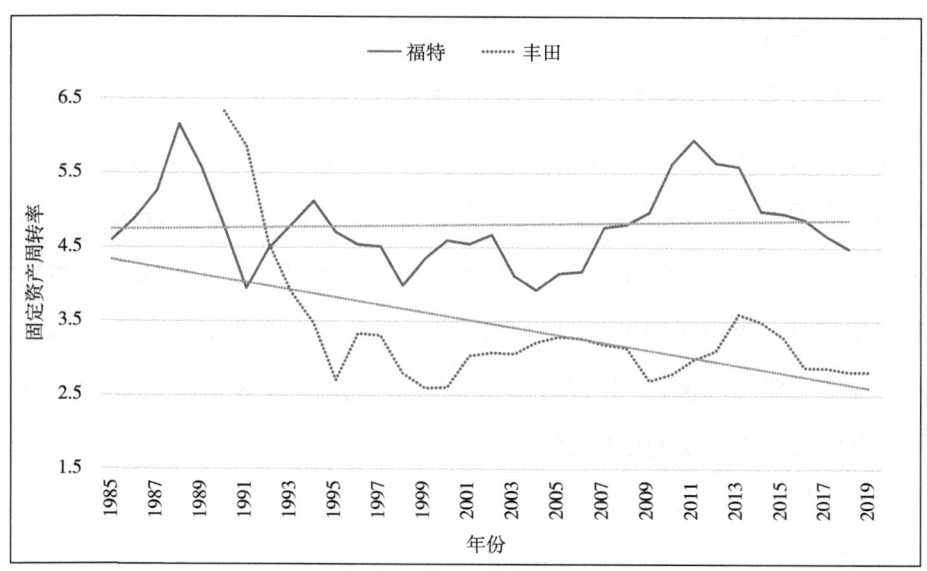

图 1-11　丰田和福特的固定资产周转率

资料来源：www.ycharts.com.

库存周转率是精益的一大体现。丰田的精益程度在下降，与其全球扩张，立志成为全球最大的汽车制造商不无关系，也与"盛名之下其实难副"有关——以丰田为代表的日本企业其实远没有达到我们想象的"精益"程度。更多的细节，可以参考附录中的"丰田和福特：不是双城的双城记"。

精益生产：以飞机制造业为代表的小批量行业

飞机制造业是复杂行业的代表，资产重、周期性强、分大小年、短缺与过剩交替发生；产品的复杂度高，应用环境严酷，各种约束条件多；供应链的周期很长，关键零部件的供货周期动辄数月乃至数年，响应速度很慢。这些也是大型设备行业的共性。还有些行业，比如半导体芯片、化工、制药等，供应周期长，工艺过程复杂，外界约束多，与大型设备行业类似。

长期以来，这些行业主要以技术驱动开始，之后相继进入成熟期。就飞机制造业来说，产品成熟的标志是极限时速的增势放缓。如图1-12所示，飞机制造业的快速发展期是在20世纪六七十年代，极限时速从1000英里⊖左右一路提升到2000多英里。到了20世纪80年代，整体技术已经成熟，极限时速的提升显著放缓，产品设计基本定型，比如固定翼、喷气式成为主流，创新变得更为渐进微小，主要来自更小、发展更快、更愿意承担风险的供应商。

⊖ 1英里=1.6093千米。

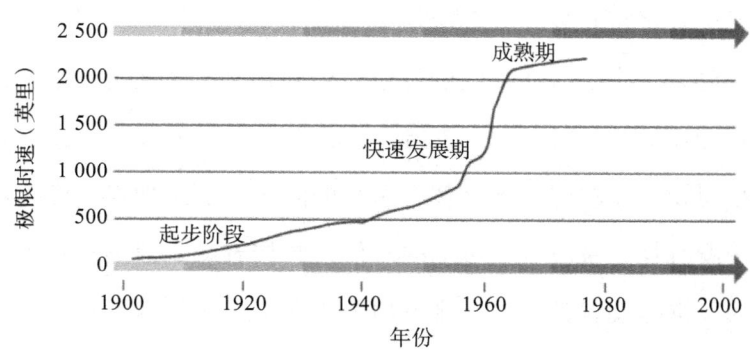

图 1-12　飞机制造业进入成熟期

资料来源：Lean Enterprise Value, Insights from MIT's Lean Aerospace Initiative, by E. Murman et al, 2002.

技术的影响在下降，经济效益的压力日增。飞机制造业产能过剩，随之而来的是大幅整合，美国的50多家飞机制造企业一路整合到只剩4家——波音、雷神、洛克希德·马丁、诺斯罗普·格鲁曼，⊖竞争的焦点也从性能变为成本和客户满意度。与汽车制造业一样，飞机制造业也求助于精益。

精益在20世纪80年代传播到飞机制造业，90年代开始真正深入实施。传播方式主要有两种。其一，巨无霸公司的内部传播。比如，德事隆和联合技术公司当时都有汽车事业部，那些事业部率先实施精益，随着人员流动、最佳实践分享等，精益的概念被传播到飞机制造事业部。其二，汽车制造业实施精益的成功经验。随着《改变世界的机器》一书的出版，精益在各行各业开始广泛传播。飞机制造企业开始从汽车企业挖人。比如发动机制造商罗罗，当年就是从福特招聘专家来实施精益生产的。

对于精益在飞机制造业的传播，波音的经历有相当的代表性，感兴

⊖　2020年，雷神被联合技术并购，不再作为独立的企业实体存在。

趣者可阅读本书附录中的"波音的精益之旅"。

精益改善是一个长久而持续的过程。但问题是，对飞机制造业这样的小批量行业来说，行业周期性明显，大概10年一个大周期，中间夹杂着一些小周期，短缺与过剩交替。短缺的时候，加班加点，雇人都来不及，自然没有精力来改进；过剩的时候，紧接着就是裁员，一个人干两个人的活，维持现状都困难，哪有精力来改进。人员变动频繁，也决定了精益改善缺乏连续性。

半导体设备行业类似。生意两三年好一次，两三年坏一次。好的时候，半年订单可以增长一倍；差的时候，一个季度订单就可以下降50%。好的时候好得朝不保夕（要保供料），坏的时候坏得朝不保夕（要保饭碗），精益改善这样的长期举措就很难系统地推进。不过精益里的一些基本做法，比如节拍、看板、5S等，还是可以显著提高效率的。

以飞机制造业为代表的小批量行业，在经济放缓或者周期性行业下行时，成本压力就更大，但精益无法解决**短期**的成本问题。特别是，精益可以改善，但无法从根本上解决**周期性**问题，即业务量大幅变化带来的固定成本的摊销问题。这点我感同身受。2008年金融危机之后，半导体设备的需求锐减，硅谷一家半导体制造商的产量大减，从平常每个季度200台左右，一下子掉到2009年第一季度的区区6台。所有的固定资产都要分摊在这6台上，固定成本问题之大，可想而知。

也就是说，精益无法从根本上应对规模效益的问题，而**外包**是较好的解决方案：专业供应商由于需求相对多元化，规模效益较高，需求变动也较小，产能利用率会更高，单位固定成本也更低，我们在后面还会详细讨论。

精益六西格玛：项目方式，重点突破

精益的目的不仅是消除浪费，更重要的是创造价值。

精益有点像中医的养生，是一种习惯，一种生活哲学。在经典的日本企业案例中，那都是几十年如一日建成的企业文化。即便是一般的日本企业，也很难照搬。对于美国的巨无霸企业来说，即便是"全民健身"，比如像波音，在 20 世纪 90 年代初曾给 10 万员工做精益培训，但在"西医"式西方管理环境下，"中医"方式太慢，太没有重点，不适合美国人的急性子，也不符合华尔街对短期效益的关注。

日式精益，在持续改善的旗帜下，没了具体业务绩效的驱动，容易变成为了精益而精益：一哄而上，员工虽然一直在忙，在改善，但改善的效果很有限，投资回报率不高；不分主次，没有清晰的目标作为导向，改善成果往往是有局限的，比如虽然减少了浪费，但并没有创造多少价值。

此外，精益缺乏结构化的实施方法，实施过程本身的可控性低，也是一个问题。

怎么办？那就"中西医结合"，按照投资回报率和实施难度，选定改善重点，以项目的方式进行重点突破，有目标、有方法地改善，这就是**六西格玛**。如果说精益是自下而上、全员参与，把路上的"坑"见一个填一个，六西格玛则更多是自上而下，由专业人士（黑带、绿带）负责，先把路上的"坑"都统计一遍，然后按照一定的原则（比如投资回报率从高到低）来填"坑"。

20 世纪 80 年代，摩托罗拉最早导入六西格玛，通过消除设备、工艺、物料、人员和环境等变动因素，来提高产品的质量，助力摩托罗拉获得波得里奇国家质量奖。⊖看到"变动因素",想必大家会联想到精益——精益就是消除变动和浪费。所以,六西格玛和精益天然有很多联系,这也为两者后来合体为精益六西格玛奠定了基础。

1995 年,传奇 CEO 杰克·韦尔奇把六西格玛导入通用电气,并且称其为通用电气"多年来最重要的举措"。伴随着通用电气那些年的商业成功,六西格玛广泛进入工业品企业,如霍尼韦尔、卡特彼勒、迪尔、雷神和 BAE 等,之后在汽车、家电、化工、医疗、服务、能源、金融、零售等行业得到广泛应用,成为当时主流管理工具之一。

很快,六西格玛超越全面质量管理,成为有**针对性**地进行改善的整体方法论。

比如,2002 年,我在读商学院的时候,参与了霍尼韦尔的一个六西格玛黑带项目,其目标是改善全球寻源的决策流程。当时霍尼韦尔已经全面开始全球寻源,但究竟在哪个国家、哪个地区寻找供应商,却有很大的随机性,主要取决于经办人的经验。于是就出现这样的情况:有的人是东欧来的,就在东欧找供应商;有的人是中国来的,就在中国找供应商;有的人对东南亚熟悉,就在东南亚找供应商,至于那些地区是不是最合适的,就不得而知了。这个六西格玛黑带项目旨在梳理全球寻源这一决策流程,确保大家用同样的方法论,提高全球寻源的决策质量。

再如,在医疗、卫生、人事、财务、金融、IT、能源、化工等众多行业,精益六西格玛也如雨后春笋般涌现,以改善低效、臃肿的流程。人们用它来缩短周转周期,改善服务质量,降低项目的环境污染,提高

⊖ 在质量管理领域,该奖项是美国最负盛名的奖项,根据美国政府在 1987 年的质量立法设立,旨在提高美国企业的质量,以应对日益激烈的国际竞争。引自 Malcolm Baldrige National Quality Award, Wikipedia.org.

发票的准确性，减少工资发放中的错误等。凡是你能想到的，都有六西格玛顾问能帮你改进。

在通用电气这样的公司，六西格玛也变成无所不能的"万金油"，化身为韦尔奇改进效率、降低成本的利器。在其他公司，大家也是一拥而上，把凡是想实现的目的都往六西格玛上加，正因为变得"无所不包"，六西格玛也逐渐失去了聚焦和"初心"，很快成了历史。

这可以说是很多管理工具的共同归宿，刚导入时都有非常具体的目的，工具与目的相匹配，所以很有效。慢慢地有了成效，管理者、咨询师就把所有的东西都往里填，这管理工具就变得"包治百病"。滥用的结果是，人们慢慢丧失对它的关注，在"审美疲劳"下，人们的兴趣转到下一个"热门"上。JIT、全面质量管理、精益和六西格玛都经历了这样的过程，供应链管理也是。

如果说精益是日本企业的专利，那么六西格玛则是地道的美国货。20世纪90年代，随着中美企业之间的交流，精益和六西格玛传到中国。就实施六西格玛来说，中国企业大概比美国同行晚5～10年。比如，在20世纪90年代，中航工业与通用电气、波音等的交流中接触到六西格玛，然后在2000年左右导入，2003～2005年加速成长，2005年开始全面应用。⊖

六西格玛的具体方法论是DMAIC，我们这里不予以详细介绍，感兴趣者可阅读本书附录中的"六西格玛方法论简述"。我这里想阐述的是，六西格玛和精益一起，在北美企业改善运营效率、降本增效上扮演

⊖ 中国航空工业第一集团公司. 中国一航精益六西格玛推进巡礼[J]. 中国质量，2006（11）.

过重要的角色，特别是那些复杂度高的小批量行业，但问题还是一样，无法从根本上应对垂直整合下的规模效益和资源劣质化的挑战。

化整为零的厂中厂

在改善重资产的效率，特别是改善垂直整合下的工厂绩效时，还有一种做法不能不提，那就是厂中厂，即通过化整为零，把大工厂分解为小工厂，船小好调头，降低大公司的僵化和低效，以改善整体绩效。

厂中厂也叫"聚焦工厂"，由1974年《哈佛商业评论》的一篇文章而广为人知。⊖这有点"返璞归真"的意味：工业化刚开始的时候，工厂是从作坊发展而来的，规模很小，专业分工少；伴随着工业化进程，以及对规模效益的追求，工厂就变得越来越大，分工越来越细；规模大到一定程度，管理难度大增，规模效益不增反降，就出现化整为零的"厂中厂"做法。

简单地说，厂中厂就是把大工厂拆分成多个小工厂，分别聚焦特定的产品，独立管理，独立核算。化整为零的好处是可以降低管理的复杂度，从而提高效率，因为工厂越大，生产计划排程越困难，交货周期一般也就更长，质量一般也更不稳定。⊖但独立核算也会带来其他问题，比如需要建立独立的市场、销售、人事、采购和财务等支持性部门，这又增加了成本和复杂度。

厂中厂的出现，也是当年美国企业为了应对全球竞争，提高生产效

⊖ The Focused Factory, by Wickham Skinner, *Harvard Business Review*, May 1974 Issue.
⊖ 工厂小，每个环节紧密相连，容易形成流，便于各道工序的工人互相帮助、互相监督。质量问题的闭环更小，因而更容易发现、解决问题。大工厂里对应的是大批量、批处理业务，不同工序属于不同的部门，对接不是很有效，出现质量问题后，隐藏在大批次中，难以被及时发现、及时解决。

率的高层次尝试。之所以说是"高层次",是因为长期以来,美国企业在效率提升上聚焦直接人工、直接物料层面,翻译过来就是两件事:**对内裁员,对外砍价**。这些做法虽然能在短期内取得成效,但无法长久维持。厂中厂上升到整个生产体系,其中最主要的是厂房、设备等固定资产,通过重组来提高效率,降低间接成本和管理费用。

但是,建立厂中厂后,整体的产能利用率却未必更高,这意味着重资产的投资回报问题改善有限。这就有点像农村的"包产到户":大片的土地分成小片后,农用机械的使用效率就会下降。不过,厂中厂提高了员工的积极性,通过碎片化生产,来应对碎片化需求,有利于更好地满足客户的多元化需求。

在有些企业,建立厂中厂的另一诉求是让工厂市场化,以找到更多的客户,获取自己企业以外的业务,一方面可以获得更大的规模效益,另一方面也可以通过外来压力驱动绩效的改进。但是,细数美国那么多的企业,你见过哪个企业成功过?这就回到了垂直整合的结构性问题上:①需求单一,规模效益有限,单位成本高,除非亏本干,否则无法与专业供应商竞争;②长期竞争不充分,能力提升不足,无法与专业供应商竞争。再加上母公司的不利影响,比如产能短缺时,母公司的优先级高,都将导致厂中厂无法实现实质性的业务多元化。

这也部分说明了,为什么厂中厂在美国没有成为主流,企业最终的选择是对厂中厂关停并转,剥离重资产,走上外包之路。

内部挖潜解决不了结构性问题

在过去三四十年里,从全面质量管理到 JIT,再到精益、六西格玛,美国企业一直处于穷则思变的状态，这些举措也显著改善了美国企业的运营绩效，从库存周转率上便可窥见一斑（见图1-13）。

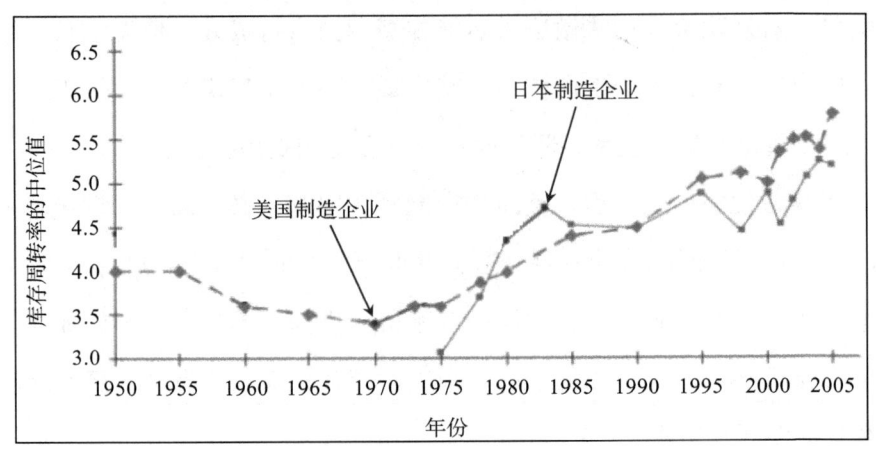

图1-13　美国制造企业和日本制造企业的库存周转率趋势

资料来源：Best Practices in Lean Six Sigma Process Improvement, a Deeper Look, Richard Schonberger, John Wiley & Sons, 2012.

从图1-13可以看出，几十年来，美国制造企业的运营效率在持续提高，从原来明显不如日本企业，到明显超过日本同行。这些措施改善了库存周转率这样的运营指标，很多也会提高重资产的投资回报率，但都改变不了垂直整合的根本缺陷：需求单一，规模效益不高；竞争不充分，资源劣质化。

还有，精益、六西格玛等举措与企业的高管息息相关。在很多公司，随着主导者的退位，精益、六西格玛也就时过境迁，沦为形式主义。比如，你现在去问摩托罗拉和通用电气的员工，你八成会惊讶地发现，这些人对六西格玛可能还没有你知道的多。我曾经问波音的一位供应链总监，发现精益在波音也已归于平淡。我原来工作的公司从丰田挖来一位精益专家，但自从他离开生产副总的岗位后，除了生产线，公司里就再也听不到"精益"二字了。

就这样,精益、六西格玛运动结束后,各种低效的做法又慢慢地潜入,该是什么样子,还是什么样子。垂直整合下的重资产,不管用什么方法内部挖潜,终归是"师不自教,医不自救"。解决方案就是劣质资产的剥离,把重资产关停并转,通过市场方式,从供应商那里得到相应的服务,这就是**外包**。

美国企业从 20 世纪 80 年代的精益,到 90 年代的六西格玛,再到 2000 年后的大规模外包,算是完成了应对重资产问题的"三级跳"(见图 1-14)。

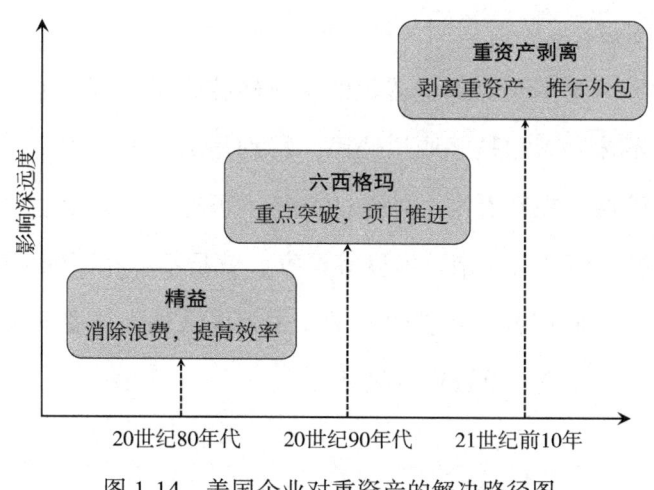

图 1-14 美国企业对重资产的解决路径图

外包战略背后的推手,就是以华尔街为代表的资本市场。

20 世纪 90 年代,一边是新兴的互联网经济蒸蒸日上,投资回报率惊人;另一边是传统经济"沉舟侧畔",比如汽车制造业,固定成本高,重资产的投资回报率低,股价和市值不理想。华尔街给传统行业的压力可想而知,从而驱动了传统行业企业的外包。

2001年，互联网泡沫破灭，新经济的好日子也到了头，互联网企业的市值一落千丈，扩张期过度投资的重资产，作为投资回报率的"分母"，不管用什么方法来改善，都不如外包直接清零来得快。借鉴传统行业的经验，美国的高科技企业也开始全面外包，让固定成本转化为变动成本。

所谓美国的"空心化"，指的就是最近二十多年的事，以制造业外包和全球寻源为特征。中国制造业的崛起，也正好和美国的"空心化"是同一时期。我不认为是外包造成了美国制造业的"衰退"；相反，外包帮助美国企业聚焦核心竞争力，在几乎所有的高科技领域得以继续保持全球领先的地位。

外包的影响更多是让那些蓝领的工作转移到了低成本地区。美国政客对此喋喋不休，无非是想取悦选民，特别是那些教育程度较低、丢了工作的蓝领阶层。在我看来，外包的趋势不可逆转，即便这些外包的制造业离开中国，也会去越南、印度等国家，就是不可能回到美国。

接下来，我们将看看外包的前世今生，以及如何借鉴北美企业的经验，帮助中国企业应对重资产的挑战。

本章小结

企业之所以重资产，根本原因是管理能力不足，无法有效控制复杂度，理顺内部需求，选择和管理供应商，以及用市场方式获取资源。也就是说，重资产是管理能力不足的代替品。但是，垂直整合下，除非是核心竞争力，否则重资产将面临两大根本性挑战，也是两大结构性问题：

①需求单一，规模效益不高；②竞争不充分，劣质化的趋势难以逆转。

我们还结合汽车、飞机和高科技行业的经历，回顾了企业是如何应对重资产所带来的高成本问题的：上上之策是追求产品的差异化优势，把成本转移给客户；无法转移的话就推动企业卓越运营，通过提高运营效率来内部消化。但是，卓越运营，不管是精益生产、六西格玛还是厂中厂，都无法解决重资产的两大结构性问题，外包就成了终极解决方案。

|资源| 更多供应链管理的文章、案例和专题培训

- 供应链管理专栏网站：www.scm-blog.com
  - 这是我的个人专栏，开设了16年，共有600多篇文章
- 我的系列供应链管理专著
  - 《采购与供应链管理：一个实践者的角度》(第3版)
  - 《供应链管理：高成本、高库存、重资产的解决方案》
  - 《供应链的三道防线：需求预测、库存计划、供应链执行》(与赵玲合著)
  - 《需求预测和库存计划：一个实践者的角度》
- 我的微信公众号——供应链管理专栏，每天推送一篇原创文章，包括最新培训信息

第二章

外包：剥离重资产，依赖专业供应商

> 不是"哪些东西该外包"，而是"哪些东西该自己做"。

重资产下，固定成本高，业务起伏时很难通过迅速调整来应对，表现为：短缺的时候产能难以很快补齐，因为需要时间建厂房、买设备；过剩的时候产能和成本难以很快降下来，因为厂房、设备一旦到位，就开始折旧，不管是否运行。这都是固定资产和固定成本的刚性所在。

于是，外包重资产，把固定成本变为变动成本，就成了很多企业的诉求。固定成本变为变动成本不一定能降低总成本，但可提高灵活度。比如有个汽车制造商，先前分析发现，如果外包冲压件，不会有显著的成本节支，但外包后，固定的生产成本转化成变动成本，使企业的盈亏平衡点更低，增加了企业在经济危机中的韧性，帮助企业更好地度过经济低谷。[⊖]

⊖ Maximizing the Make-or-Buy Advantage: A Scenario based Approach to Increasing Resilience and Value, by Daniel Kuepper et al., The Boston Consulting Group, February 2015.

相对采购方,外包供应商的规模一般更小,规模效益的临界点也更低。也就是说,同样的业务量,在外包供应商那里更有可能超出盈亏平衡点。再加上服务多家客户带来的需求聚合效应,能让供应商更有效地应对业务量的变动。这都是外包战略背后的经济学原理。

我们先分享一个案例,看看一家高科技企业是如何得益于外包战略的。

案 例
一个高科技公司的外包战略

总部设在硅谷的泛林研发(纳斯达克上市公司),是全球主要的半导体设备制造商之一。该公司是《财富》世界500强企业,2019年营收在100亿美元左右。泛林研发在业内无人不晓,但在业外少有人知,是闷声发大财的典型代表。比如,2017~2019年,泛林研发的平均净利润率是21.8%,3年的净利润之和超过联想近20年的净利润之和,尽管营收只有后者的1/5。[⊖] 2007年,泛林研发的净利润率甚至达到26.7%。看清楚了,这里谈的可是净利润率。

这么厉害的一家企业,日子应该过得很滋润吧?一点也不。熟悉半导体设备行业的人都知道,这个行业的周期性非常强,几年好、几年差,好的时候订单半年可以翻一番,雇人都来不及;差的时候一个季度订单可以掉一半,裁人都来不及。员工如此,固定资产的投资也是如此。于是,长期以来,泛林研发就一直在雇人与裁人、开厂与关厂之间徘徊。

泛林研发采取了多种措施,比如通过精益来改善制造,通过全球寻

⊖ 泛林研发和联想的财务数据来自 www.ycharts.com。

源来降低采购成本等，但还是无法改变固定成本高的问题。在周期性变化下，产能无法成比例地扩张与收缩，固定成本无法随着业务量同比例调整。经济低迷的时候，业务量大幅减少，伴随重资产的固定成本问题就变得更加严峻，企业的利润率大跌，股价也大受影响，来自资本市场的压力也就更大。

2001年互联网泡沫破裂，对半导体设备行业的打击尤其大，因为它们处于信息技术供应链的末端，前端需求的微小变化，在"牛鞭效应"的作用下，就会给后端带来非常大的变化。⊖痛定思痛，泛林研发开始推动外包战略，凡是你能想到的，都外包了，如仓储、物流、生产（自己保留新产品的制造，以及成品的集成、测试）、IT、财务、人事。是的，连人事都外包了，比如负责招聘的是专门的猎头公司。猎头公司先筛选简历，做首轮面试，然后由公司做第二轮、第三轮的面试。经过一轮又一轮的外包，泛林研发关闭了很多工厂、仓库，总部也由原来的十几栋楼收缩到四栋，固定资产显著减少。

外包的一大好处是让固定成本成为变动成本。

以仓储为例，原来自己建仓库，如果业务增长30%，仓储面积就得增加30%，一般的仓库可能没有那么多的富余量，那就得新建或新租仓库，仓储成本的增加远大于30%；现在外包给专门的仓储供应商，你需要增加的仓库面积，仓储供应商可直接提供，多付30%的费用就行，甚至可以更少，因为你给仓储供应商的业务更多了。就这样，原来是作为固定成本的仓储费，现在变成了变动成本，并随着业务量按比例变动。

不过有人会问，这是把固定资产的问题转移给了仓储供应商，那仓

⊖ 牛鞭效应也叫"长鞭效应"，指需求变动沿着供应链传递时的放大效应：越是在供应链后端，需求变动的放大效应越明显。比如计算机的需求变动2%，传递到联想这样的计算机制造商就可能变为5%，到了英特尔这样的芯片制造商就成了10%，再到给英特尔提供芯片制造设备的泛林研发，变动就可能是20%。

储供应商是怎么应对该问题的呢？原来它们同时服务多家企业，假定你的业务只占其业务总量的1/5，那你的需求增长30%，对它只意味着6%，稍微调整一下就可以了。况且仓储供应商的客户来自各行各业，有些行业可能在负增长，所需库存正好互相抵消。你马上看到，正因为仓储供应商有需求聚合效应，同样的需求变动对它们的影响相对更小，因而能更好地应对需求变化。结果，同样的固定资产，放到仓储供应商那里，利用率会更高、单位成本更低，如果管理得当，这更低的成本还可转移给采购方。㊀

外包战略为泛林研发带来显著的绩效改善，无论是运营指标还是财务指标。2001～2003年为泛林研发推行外包的主要年份，从2004年起，固定资产周转率迅速提高（见图2-1a），一方面是得益于行业回升，营收增加（同行业的应用材料公司的固定资产周转率也因此提升）；另一方面是得益于外包战略，公司的固定资产大幅减少。同时期，泛林研发的股价也从2003年低点的10余美元，一路飙升到2007年的50多美元。而竞争对手应用材料，一直坚持原有的运行模式，股票一直在十几、二十几美元徘徊（见图2-1b）。

我们把应用材料拿出来比较，并不是说这家公司有多糟糕（因为在硅谷半导体行业，应用材料是个传奇，一直是全球规模最大的半导体设备制造商），我们只是想做个对比。两家公司最大的区别就是，泛林研发在全面推动外包战略以及相应的供应链转型，而应用材料延续了传统的运营方式。在外包战略下，泛林研发成为行业标杆，不管是财务上还是

㊀ 各种各样的共享经济，从共享单车到共享办公空间，都是以需求的聚合效应为基础的。比如在电信系统，"2002～2006年，中国移动、中国电信、中国联通、中国网通、中国铁通5家企业累计投入11 235亿元用于基础设施建设，重复投资问题突出，网络资源利用率普遍偏低，通信光缆利用率仅为1/3左右。"国家成立铁塔公司，就是整合几大运营商的需求，比每个运营商各建一套基础设施要更经济。摘自百度百科词条，中国铁塔股份有限公司。

运营上。它的营收规模从原来只有应用材料的1/5，一路上升到2019年的2/3，㊀股价也一路飙升到384美元，同期应用材料的股价只上升到64美元（2020年8月4日）。

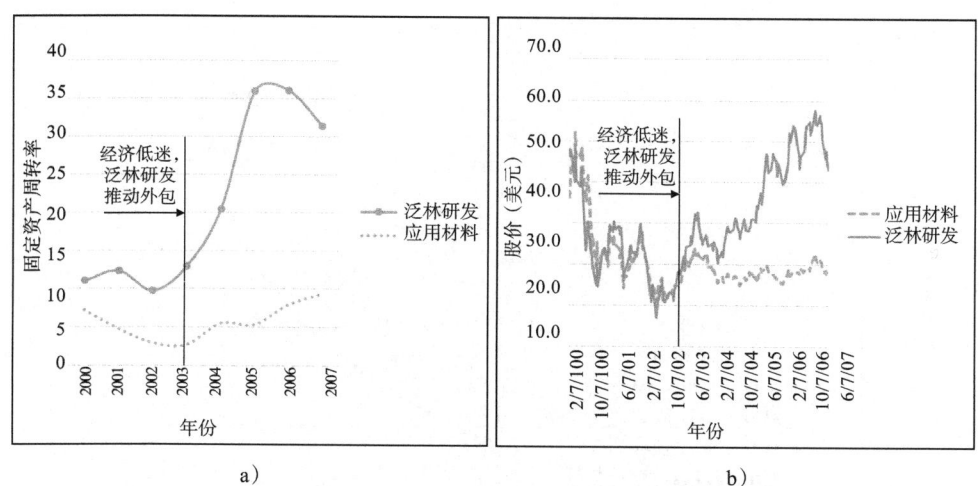

图2-1　泛林研发大力推行外包战略，绩效提升显著

资料来源：www.ycharts.com.

现在让我们来看看更广义的外包。

伴随外包的是垂直整合的解体，首先在汽车制造这样的大批量行业开始，然后在飞机制造、设备制造这样的小批量行业风行。2001年的**互联网泡沫破裂**，可以说是外包的**里程碑事件**：产能过剩，品牌商的固定成本挑战大增；全球制造网络的相对成熟，也为品牌商提供了外包的机会。于是，很多品牌商把工厂卖给伟创力、富士康、旭电这样的代工企业，开始走上轻资产之路。

㊀　其间两家公司都进行了大型并购，比如泛林研发以33亿美元等值股票并购诺发，应用材料以71亿美元并购瓦里安半导体、日立国际电气等。

在执行上，外包可以简单地分为三类（或者说三个层面），即订单外包、产品外包和结构性外包，其难度和影响面也是依次增加（见图2-2）。

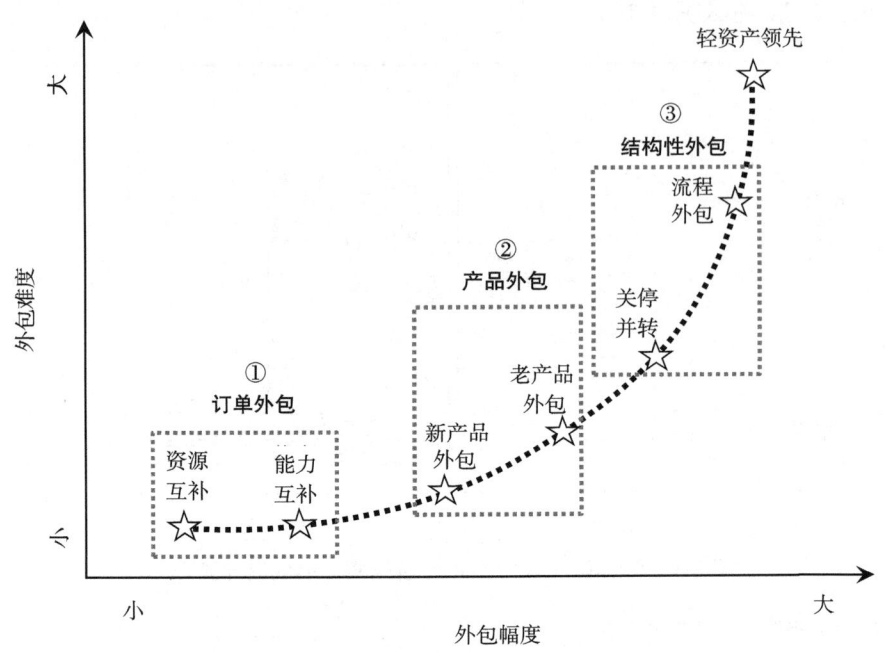

图 2-2　不同层面的外包，难度和复杂度不同

最基本的是**订单外包**。订单外包有两个目的：比如季节性或项目性需求导致的订单溢出，需要临时性产能，这是资源互补；同行之间各有所长，互相弥补不擅长的，这是能力互补。订单外包由来已久，主要是解决临时性问题，占企业业务的比例较低，其决策相对容易，但执行则不容易，因为不确定性太多，供需双方的博弈太多，我们后面还会细讲。

接下来是**产品外包**，包括新产品和老产品外包，外包幅度更大，难度也更大。对于新品来说，往往是因为成本处于劣势，或者新增产能投入巨大，所以才外包出去。一张白纸好作画，新产品的外包相对比较直观；老产品的外包则比较麻烦，因为需要打破现有的平衡，即便外包比自制更具成本优势，也需要强大的驱动力量，比如财务压力、高层驱动等。与订单外包不同，产品外包是在具体的产品层面做决策，该产品是自制还是外包，或者是按照一定的比例自制，其余外包。

最高层面的是**结构性外包**，比如生产、仓储设施的关停并转，业务流程的外包等。这类外包复杂度更高，牵扯的职能也更多，在欧美还可能涉及工会、政府等。这是在公司层面导入结构性变革，会更广泛地影响成本，外包的幅度最大，难度和挑战也最大。上面的泛林研发案例就是典型的结构性外包。

从严格意义上讲，生产外包也是一种流程外包，就是生产流程的外包。相对于其他流程，生产流程的可描述性较强，而财务、人事、IT、客服等业务流程外包难以描述，也就增加了外包的难度。⊖

这三个层面的外包与投资理财有点像。订单外包就如单只股票的增仓、减仓。比如股价虚高了，卖掉一些股票获利；股价被低估了，买进一些股票补仓。产品外包就如对股票本身的取舍。比如，这家公司的整体经营有问题，那就把相应的股票全部清仓。结构性外包则相当于在整个门类层面进行操作。比如在疫情严重的情况下，多买入医药类的股票，少持有航空类的股票等（或者正好相反，低价买进，高价卖出）。层面不同，对企业的影响也不同。下面将详细探讨这三个层面的外包。

⊖ 在一些文献里，业务流程外包也叫 BPO（business process outsourcing 的缩写）。

> **实践者问**
>
> 反全球化势力在抬头，国家之间的贸易争端不断，那么企业是否会逆转外包趋势，走上垂直整合的老路？
>
> **刘宝红答**
>
> 资本逐利的本质不会改变，外包的趋势不会逆转，无非是外包给哪个国家或地区的问题。产业布局可能会改变，比如有些国家建立自己的产业体系，把供应链的主要环节放在自己能够控制的地域内，但对具体的企业来说，我不认为企业会重新走上垂直整合的路。虽然"我们永远不能低估人类的愚蠢程度"（《时间简史》的作者赫拉利），但在企业经济行为上，我相信企业是理性的，会按照经济规律做事。这也正是人类的智慧所在，也是我们的希望所在。

订单层面的外包：资源和能力互补

人人都希望需求平稳，但几乎每个行业、每家公司都会出现需求的高低起伏。有些需求变动是**自然因素**造成的，比如热饮的业务集中在冬春，冷饮集中在夏秋，学生文具的业务集中在秋天开学前，餐饮的旺季在春节前后几个月，这是季节性因素。有的是**人为因素**促成，比如电商促销集中在"618""双11""双12"等几大购物节。在绩效考核制度下，很多公司的销售会在月末、季末、年末冲量，也是人为因素造成的需求变动。

对于上述需求变动，供应链有一系列的应对措施，比如在产能上留出一定的富余量，短期内加班加点等；在产品设计上标准化、模块化、系列化，降低库存的风险，在淡季时做出一定的半成品、成品库存；还有就是外包，找有富余产能的同行公司来帮忙，即**订单外包**。

资源互补的做法大家并不陌生，但在管理上有很多挑战：其一，因为是同行，受同样的外界因素影响，我们缺产能的时候，其他企业也可能缺产能；其二，大家都在忙，如果这个企业不忙，八成是有原因的，比如质量不达标、管理粗放等；其三，外包企业的价格不一定低，因为它们在承担重资产的风险，要得到相应的回报。这都增加了供应链的风险，让质量、交付和成本等充满不确定性，导致企业对供应链的管控力度下降。

资源互补型外包之外，还有**能力互补型外包**，即企业的所擅长领域不同，把自己不擅长的领域外包给同行企业。这就如两家企业都是小食铺，一家是粥铺，一家是烧饼铺，粥铺的顾客想吃点干的，那服务员就到旁边的烧饼铺给他买两个烧饼；烧饼铺的顾客想喝点稀的，那服务员就到旁边的粥摊给他买碗稀粥。这样的能力互补一般是客户驱动的，在项目型的行业很常见，客户有一揽子的需求，大部分是我们擅长的，当然就自己做；其他不擅长的，就从其他公司买。

能力互补型外包，一般量小货杂、复杂度高，有很多隐性成本，很难在自制之前就客观地进行量化。比如，产品品种太多，生产排程难度增加；换线太频繁，产能利用效率下降；琐事不断，让管理资源更分散等。解决方案就是要有清晰的**战略**：不是我们擅长的产品，不符合我们的制造战略，即便短期有产能也不自己做。毕竟，战略意味着牺牲短期利益，保证长期利益，牺牲局部利益，保证全局利益。

对于资源互补型外包，则需要尽可能地增加确定性，以确定应对不确定，特别是企业变大了的时候，就如下面小贴士所讲的。

小贴士　如何应对资源互补外包中的不确定性

就资源互补型外包来说，不确定性太大，那我们要做的就是尽可能地增加确定性，比如：①培养合作伙伴，与数量有限的供应商合作；②适当做出承诺，给予代工企业一定的业务量保障；③必要时接受更高的价格，因为代工企业在承担重资产的风险，理应得到相应的回报。在实践中，很多企业正好反其道而行之，让资源互补型外包的挑战更大。

比如，为了应对项目型订单溢出，有个品牌商惯于把多余的订单转给同行，主要是一些品牌较弱的企业。该品牌商为了导入更多的竞争，就导入了更多的外包同行，以分散供应风险。它走的是"多子多福"的粗放型经营路线，是供应商管理能力不足的表现。外包只是一种临时措施，以弥补自己生产线短期的产能不足，主要停留在订单管理层面，供应商层面的管理甚少，供应商战略就更不用提了。

该品牌商的外包比例虽然只有10%左右，但对于百亿元营收的企业来说，这也意味着每年几亿元的外包金额，相当可观。缺乏供应商层面的管理，在订单层面就只能是无限博弈，比如等客户订单到了，哪个供应商有产能，订单就给哪个。这样，对每个具体的供应商来说，需求就更不稳定，备产能、备原材料库存的风险就更大，增加了供应商"不见兔子不撒鹰"的博弈做法，也势必会增加该品牌商的供货风险。该品牌商的应对方案是导入更多的供应商，只会让供应商的不确定性更大。

再如，给外包供应商一定的承诺，也是该品牌商难以做到的。就以新冠肺炎疫情期间来说，业务相对不饱和，该品牌商的生产线就想方设法把那些外包的业务收回来。外包经理去年刚导入更多的外包供应商，今年就减少它们的外包金额，只会让外包供应商的后续合作更加不确定。在供应链上，力的作用是相互的：采购方无限博弈，供应商自然也会无限博弈，这给需求和供应都增加了不确定性，需求和供应的匹配就更加困难，从而走上以不确定性应对不确定性的恶性循环之路。

企业小的时候，订单外溢的需求量小，需求本身的不确定性很大，只能采取随机博弈的做法，外包供应商也用"边角料"产能来应对。但是，当企业变大了时，此类外包业务有了一定规模，需求也有了一定的稳定性，就不能再采取无限博弈，而是要适当增加确定性，比如与数量有限的外包供应商合作，适当锁定外包供应商一定的产能等，以方便它们建产能、建库存。毕竟，企业越大，越需要以确定性来应对不确定性，这是大企业与小企业的一大不同。

产品层面的外包：自制还是外购

这里的"产品"，与上面的订单相对应。这些产品是企业自己研发的，是企业的主要业务构成，要么自制，要么外包，要么部分自制、部分外包，决策是在产品型号甚至产品线层面，对于企业的影响更大、更有实质性。另外，这里的"产品"有多个层面的含义，比如最基本的是零部件，然后是组件、模块、子系统，最终是整个产品组装和测试等。为了简单起见，我们统称为"产品"。

在产品层面的外包中，我们又可分为两类：新产品和老产品。相对而言，新产品是一张白纸好作画，外包还是自制的决策相对容易；老产品本来原来一直在自制，现在由于种种原因要外包的话，整个决策就会错综复杂，需要考虑的因素更多，相应的阻力也更大。

对于新产品，科尔尼咨询公司有一套决策模型，我们这里介绍一下。

新产品外包还是自制:科尔尼模型

科尔尼是全球知名的咨询公司,在采购和战略寻源领域尤其知名。它开发了一个模型,即从制造战略的角度出发,来应对新产品是自制还是外包问题。

如图 2-3 所示,在科尔尼的决策树中,我们要回答 6 个主要问题,以决定新产品是自制还是外包。

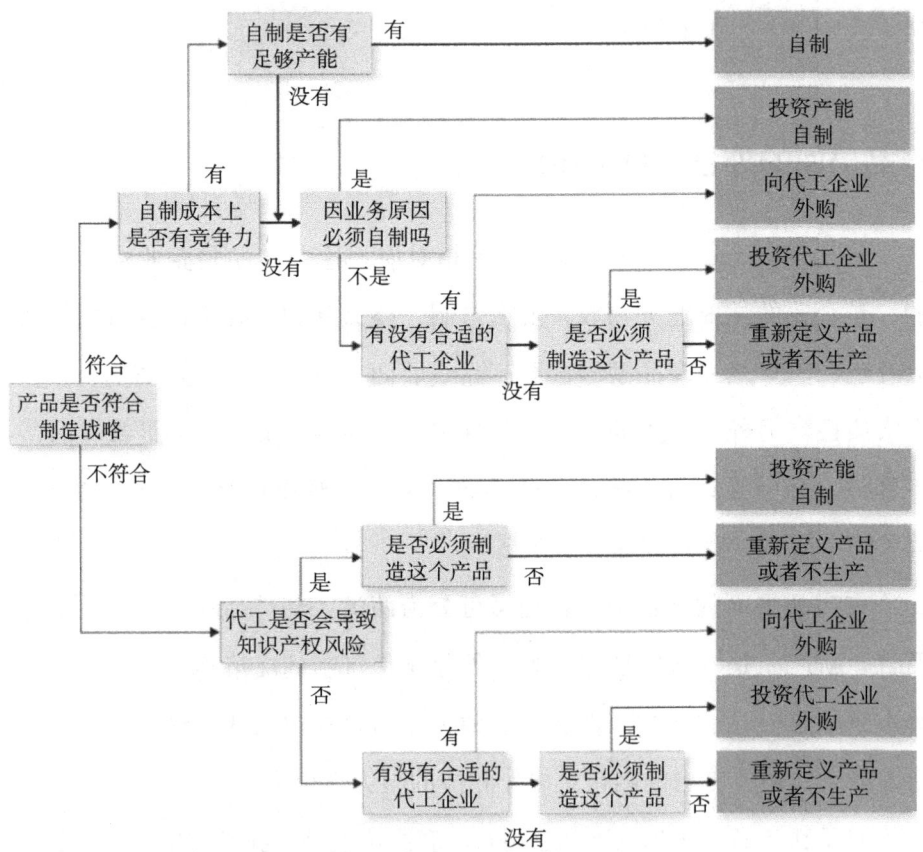

图 2-3 科尔尼决策树:是自制还是外购

资料来源:Make vs. Buy Revisited: Reassessing your company's manufacturing strategy, AT Kearney.

问题1：产品是否符合制造战略⊖

不能简单地因为有产能就自制，那样容易陷入用一个错误弥补另一个错误的恶性循环。比如，以前做了错误的决策，自制本来该外购的产品；产能当然要安排一些富余量，为了用掉这点多余产能，就自制下一个本来该外购的新产品；业务增加后，有了新的瓶颈，即产能不足，于是就增加产能；增加产能当然会留点富余量，那就为自制更多的产品埋下伏笔。这有点像"小熊分饼"⊜，在"路径依赖"下，就这么一路自制下去，是企业在重资产和外包上常犯的错误之一。

路径依赖造成的"错误链"，越早打断越好。这就是为什么企业要有明晰的制造战略。有产能，让工厂有活儿干，并不能成为自制的理由——没有技术含量的产品，供应商制造可能更便宜、更有竞争力，企业自制会分散管理资源，影响聚焦核心竞争力。相反，产品难生产，经常出问题，也不意味着就一定要外包。比如，新技术刚开始的时候，都要经历学习曲线，而且很可能成为企业的核心竞争力。如果将其外包，除了可能会丧失核心竞争力外，还要冒着供应商做得更差的风险，因为有些东西是无法外包的。

对于想要改变重资产的企业，在新产品上，更应该从"哪些东西要自制"开始，默认其余的都外包。这就是说，在制造战略上，企业要清晰地说明哪些要自己做，其余的都不做，而不是相反。要知道，公司越

⊖ 制造战略是企业投入和使用制造资源的战略。制造战略要与企业的整体战略相匹配，企业才能有效地建立起竞争优势。APICS Dictionary, 11th Edition.

⊜ 一则童话故事：两只小熊分一块饼，分不匀；狐狸看见了，就"满怀好意"地替它们主持公道。熊二说熊大的那块大，狐狸就把熊大的那块饼咬了一大口；剩下的比熊二的小了；这下熊大不满意了，狐狸就把熊二的那块咬了一大口，剩下的比熊大的小了……如此往复，最后只给两只小熊剩下一点点，大部分都被狐狸吃了。

大,诱惑越多。制造战略表面上是决定该做什么(自制),其实更重要的是决定不做什么(外包)。

比如,像富士康这样的代工企业,战略就相当明确:不进入客户的业务。想想看,富士康为苹果代工那么多年,生产了那么多手机,如果它要推出手机品牌,估计比这世上大多数手机公司都要做得好。相信富士康有过很多这方面的诱惑。但这与代工的主流业务相悖,对客户的影响深远,所以被列入富士康的"不做"清单。

再如,有一些公司,不管业务量多大,就是不进入零部件制造领域;另一些公司,本着"肥水不流外人田"的思路,一旦业务量达到一定水平,就自制那些零部件。这就造就了一些"奇葩"企业:对外宣称是高科技企业,开发最顶尖的技术;去公司一看却是个代工企业,有着成千上万的生产线工人,管理层的很多精力都花在了生产线上。结果,资产越来越重,投资回报率越来越低。问该企业为什么要自制,答曰自制的成本更低。那么标准的产品,那么多的供应商,它们的规模效益更好,为什么这家企业认为自己的成本优势更明显呢?很简单,它算错了账,比如忽视了那些隐形成本。

问题2:自制成本上是否有竞争力

如果经受不住诱惑,自制了本来该外包的产品,如果成本核算靠谱,你往往会发现,自制的总成本更高。如果新产品符合公司的制造战略,但总成本高于外购,那八成意味着制造战略本身有问题,比如在标杆研究中,错误地高估了没有竞争力的制造能力,那么企业就需要调整制造战略。也就是说,对新产品是自制还是外包进行分析,也是个回顾、检验和调整制造战略的机会。

问题3：自制是否有足够产能

即便符合制造战略，也并不意味着一定要自制，因为这还取决于企业自己是否有产能。产能不足，如果要增加，可能会触及临界点，成本出现阶梯性跃升，比如购置新的设备、增加新的厂房，但这新产品的业务量又填不满新增的产能，整体产能利用率就会下降，那么外包可能是更好的决策。

问题4：有没有合适的代工企业

产能不足，是不是就意味着一定要外包？不是，因为这还得看有没有合适的代工企业。即便有合适的代工企业，还有一道知识产权的考验。

问题5：代工是否会导致知识产权风险

对于供应链战略，你最不想看到的就是培养个竞争对手，所以知识产权、商业机密等都是外购的重要考量因素。在有些北美公司，知识产权保护有一票否决权，因为涉及公司的核心竞争力。

问题6：是否必须制造这个产品

如果既不适合自制，也没有合适的代工企业，是否有**特殊的业务需要**，必须制造这个产品？比如，新产品是给战略客户的，亏本也得做，那就要么自己投资产能自制，要么投资代工企业进行外购（比如给代工企业买设备）。否则，就要及时止损，放弃该新产品，或者重新定义、重新开发该产品。

上述逻辑，在图 2-3 的决策树中还有更多的细节。仔细研究，你会发现这个决策树的逻辑相当严密，很好地总结了新产品外包决策中的各种考虑。

简单总结一下：如果一个新产品符合企业的制造战略，成本上有竞争力，企业也有产能，或者虽然不符合制造战略，但外包存在知识产权风险，那就自制；如果不符合制造战略，知识产权风险可控，代工企业的绩效有竞争力，那就外购。再加上几种中间状态，新产品有下述几种可能：①自制；②产能不足，投资产能自制；③外购；④投资代工企业，外购；⑤放弃或重新定义产品。

对于第四种情形，要知道，如果不符合企业的制造战略，自制没有优势，供应商也没有产能和意愿，那么投资代工企业（比如为它们买设备，支付启动费，买断产能一段时间等），可能比自制更合算。或许有人会说，如果自己添置些设备，最后这些设备还能落下来归自己。这是典型的小农思想。伴随着那些设备，要雇用人员，要让他们有活儿干，要考虑他们的工作环境……还有，如果业务不好，这些人该怎么安置。

或许有人还会说，我们已经有很多工厂，很多生产线工人了，再多几个工厂也无所谓。但是，如果产品需求小，不确定性大，复杂度也高，重资产的投资风险高，有还不如没有。在重资产的基础上，做加法很容易，所以要自律；做减法很困难，所以要慎始如终。

对于第五种情形，**放弃开发新产品、及时止损也是一种选择**，否则容易陷入用一个错误弥补另一个错误的恶性循环。比如，有的企业开发了新产品，各种成本加到一起，达不到目标成本，产品在市场上没有竞争力，于是就拼命地向供应商压价；一分钱一分货，供应商最终牺牲了质量，导致产品的竞争力更低；产品越没有差异化优势，价格就会越低，这意味着供应商要降更多的"本"。

这里的根源在于，那些没有竞争力的产品就不应该投产。当然，这与重资产投资过度也不无关系：工厂那么多的产能，如果闲着也是麻烦事，产品虽然不赚钱，但至少可以分摊部分固定成本。这是企业被重资产绑架的典型场景。

供应链是从新产品开发开始的，重资产的很多决策也是在新产品开发阶段做出的。新产品的不确定性很大，在决定重资产投入时要深思熟虑。很多重资产决策一旦轻率做出，就无法逆转，最终也不会成为赢家。

小贴士　新产品开发时重资产出手的风险

新产品开发是"游击战"，要求轻装上阵，快速试错和纠偏，不能以"阵地战"的思维来应对。

有家大公司的子公司，这两年在向多元化迈进。它成立了专门的事业部，购置了设备，建了生产线，但新产品的开发却远没达到预期。于是，该子公司陷入了成本"三高"的境地：属高技术行业，研发投入高；专业人才多，人工成本高；重资产进入，固定成本高。成本太高，支出太大，母公司也无法承受，开始考虑关停并转。这导致子公司人心惶惶，其未来充满不确定性。

对于该案例公司来说，因属高技术行业，新产品开发需具有博士、硕士水平的工程师，所以需承担相当高的研发成本。但对于生产制造，是不是就找不到供应商，一定得自己投入重资产呢？虽然没有单一供应商能生产整个产品，但产品是模块化设计，找多个供应商制造不同的模块，再找一个供应商进行组装，其实是不难的。那为什么该子公司要自已投入数千万元，买那么多设备，自建生产线呢？一大原因就是资金充裕，有母公司资金支持。钱来得容易，也就花得容易。

我在硅谷近20年，见证了很多高科技企业的兴衰。硅谷的高科技企业，起步时基本上都是轻资产的：一群优秀的工程师，随便找间办公室，开发新产品的原型，然后找代工企业来做，验证成功后，才要么驱动代工企业产能爬坡，要么自建更多产能。为什么不和这个案例公司一样，一开始就重资产呢？原因很简单：缺钱。

硅谷的新兴企业融资，大多得靠风险投资。硅谷的风险投资都在科技界爬摸滚打半辈子，很清楚新技术、新产品失败的风险有多高，特别在技术日新月异的当下。要知道，越是在刀口上舔血的人，越在乎风险管控：他们有钱，但把钱看得很紧，虽说不全是"不见兔子不撒鹰"，但绝少兔毛不见一根就遍地撒钱的。

再看看国内，前几年热钱太多，投资也就轻率。大企业资金雄厚，对于研发创新，出手就是大手笔，以重资产打阵地战，也就成了很普遍的现象。

比如有家大企业，新近并购了一个小而美的科技企业，准备大干快干，于是导入很多新产品，把原来的一条产品线扩展到N条；工厂的二期扩建也在紧锣密鼓地推进，厂房都已建好。该企业属传统行业，管理层思想保守，一方面觉得让别人做不放心，另一方面也不愿肥水流入外人田。新产品还没眉目，重资产倒是添置了一大堆。

为什么并购前，这家小而美的科技企业就没有那么重资产呢？因为它们在行业里爬摸滚打，深知新技术、新产品导入风险重重。或许有人会说，这我也理解，但商机稍纵即逝，如果轻资产，仅靠供应商，响应速度太慢。供应商在重资产上小心谨慎，扩产速度缓慢，是因为那些轻率冒进的供应商大多都死掉了。不过我想说的是，很多人习惯于在"紧迫感"上做文章，把所谓"稍纵即逝"当作草率决策的挡箭牌。退一步讲，如果你想建立百年老店，也不能指望以稍纵即逝的商机为基石。

大公司还有如下常见的免责心态：轻资产，为公司降低了风险，节约了成本，没人认为是供应链的功劳；产品开发好了，供应链供不上货，就都是供应链的问题。所以，大公司的供应链部门往往是重资产的拥趸，至于以后资产闲置，责任就都推到研发、营销部门，是他们没开发出好产品，没拿到足够多的订单。研发、营销部门自然就怪市场、怪客户、怪国家政策，谁又能把市场、客户、政府怎么样呢？

结果，在**紧迫感**和**免责心态**的驱使下，一个个重资产决策就草率做出了。反正都是公司的钱，大家都是宁肯花了钱办不成事，也丝毫不愿承担省了钱却没办成事的风险。这是大公司的通病，与公司的国别、所有制其实并无很大关系。

小贴士　所有供应商的报价都很高怎么办

> 认为别人都是智障的人，才是真正智障的人。

我去一家公司，拜会其供应链的新老总，这位老总以前在营销部门。公司长期以来受困于供应端的"高成本"，比如作为内部供应商，子公司不愿意降价。现在，终于由他来管理供应链部门了。上任伊始，他就拿子公司开刀，让那些子公司的工厂关停并转。原因很简单：产品已大众化，产品和工艺都很成熟，毛利一日不如一日，子公司工厂的成本高，养不起；脾气大，不愿养。

之后又说到新业务。他说，公司正在进入新的业务领域，新业务的技术含量较高，供应商只有为数不多的几个。去询价，每个供应商的价格都很高，怎么算都比自己做成本更高。他认为这些供应商店大欺客，所以想自建工厂。我说且慢，"20年前你说供应商'欺负'你或许有道理，因为你的企业小，现在是千亿级企业，新业务也有百亿级市场，你还说供应商'欺负'你，而且是每个供应商都'欺负'你？"

要知道，有一个**实质性**竞争对手就是充分竞争，就可以驱动价格降到合理水平，也就是说，消除垄断带来的暴利（这就是波音和空客的净利润只有区区几个点的原因）。这个领域至少有三四个供应商，有些是势均力敌的竞争对手，可以说竞争是很充分的。充分竞争下，市场竞争会驱使供应商合理报价，其中最低的就是合理价（当然前提是质量、性能等符合基本要求）。那些供应商都是专业厂商，在这个领域爬摸滚打多年；采购方是新手，不要说制造这样的产品，连采购也不过是采购些样品，如果每个供应商的报价都比你算的高，那谁错了呢？

所有供应商的报价都高，是因为采购方没有经验，低估了物料、人工等要素成本外的很多成本。比如，投资了重资产、雇了人后，业务量达不到预期怎么办？良率不高，损耗太大怎么办？旺季很忙，淡季很闲，结果，要么是产能利用率不足，要么是加班加点，这些都是成本。

作为一个新进入者，你不知道你是不知道的。一旦自以为是，重资产进入，试错的代价就很高。

除此之外，设计变更多，朝令夕改；需求预测准确度低，赶工加急频频；账期长，对方付款不及时，花在收账上的时间比干活儿的时间还要长。这些都是成本。作为采购方，我们看到的是供应商赚钱盈利，而种种隐形成本，我们看不到或者不愿意看到，但并不意味着它不存在。

还有年度降价，采购方每年都要求供应商降价几个点，年复一年。供应商怎么办？在初报价时抬高价格。

你和一群专业供应商相比，谁更了解这些成本？基于自己的"成本核算"，就做出垂直整合的决策，让公司投入巨资新建产能，承担巨大风险，其实是总成本更高的解决方案。我们一遍遍地犯这样的错误，但遗憾的是，我们并没有因此而变聪明。就像这家案例公司一样，一边在关停并转先前建的工厂，为以前垂直整合的决策买单；另一边又在计划着上新产能，垂直整合进入全新的业务领域，吃二遍苦，受二茬罪。

那怎么办？我们要理解为什么供应商的价格高，然后采取合适的应对措施。

如果是因为量太小，那可以建立**阶梯报价**，达到特定的业务量，让供应商给我们特定的价格。如果是因为不确定性太大，供应商不愿投资产能，那可以重选择、重管理，尽量不要导入太多供应商，增加供应商的确定性；帮供应商支付购买专用设备的费用，甚至买断其一定的产能，这往往也比自己重资产的成本低、风险小。

如果还达不到目标成本，外包的同时还可制定持续改善下的降本路径。这点要在合同中说明，以指导双方的资源投入和利益分享，比如在设计优化、工艺优化省下的成本中，在××月或××年内，双方按照一定的比例分享，以激励供应商持续改善；分享期结束后，100%的节支费用归采购方，同时算作供应商的年度降本。

老产品外包：一些典型的障碍

在北美，老产品从自制到外包的诱因众多，比如公司推动结构性变革，把固定成本转为变动成本（就像前面提到的泛林研发），或者供应商的能力成长较快，规模和成本优势更明显。这些都很容易理解，整体逻辑也差不多：同样的重资产问题，供应商因为专业化和需求聚合效应，处于更好的位置来应对。但是，对长期以制造商自居的企业来说，要认识到这点并采取行动，却不是件容易的事。

我读《哈佛商业评论》上的一篇文章，讲的是当年康明斯的外包。[一]作者是位印度人，在康明斯发动机部担任过制造工程师、运营经理。1987～1990年，他在康明斯期间，看到康明斯、同行、客户花了大量的精力实施JIT来更好地管理库存，导入计算机系统来提高灵活度、改善质量、降低成本等。但不管怎么改进，都比不上那些规模更小的供应商，它们的专业化程度高，规模效益明显，员工积极性高，能以更低的成本、同等的质量生产出来。

这么浅显的道理，难道康明斯这样的企业就认识不到？当然不是。但因为涉及结构性变革，推行起来困难重重。

1990年前后，康明斯这样的企业垂直整合相当严重，很多零部件，不管关键与否，都在自制，大概一半的员工在生产已大众化的产品。那些产品的技术含量有限，工艺要求不高，供应商完全可以做得更好、更快、更便宜。它之所以继续自己生产，原因很简单，那就是**路径依赖**：因为以前在做，所以现在也就在做。结果是自己有众多工厂，资产重、效率低，在全球竞争中踽踽而行，逐渐掉队了。

在简单的零部件上花费了大量的资源，对于那些可能带来竞争优势的零部件，却没有足够的资源投入，这也是当年很多美国企业的共同挑战。中国企业的情况也类似。我去一些企业，发现连职工食堂都是自建的。想想看，食堂雇几个人，雇什么样的人，厨师闹矛盾，都得管理层

[一] Strategic Sourcing: To Make or Not to Make, by Ravi Venkatesan, *Harvard Business Review*, November – December, 1992. 我看作者在LinkedIn上的简历，作者写这篇文章的时候应该正在哈佛大学读MBA，只有四五年的工作经历，但见解之深刻，仿佛从业几十年的业界老兵。这也再次印证了我的观点：有了基本实践，配以深度思考和总结，两三年即可吃透一个行业或职业。这位作者后来成为康明斯、微软在印度的总裁。

去操心，大量的管理资源花费在这些没什么附加值的事情上。

这些工厂是垂直整合的重资产，成本、交期、服务的劣质化就近乎必然。最糟糕的供应商，就是自己的生产线，估计那位作者也是深受其害。他的策略可以说是简单至极，那就是**外包**：你不好好干，我就把你的活儿外包给那些好好干的供应商，以驱动员工提升绩效。

我能想象到三四十年前的美国"铁锈带"[⊖]，那些油渍满地的老工厂，生产线上养着的那帮懒人十年如一日地干着同样的活儿，管理层也是维持现状。长此以往，必然在全球竞争中掉队。

其实，北美和欧洲的衰落，在某种程度上可以说是从员工失去干劲儿开始的：垂直整合下，竞争不充分；工会保护下，干多干少都一样；经济增速缓慢，员工收入停滞不前，没有了干劲。于是，强硬的管理层就开始外包，连根拔起。这在那些文化激进，劳工关系紧张的公司尤其如此。日本文化不允许这样的极端措施，日本企业很难裁人，那就不招人，用大量的"非正规"员工，其实这是另一种形式的外包。

像康明斯这样的企业，长期以"制造商"自居，一旦开始外包制造，有一些典型问题需要克服。

其一，**和曾经的优势说再见，需要决心和勇气**。有些零部件，以前做得很好，有竞争优势，是看家本领。但随着供应商的追赶，或者自己的停步不前，外包给供应商是更好的解决方案，这样也能更好地聚焦新

⊖ "铁锈带"指美国中西部和东北部的五大湖区，包括宾夕法尼亚州、俄亥俄州、密歇根州、印第安纳州、伊利诺伊州、威斯康辛州、西弗吉尼亚州，以及纽约州的一部分。这里是美国的传统工业区，但从 20 世纪 80 年代开始，传统制造业衰退，留下的只有废弃工厂的斑驳铁锈，故名"铁锈带"。引自《贸易战背后的"铁锈带"》一文，搜狐号"环球交叉点"，www.sohu.com。

技术，建立未来的差异化优势。那些看上去很理性的选择，对很多公司来说，在心理上却是一大挑战。通用电气花了很多年才把起家的照明业务剥离出来就是例子。这里有很多感情因素，约束自己的，也有自己曾经的优势。

壮士断臂，正是领先企业所擅长的。IBM这样的企业之所以值得称道，正是因为它一直在勇敢地否定自己。例如，在老工厂的关停并转上，IBM走在了时代前列，成为后来者的典范。再如，当年打破垂直整合的模式，把CPU外包给英特尔，把操作系统外包给微软，IBM这些做法也值得称道。虽然这些做法一再被那些"站着说话不腰疼"的人诟病，说是培养了两个竞争对手，但这是大势所趋，在垂直整合的模式下，IBM造不出更好的CPU，开发不出更好的操作系统，如果坚持垂直整合，那IBM就早就成历史了！

其二，**大家都外包给同样的供应商，如何差异化**？也就是说，产品都是同样的供应商在做，我们的竞争力如何体现？这种担心其实是过虑了，从资源的角度看，供应商的制造能力以及现金、员工等资源没什么本质区别，关键在于我们让它们干什么。

这里的关键是**产品设计**，即把客户的需求有效地转化为图纸和规范，指导供应商制造出合适的产品。**竞争优势并不是制造本身决定的。**

⊖ 发动机的活塞就是例子。20世纪80年代中期，尾气排放标准提高，迫使康明斯重新设计活塞，这需要大量的资金投入。当时多个供应商已经有能力提供这样的活塞，不过活塞是发动机技术的核心，康明斯不愿放弃控制。是投入巨大资源，重建活塞优势，还是外包给供应商？群情激昂的争议持续了3年。公司成立专门的团队，由技术、生产和采购部门人员构成，他们访问了4家顶尖的供应商，分析了技术差距，最终得出的结论是：活塞技术不再是康明斯的核心竞争力——两个顶尖的供应商远远领先于康明斯，它们专注于活塞，规模效益明显，在研发上的投入是康明斯的20倍，外包成了康明斯的最佳选择。

这就如同样的石头，可以修成宫殿，也可以盖成民房，需求定义不同而已。外包没有竞争力的制造，聚焦于研发与营销，在品牌上发力，这是众多轻资产化企业的共同特点。

其三，**外包了，自己干什么**？对于技术、品牌优势明显的企业，答案非常清楚，那就是更加聚焦于技术和品牌。但对于那些从设计到营销再到制造都自己做，都做不好的企业，答案就没有那么明确了。什么都做，注定什么都做不好，倒不如在战略上聚焦，加大研发与创新，走差异化之路。

对于品牌商来说，很少有成功转型为代工企业的。企业到了一定阶段，就只能往上走，往下走是没有出路的。所以，它们只有两个选择：要么外包生产等重资产业务，聚焦研发与营销，在品牌上走差异化之路；要么维持现状，等着被市场淘汰。前者意味着壮士断臂的决绝，战略明晰，但风险是，如果转型不成功，可能死得更快；后者在战略上属于"夹在中间"㊀，既做不到最好，也做不到成本最低，注定是死路一条，无非是死得慢一点罢了。

案　例
海尔外包次要产品

海尔是中国最早尝试外包的企业之一。早在2007年，张瑞敏就提出了"轻资产"的概念，致力于打造"品牌＋营销"型的公司，从单纯的制造向服务业转型，从卖产品向卖服务转型。外包生产、聚焦研发和营

㊀ 从战略的角度看，要么做到最好，走差异化之路；要么做到成本最低，走成本领先之路；两者都做不到，而是夹在中间（stuck in the middle），是战略之大忌。

销的依据就是施振荣提出的"微笑曲线"：两端的研发和营销是轻资产，获利高；中间的生产制造是重资产，获利低。在2008年金融危机下，海尔的盈利受到很大的挑战，这更加坚定了张瑞敏外包生产制造，走轻资产之路的决心。

那么，外包是否改善了海尔的绩效？我们可以从吴文阳的硕士论文[⊖]中窥得端倪。论文中，吴文阳比较了海尔和美菱两者的财务绩效。之所以选择这两家企业，是因为两者的可比性较高，比如都在家电行业，同年上市，2003～2007年都出现亏损（从经济增加值的角度评估，见图2-4）。两者之间的一大区别是，海尔追求轻资产运营，美菱维持重资产运营。

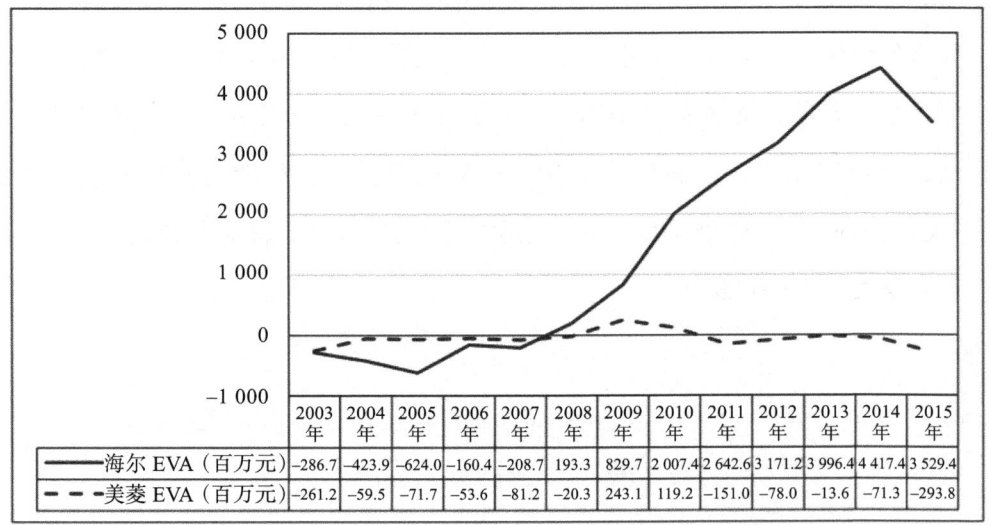

图2-4 海尔和美菱经济增加值的对比（2003～2015年）

吴文阳指出，"经济增加值（EVA）法是对传统财务绩效评价方法的

⊖ 吴文阳的硕士论文为《家电制造业避"重"就"轻"改善了财务绩效吗？——基于海尔与美菱的比较》，广东外贸外语大学，2017年。

一种改进，其最大的特点是考虑到了资金的时间价值与风险报酬的关系，它是在考虑资本成本之后对企业盈利能力的一种评估"。打个简单的比方，两个公司账面盈利都是 100 万元，但公司 A 用的资本少，公司 B 用的资本多，那公司 A 的经济增加值就大于公司 B，从财务的角度看，公司 A 比 B 更优，这是常识。我们经常说，账面上赚了，都赚到库存或设备里了，其实用的就是经济增加值的概念。

如图 2-4 所示，"2007 年以前，海尔的经济增加值为负，但在 2007 年以后，海尔的经济增加值一直呈上升趋势，尤其是 2008 年以后迅速增长。相比之下，美菱电器的经济增加值除 2008～2009 年以外，一直表现为负，而且没有增长的趋势。"

在我看来，海尔经济效益的改善与外包降低固定资产有关，但更重要的是，外包提醒人们防患未然，在后续的固定资产投资上更谨慎。

海尔当年大力推行外包，但外包的主要是次要产品，比如台式机、笔记本电脑、电视机等，这些产品的竞争力相对有限、销量低、复杂度高，海尔在规模效益上没有优势。对于主要产品（如洗衣机、电冰箱等），海尔还是自制，所以大部分工厂还在，绝对的重资产并没有显著减少。

这里的关键是，外包让海尔意识到了重资产运营的挑战，在后续重资产投资中更加谨慎和理性。这很重要，就如看病一样，医生的药并不一定能治好病，但你意识到病了，在生活起居上更加在意，比药的功效可能还大。对于重资产来说，已经发生了的事难以逆转，但如果"洗心革面"，在后续投资上理智行事，同样值得称赞。

此外，外包次要产品降低了复杂度，优化了现金流和固定资产的组合，能够释放出更多的资金，帮助海尔聚焦核心竞争力，这些都对经济增加值不无裨益。在图 2-4 中可以看出，"从经济增加值的角度看，2007 年以前海尔的股东价值一直处于被损害的状态，企业价值没有得到提升，但是自 2007 年实施轻资产模式以后，海尔的经营业绩明显得到了改善，这在一定程度上说明海尔的避'重'就'轻'之路对其财务绩效有着正面影响"。

吴文阳在论文中用了"一定程度上"是有原因的。对一个千亿级企业来说，把财务状况的改善完全归因于外包这样的单一举措是有风险的。我知道海尔同期还有很多举措，比如"人单合一""砸仓库""小微组织＋平台化"，这些要么对提高营收有利，要么对降低库存有利，从而改善经济增加值。但是，作为当时海尔一大举措的外包，对于改善重资产的投资回报率，从而改善经济增加值来说，应该是有效果的。

当然，对于海尔这样的以制造起家的中国企业，要完全走美欧同行那种轻资产之路尚有困难，主要是品牌溢价能力上有差距。㊀所以，海尔外包次要产品，聚焦于主要产品，也算迈出了重要的一步。

作为一个整体，现阶段国内家电巨头还主要是自己做，外包是附加措施，以追求更低的成本。它们主要做法是：①通过规模效益来提高单位产出；②通过精益生产来提升生产效率；③通过销售与运营的协调让生产机制更有效。㊁这些措施都能改善重资产的利用效率，从而提高投资回报率，很像北美企业在大规模外包前走过的路。

对这类企业来说，大幅外包尚不具备条件，除了品牌溢价能力不足外，在我看来，还因为：①来自资本市场的力量不够强大，企业的投资回报压力不够大；②国内人工成本还算可控，往低成本地区、低成本国

㊀ 品牌溢价能力就如你赚钱的能力，当收入高到一定地步时，你就会"外包"部分家务，比如找钟点工打扫卫生、做饭等，因为你的收入足够高，能够支付相应的费用；你的时间的机会成本也更高，你可以投入到别的地方获取更高回报。但是，你刚毕业的时候，八成无法这样做。经过二三十年的快速发展后，中国企业现在处于这样的拐点，开始外包"非主流"业务。

㊁ 根据对惠而浦供应链总监陈贵山的电话采访整理。

家转移的动力还有限。当然，这只是我个人看法。

像外包非核心业务和生产制造，走轻资产之路这样大的举措，必须三个条件都具备才可能发生：①有一套完整的方法论；②有一套组织班子来执行；③有"完美的风暴"来驱动企业下定决心。

以当年海尔的外包来说，第三个条件具备了，那就是金融危机影响了需求，重资产的成本刚性大，无法随着业务量的变化成比例调整，企业的盈利压力大增。大企业的惰性很强，只有在显著的外界压力下才可能推动大的变革。第二个条件也基本具备了，比如由张瑞敏主导，自上而下地驱动，采购和研发都大力支持。但是，第一个条件不成熟，即面对千亿级营收，那么多的产品线，那么多的产品和型号，究竟外包什么不外包什么，如何外包，代工企业不符合条件怎么办等，还缺乏完整的方法论。

比如在具体执行上，外包的目的究竟是清除重资产，就如前面案例中的泛林研发那样，还是单纯追求产品层面的最低成本，就会给企业造成相当大的困扰。泛林研发的外包，很大程度上是追求变动化的成本，而不是最低成本。要知道，有些时候自制是更便宜的选择。比如，自己的很多工厂、设备都已经折旧得差不多了，单价可能要比供应商的低。这道理就有点像买辆二手车，破破烂烂但能跑，单位成本当然比买新车要低，不过你知道，那破车迟早要维修，零部件一个个换的时候，成本可就惊人了。

海尔当时既想外包重资产，又想获取最低价，两个目的在战略层面是统一的，因为长期而言，轻资产的总成本更低。但在具体产品的执行层面往往是矛盾的，因为折旧等诸多因素，有些产品的外包价格反倒更高，这导致执行层面做起来很困难。后来者美的采取更加聚焦的做法，主要是成本导向，以产品的成本最低为目的，虽然没有"轻资产"的远大理想支撑，却更加现实可行。

相比海尔和美的这样建制相对完善、做事相对有板有眼的企业，⊖一些相对较年轻特别是新兴行业的企业，在产品的外包与自制的决策上就比较轻率，没有一致的战略，前后矛盾甚至充满投机色彩。

比如有个汽车制造商认为，产品做到一定量的时候，就一定得拼价格，而外面供应商的价格很难做下来，那就自己进场做。但同时，一些内部供应商（比如车灯供应商），因为技术含量不高，就被推向市场，与外部供应商竞争，十之八九会死掉。原因很简单，公司内部是温床，竞争不充分，底蕴不够。这也表明它们的自制实质上是没有优势的。

对这个汽车制造商来说，供应商的交期长了、价格高了，都可能触发自制的决策，但自制后效果达不到期望，就"大义灭亲"，将其推向市场。前脚在垂直整合，后脚就关停并转，一边从以前挖的坑里往外跳，一边又跳进新挖的坑里。作为一个企业，长期进三步退两步，在低水平徘徊，虽说吃了很多亏，但并没有变聪明。

在该企业，对于电池、电控、发动机这样的核心部件，都是老总重点管控，投入了优质资源（如工程师、实验室等），有很强竞争力，即便没有竞争力，也要将这部分业务扶植起来。非核心部件，比如车灯、内饰、气囊、坐垫、离合器等，老板虽然让建了工厂，但给的资源不充

⊖ 我这么说，有些人可能并不同意，比如会说海尔的张瑞敏在战略上不时"推陈出新"甚至天马行空。这或许有道理，但在执行层面，海尔却有相当的稳定性和延续性。过去十多年里，我接触过多位海尔的副总、部长和经理层面的员工，对他们充满敬意。他们十年如一日地努力工作，相当有效地对接了战略层和执行层，保持了强大的执行力。他们是海尔的脊梁，是他们维持了海尔的延续性。

分，结果这部分业务的竞争力参差不齐。这也不难理解，任何企业的资源都是有限的，对于非核心竞争力的业务，即便刚开始时投入足够资源垂直整合了，但后续的资源投入还是无法保障，最终会走上劣质化之路。

该企业也一直在调整，比如汽车的内饰，以前自己做，现在逐渐外包给外部供应商，雨刮器、后视镜等也不自己做了。还有其他附加值低的产品，如果外部供应商的竞争力强，就把内部供应商关掉或卖掉。你问知情者：这样做的挑战大吗？答曰：这是老总的决定。工厂要开要关只是老总的一句话，甚至连董事会都不用请示。

在中国，劳工关系相对简单，企业的各种社会责任相对较轻，约束少，重资产退出相对容易。这也从某种程度上纵容了企业轻率进入重资产领域。轻率地进出，频繁地试错，就这样，有些企业一遍一遍地交学费。

结构性外包：工厂是持有还是剥离

在产品层面，企业一般是从具体的产品开始，比如，尺寸在多少以内、公差在多少以下的铝制件外包，其余自制等。但问题是，这些产品外包后，工厂的业务量变小，重资产的固定成本摊销变高，让更多的产品丧失竞争力。所以，外包很快就由具体的产品外包，转移到生产线、工厂的关停并转，这就是**结构性外包**。

结构性外包，其实是从公司层面评估整个生产、仓储、配送等重资产网络，基于成本、服务、质量等对网络进行重新优化，以期从更高层面影响成本和其他绩效。相对于订单、产品层面外包的"小打小闹",这是做出结构性变化,从更高层面来影响成本,所以称为"结构性外包",以示区别。

结构性外包也包括业务流程的外包,比如财务、会计、物流、人事管理等的外包。这些在资产上虽然不一定有多重,但业务流程的复杂度更高,会显著影响到企业的运营,这里讲的整体方法论也适用。

结构性外包是"大手术",要基于对现状的全面评估。我们这里以生产设施的外包为例,介绍科尔尼咨询公司的四分法模型,如图2-5所示,该方法基于**战略价值**和**运营绩效**,把生产设施分为四类:红花、绿叶、鸡肋和敝屣,指导企业的生产设施网络优化。

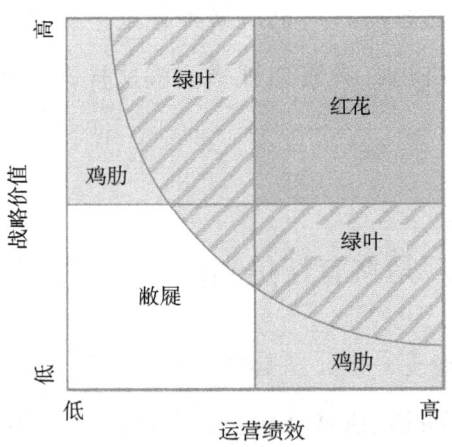

图2-5 科尔尼对生产设施的四分法模型

资料来源:Make vs. Buy Revisited: Reassessing your company's manufacturing strategy, AT Kearney.

战略价值是一系列指标的组合(括号里是权重),如盈利(25%)、营收成长(15%)、技术差异(20%)、制造能力(15%)、离市场的距离

（10%）、贸易因素（10%）、宏观经济状况（5%），主要评估生产设施的**效益**。简单地说，盈利能力越强，营收增长越快，技术差异化优势越大、制造能力越强的设施，设施的战略价值就越高。

此外还有三个因素与生产设施服务的市场相关，即离目标市场的距离，当地的贸易因素（比如本地制造）、当地的宏观经济状态，它们是战略价值的辅助决策因素。这些因素对特定的国家或地区（比如发展中国家）比较贴切，因为那些生产设施可能尚处于开发状态，盈利、生产能力都有潜力，代表着未来，所以不能将其忽略掉。

对于**运营绩效**，科尔尼也定义了一系列指标（括号里是权重），如加工成本[⊖]（40%）、灵活性（20%）、百万次品率（10%）、按时交货率（10%）、设备完好率（10%）、产能利用率（10%），评估每个设施的**效率**。整体而言，运营效率高的生产设施有以下特点：加工成本低、生产灵活性高，质量好、交付准时，设备完好率、产能利用高等。

当然，与任何打分方法一样，科尔尼对生产设施的四分法不是完美的，但好处是有了一套评估机制，让我们能够在众多的生产设施中"货比货"。基于上述对战略价值和运营绩效的定义，我们可以把生产设施分为以下四类。

- **红花**：战略价值高，绩效表现好，是企业制造网络的核心构成，也是竞争优势明显、增长速度快的战略平台。"红花"是能生金蛋的鸡，贡献了企业的大部分经济效益，也消化了不良资产的成本。
- **绿叶**：要么战略价值高，但运营绩效较差；要么运营绩效好，但

⊖ 加工成本是除了直接物料成本外的所有生产成本，包括直接人工费用和制造的间接费用。

战略价值较低，需要和"红花"配套存在。随着企业战略重心的转移和运营绩效的变化，"绿叶"可能升级为"红花"，也可能降级为"鸡肋"。

- **鸡肋**：要么是战略价值太低，要么是绩效太差。对于前者，除非企业战略改变了，对于后者，除非绩效得到实质性提高，否则"鸡肋"就成为关停并转和外包的对象。
- **敝屣**：战略价值低，绩效也差，需要尽快处理掉，以释放资源来投入到回报更高的领域。

对于中国企业来说，稍微有点规模的企业往往在多个地区建有工厂，建这些工厂的原因各种各样，比如人工成本低、政策优惠、乡土情谊等。在爆炸式成长的过程中，行业整体产能短缺，或者说供应赶不上需求，特别是盈利尚好的情况下，企业的注意力一般会聚焦在营收上，建大量产能；当经济增速放缓、行业产能饱和时，销售端赚不到更多的钱，供应端的成本压力就会变大，优化生产设施的布局就成了必然。

这时候，对现有的生产网络做通盘分析，决定哪些是长期持有的战略资源（"红花"和"绿叶"），哪些需要快刀斩乱麻地剥离（"敝屣"），哪些需要改进，改进无效后就关停并转（"鸡肋"）。这样的分析是企业和供应链战略的重要组成，也将指导企业后续资源的投入。

比如，对于"红花"，企业要继续投入资源，最大化产出，要优先投入新产品到这样的工厂；对于"鸡肋"，企业要力求改进，如果改进不了就剥离，如果投产新产品要非常谨慎；"敝屣"，其产能要尽快剥离，不但不能投入新产品，老产品也得外包。

类似的模型也可用在技术和工艺上。比如特定的技术和工艺要不要保留？要保留在哪个工厂？同理，这都取决于该技术和工艺的战略价值和绩效。有的技术和工艺虽然有战略价值，但并不一定要在每个工厂都有，否则可能太分散，降低规模效益。有的技术和工艺在工厂 A 可能是"红花"，但在工厂 B 可能属于"鸡肋"甚至"敝屣"，那就考虑从工厂 B 剥离，交给更好的工厂做，甚至纯粹借助第三方。

重资产网络的评估是一个动态过程，需要定期进行，比如每两三年一次。有些原来不合适的外包对象，等环境改变了，也会变成合适的外包对象；有些原来外包了，内外环境改变了，现在也可能变成自制。外包分析不但要着眼现在，而且要评估几年后的成本，调整外包战略，以确定最合适的外包对象。

下面，我们用科尔尼对生产设施的四分法模型来分析京东物流。

先看战略价值。就利润率来说，京东物流的盈利能力低，表现在多年亏损上；就业绩增长来说，京东物流在前些年助力京东零售的快速增长，这几年的增速明显放缓；技术差异化优势我不能评估，但仓储物流整体上算不上"火箭技术"，技术含量相对有限。

再来说运营绩效。京东物流的质量好，交付快，服务也不错。但是，垂直整合下，需求单一，规模效益不足导致单位成本高，资产利用率低，京东物流在成本上没有优势。对那些毛利高、在物流服务上要求较高的企业来说，京东物流有一定的优势；对于一般企业来说，看不出京东物流的整体价值比第三方物流有明显的竞争优势。[一]

[一] 这里说的"整体价值"，指成本、交付、服务、质量等多个绩效的综合。

这些都决定了在构建伊始，京东物流充其量就是"绿叶"，是京东零售成长的助推器，而不是"红花"，也不可能成为"红花"。随着京东零售的增速放缓，这一助推器的价值也不复存在，京东物流就"鸡肋"化了，独立核算和剥离就成了自然选择。

亚马逊物流也类似，当前对亚马逊电商的增速作用明显，也被亚马逊的投资者认可，尚能充当亚马逊的"绿叶"。我不认为亚马逊能显著改善自建物流的综合能力，能与联邦快递、UPS等竞争。2020年，亚马逊退出从商家到消费者的递送业务，就是因为它自认无法与联邦快递、UPS等行业巨头竞争。[⊖]继续持有下去，亚马逊物流有朝一日成为"鸡肋"也不为奇。成为"鸡肋"后，亚马逊物流得到的资源就会更少，专业能力提升速度就会更慢，相比第三方物流的整体优势越来越微弱，长此以往，其成为"敝屣"也不是不可能的。

小贴士　全面成本分析，支持结构性外包

工厂的关停并转是件大事情，即便驱动力来自高层，也需要全面、缜密的数据分析来支持。图2-6是一个成本模型，是波士顿咨询集团用来分析工厂成本的，以评估工厂的竞争力，支持结构性外包决策。

在波士顿咨询集团的模型中，工厂成本的决定因素（驱动器）可分为三大类：**规模效益**、**生产效率**和**要素成本**。

要素成本是线性的，和业务量成正比，主要适用于人工费、材料费、物流费用等。地域对要素成本特别是人工成本影响显著，这也是驱动到低成本地区寻源的重要力量。但是，低成本地区的基础设施一般比

⊖ Amazon Discovers Competing with FedEx and UPS is More Difficult than It Seems, by Rich Duprey, The Motley Fool, www.fool.com。

较落后，离产品的需求地更远，物流成本也就更高。所以，要综合考虑要素成本。

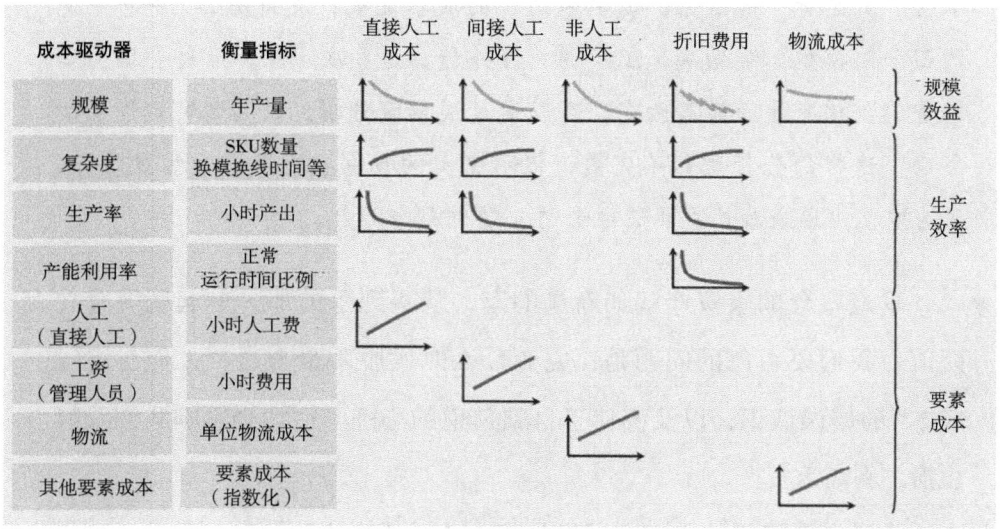

图 2-6　工厂成本的驱动器

资料来源：The Power of Cost Transparency: Finding Hidden Value in Manufacturing Networks, BCG.

生产效率影响运营成本，其成本驱动器又可细分为复杂度、生产率、产能利用率等。这些因素对成本的影响不是线性的，但我们知道，产品复杂度越高（比如产品型号越多），产品和工艺越不标准化，就越会导致生产率、产能利用率等下降，人工费、折旧费等上升。生产率、产能利用率也取决于计划排程、需求管理等因素，比如，计划能力薄弱，需求管理不到位，加急赶工就多，生产率和产能利用率就低。

规模效益会显著影响固定成本的摊销，也会降低人工、间接费率等。规模效益越高，整合效应就越明显，波动性就越小，产能利用率也就越高，需要的安全库存、富余产能也就越少。企业规模效益高，议价权就高，从而有助于降低要素成本，比如物料的采购成本。标准化程度高的产品可外包给供应商，就是因为供应商的规模效益更高，单位成本更低。

上面的成本分类，是很难精准获得"总成本"的，但逐项对比，能取得"货比货"的效果，以判断工厂的成本优势，支持图2-5中科尔尼的四分法模型，帮助决定工厂的关停并转。这些成本中，有些会因为需求量的阶梯变化而显著改变，可以通过**敏感度分析**，来判断特定因素的影响。这样的分析虽然不完美，但不完美的数据也比单纯的拍脑袋强，因为它至少逼着我们在决策中考虑、量化那些因素。

垂直整合的重资产就如新买的车，从买到手的那一刻起就一直在贬值。我们要考虑的问题是，究竟什么时候脱手最合适。人们对沉没成本⊖的错误认识，以及痴迷于自圆其说的心理，往往会影响我们及时止损，剥离重资产。

先说自圆其说的心理。同样的事，比如成本方面，第三方达不到特定目标，不能容忍；自己做不到，就可以容忍。这是很多选择垂直整合重资产的企业的共性。以京东、亚马逊这样的电商来说，原有的第三方物流在既定成本下，无法做到交付快、服务好，它们也不愿意提价或者分担一定的重资产风险，那就建立自己的物流；在相同的成本下，自建物流也达不到电商期望的交付速度和服务质量，那就增加投资。其实重资产的效率更低，但却是电商可以容忍的，而且它们会找各种理由来自圆其说。

供应商做不到，问题就会暴露出来；自己重资产则问题更多，那就想方设法来掩盖——已经投入这么多资产，而且还是老总决定的，总不

⊖ 在经济学里，我们把已经付出但不能回收的成本称为"沉没成本"。参考自百度百科的"沉没成本"词条。沉没成本不能成为后续决策的影响因子。

能失败吧。那就追加投资,拿一个错误弥补另一个错误,错上加错。这就是"沉没成本的错觉"。

最终的解决方案就是忽略沉没成本,重新开始。

举个例子。人人都知道英特尔的看家产品是 CPU,但很少有人知道,英特尔最初的主打产品是存储芯片。存储芯片的技术含量相对较低,20 世纪 80 年代,日本企业屡屡发动价格战,以低于成本的价格倾销,英特尔的优势相当有限,内外交困。当时的总裁格鲁夫问 CEO 摩尔[一]:"如果董事会把我们俩扫地出门,招一位新 CEO 的话,他会干什么?"摩尔不假思索地说:"他会关掉存储芯片业务。""既然如此,那为什么我们自己不这么做呢?"格鲁夫问道。就这样,英特尔退出了存储芯片市场。

这后面的道理,就是不管以前投入了多少资源,那些都属于沉没成本,不应该继续影响后续决策。

小贴士　是什么阻止了资产剥离

请神容易送神难,剥离重资产要克服重重障碍。德国有位博士研究生和她的教授一道,进行了详尽的文献查询,总结出一系列的障碍,[二]结合我的个人体会一并分享给大家。

其一,资产持有的时间越长,越专用,越在特殊的行业、特殊的公司或特殊的地方,就越难以剥离。如果剥离的话,企业遭受的短期损失也就越大。IBM 的芯片制造就是这样的例子。IBM 在多年尝试后,最后不得

[一] 就是提出"摩尔定律"的那个摩尔。
[二] Thirty Years After Michael E. Porter: What Do We Know About Business Exit? by Carolin Decker and Thomas Mellewigt, *Academy of Management Perspective*, May issue 2012.

不倒贴15亿美元，才把在美国的芯片制造厂脱手，卖给了格罗方德。

你现在就知道，如果你是一家五线城市的最大企业，主业是炼焦，一路扩充到炼铁、炼钢、发电，资产越来越重，专业也越来越特殊，这些专用资产想要脱手，何其困难！这就是很多中国企业面临的挑战：一边是诱惑太多，加法易做；一边是退出无门，减法难做，业务就越来越杂，资产也越来越重。

其二，股权越集中，相关业务就越难剥离，因为股东之间的制衡力度不够。比如，创始人有绝对的控股权，几年前是他自己决定垂直整合，他才不愿意剥离重资产，否定自己，给别人以"何必当初"的口实。CEO的任期越长，越不愿意剥离不良资产，也是同样的道理。因为任期越长，职位越稳，越难被制衡，就更可能一再用一个错误纠正另一个错误。

这些人既当球员又当裁判，缺乏基本的制衡。在企业整体盈利时尚可，能够掩盖损失；或者虽然盈利不及预期，但市场认可，这时尤其难以剥离低效的重资产。亚马逊、京东的自建物流就是这样的例子，不同的是，京东物流既不赚钱也无法支撑公司股价上涨，所以已经启动剥离程序；而亚马逊物流，只要股价继续飙升，它就还会坚持些年月。

其三是惰性，或者说惯性。企业的规模越大，从业年数越长，惰性也就越大。业务绩效不好，但恶化的速度相对较慢，甚至时而有所改善，剥离的可能性就较小。相对而言，北美企业的惰性较小，快刀斩乱麻，不良资产的剥离较快；日本企业瞻前顾后，惰性较大，决策速度较慢。⊖中

⊖ 我一直觉得（之所以用"觉得"，是因为我一直无法找到相应的数据），日本陷入"失去的二十年"，一大原因是经济增长出现拐点后，一直没有能够做出实质性的改变，比如彻底地处理重资产和冗员问题，结果让过去把未来当成了"人质"。这点从那些日本顶尖企业的表现上就可以看出。比如，丰田和本田的固定资产周转率和库存周转率一直在恶化。美国企业正好相反，一旦绩效表现不好，就快刀斩乱麻，处理重资产、库存和冗员问题，然后轻装上阵，浴火重生。中国民企更接近美国企业，大型、国有企业有点像日本企业。

国有些大型国有企业与日本企业有点像，需要国家层面的"去产能"政策来推动，才关停并转那些竞争力不足的多余产能。

有些资产虽说不良，但有特定的战略重要性，比如支持企业快速成长，支持新市场的抢占、支持新产品的推出，或者对战略客户很重要等。在企业里，任何时候都有一半的资产低于其平均投资回报率，所以财务指标不能成为唯一标准。不过要知道，重资产和库存一样，放在那里都是有原因的，很容易归因于某种"战略"。所以，"战略"很容易被滥用，成为重资产剥离的**战略性障碍**，成为对不良资产迟迟不作为的保护伞。

管理性障碍，指信息不对称、目标冲突等带来的决策流程问题。信息不对称，管理者无法真正识别不盈利的资产；目标冲突，管理者不愿做出剥离决策。经济越不发达，信息一般就越不对称，外人也更可能不知道企业运营的好坏，而剥离不良资产，则无异于自爆家丑，降低外界对企业的信心，这也影响了企业对不良资产的剥离。

另外，经济越是不发达的地方，人们越偏好"资产"，不良资产的剥离难度也越大。我想，可能是计划经济时代的短缺给这些地区的人们留下了深刻的印记，看得见、摸得着的资产让人心里感到踏实。当然，在相对封闭的地区，剥离带来的负面影响较大，剥离后的资产处理价钱也较低，这让这些地区的很多企业在处理不良资产上畏首畏尾。

重资产的剥离：请神容易送神难

进入时要慎重，慎始如终；退出时要果断，及时止损。

对于垂直整合的重资产来说，最光鲜的就是建成投产的那一天。如果不是核心竞争力，它就会一天天地贬值、劣质化。要么继续留在自己手里，直至彻底毫无价值；要么倒手，如同击鼓传花，不断地剥离、分解、重组。

根据方式的不同，剥离可以分为主动剥离和被动剥离。

具有前瞻性的企业会经常性地重组，以释放资源来聚焦于核心业务，这是**主动剥离**。主动剥离是在"创造未来，而不是跟随"。英特尔在20世纪80年代砍掉存储芯片业务，将资源投入CPU；通用电气在韦尔奇时代，如果一个事业部达不到同行业第一或第二的地位，就会被剥离；IBM剥离PC业务，都是主动剥离的例子。

主动剥离如同壮士断臂，需要很大的勇气和决心。更多的企业则在绩效出现问题时，采取**被动剥离**的做法。比如，在经济环境恶化、行业进入成熟期、企业本身经营不善等因素下，被动剥离无竞争力的业务和不良重资产。AMD和IBM剥离芯片制造业务，通用汽车剥离零部件制造业务，都是基于成本和盈利的压力，是被动剥离的典型例子。

在美国，汽车、家电、计算机、飞机制造等行业都经历了轻资产化的历程，不管是主动还是被动，最终都是以剥离重资产作为解决方案。比如，通用汽车把零部件制造业务剥离、上市，成立德尔福；苹果关闭了所有其在北美和欧洲的工厂，在制造端走上轻资产之路；波音剥离威奇塔的制造设施，成立了独立的势必锐航空系统公司，在生产制造上资产更轻等。⊖

⊖ 威奇塔是美国堪萨斯州的州府，波音长期以来在那里生产关键零部件和子系统。2001年"9·11"恐怖袭击事件后，航空业陷入低迷，威奇塔工厂的产能利用率只有50%。人工费高、劳工关系差、退休金开支大，都成了威奇塔的沉重负担。卖掉威奇塔工厂，剥离重资产，让波音得以聚焦于产品设计、系统集成等高附加值的业务。剥离部分成为势必锐，业务扩展到空客，但比例还是很有限，直到2019年，第二大客户空客只占其营收的16%，其2/3的营收还是来自波音。

当然，在有些情况下，主动剥离和被动剥离的区分其实比较模糊。这并不重要，重要的是不能一直优柔寡断，当断不断，反受其乱。这道理谁都懂，为什么还这么难做到呢？关键原因是，对于重资产，请神容易送神难，特别是资产的专属性强，劳工关系复杂的情况下。

我们先看一下通用汽车剥离德尔福的历程。

自汽车发明以来，汽车制造业一直是垂直整合的典型，福特甚至一度想整合整个产业链，从矿山到炼铁、炼钢，再到零部件、整车，都自己做，尽管没有成功，但整车厂垂直整合零部件制造却很常见。不过在最近几十年，随着全球竞争的加剧，底特律的汽车三巨头一直在剥离零部件制造业务。就通用汽车来说，从20世纪80年代起，零部件集团就逐渐与通用汽车分离，后来成为德尔福公司。但是，德尔福在获取通用汽车以外的业务上，依然步履艰难，如通用汽车当时的董事长史密斯所说，其他车厂不愿意把订单给自己的竞争对手所掌控的零部件公司。㊀

为了让更多的潜在客户放心，德尔福便谋求上市。1999年，通用汽车剥离德尔福，让其独立上市，德尔福成为当时世界上最大的汽车零配件制造商。这一剥离被宣称为"双赢"：通用汽车在零部件上可以找更好的供应商，德尔福也可以找到更多的客户。但问题是，虽然德尔福上市了，但80.1%的股份仍在通用汽车手里，依然生活在通用汽车的阴影下。

为进一步消除其他车厂的顾虑，通用汽车就把德尔福的股份配送给了自己的股东，㊁算是彻底剥离，这进一步减小了通用汽车对德尔福的

㊀ 德尔福与通用汽车分家，《中国经济时报》，http://news.sina.com.cn。
㊁ GM to spin off Delphi, CNNMoney, https://money.cnn.com.

(负面)影响,至少在竞争对手的眼里如此。正式分手从1999年开始,直到2011年通用汽车以38亿美元出售其所持有的德尔福A级成员权益股份,才算彻底"离婚",这还不算20世纪80年代以来就一直磕磕绊绊的"酝酿期"。

分手后,由于成本竞争力有限,包括巨额的退休金开支,以及要和博世这样的专业供应商竞争,德尔福一直无法真正自立,实现原来的业务多元化目标,直到2004年,德尔福全部收入的一半还是来自通用汽车。亏损多年后,德尔福于2005年申请破产保护,挣扎4年重组后,2009年总算脱离了破产状态。在德尔福的破产重组过程中,通用汽车至少花费125亿美元的巨资,并不得不回购德尔福的转向系统业务和其他4个工厂。㊀

或许有人会问,都分家了,通用汽车和德尔福还有什么分不清的?分不清的依然很多,通用汽车几十年前与工会签订的合同、汽车黄金时代给员工的高昂养老金、恶劣的劳工关系,德尔福都得全盘继承。这就如儿子的婚姻是爹妈包办的,分家时又承担了一大堆债务,小两口虽然分家单过,但三天两头地闹离婚,爹妈能撇清关系,不闻不问吗?

德尔福破产重组还没完,2017年它又拆分为安波福和德尔福科技。前者聚焦于前沿创新,主打自动驾驶;后者侧重于动力总成,继承了通用汽车的传统衣钵。它们与通用汽车的恩怨是否已完结,我没有继续跟踪,但如果有一天你看到福尔德又上了新闻头条,不用太吃惊——德尔福与通用汽车的扯皮事,几十年来可以说是没完没了,也不要期望这种纠葛能真正结束。

㊀ GM's Divorce from Delphi is Final, by Joann Muller. Forbes. https://www.forbes.com.

我说这些，主要是想表明，一旦形成重资产，特别是专属性强的资产，可逆性就很差，路径依赖就很严重，企业就不得不消耗很多的管理资源、财务资源来善后，而且经常会变成持久战。这就是为什么重资产运营要以预防为主，慎始如终了。

我们再看看 AMD 剥离芯片制造的经历。

半导体行业是由垂直整合起家的。在行业的早期阶段，芯片的设计与制造工艺很难分离，半导体公司的自然选择是垂直整合芯片制造。后来，芯片的设计和制造工艺越来越独立，于是出现了专门制造芯片的晶圆厂（重资产，以台积电为代表），以及专门的芯片设计公司（轻资产，以高通和博通为代表）。垂直整合的解体，除了芯片制造工艺的成熟⊖外，其他驱动因素还包括：①行业的周期性波动，让固定资产很难管理；②制造工艺的难度越来越高，使得晶圆厂的投资越来越大；③技术更新速度太快，使得投资回报期变短，重资产的投资回报风险加大。

对 AMD 这样的企业来说，自有芯片制造的需求单一，规模效益低下；制造资源长期内置，缺乏持久的竞争而导致能力不足，都让上面三个因素的影响更加突出，重资产的芯片制造业务越来越成为 AMD 的拖累。AMD 的日子很难过，最后连总部大楼都卖掉了，烧钱的芯片制造业务当然是保不住的。于是，2008 年 AMD 剥离了芯片制造业务，其制造部分成为格罗方德的主要构成。十多年过去了，AMD 聚焦核心竞争力，股价由几美元一路冲到 92 美元（2020 年 9 月 1 日），而同期的英特尔股价只翻了两倍多。

⊖ 这里的"成熟"，指主要的制程相对成熟了，比如都要用光刻机、蚀刻机、化学机械抛光机等设备。我们常说的 10 纳米、7 纳米、5 纳米等，更多的是渐进式改进，并没有改变根本的制程。

制造设施剥离了，AMD去哪制造芯片呢？当然是其晶圆厂的接盘侠——格罗方德。两者签订了晶圆供应合同，并在2009～2019年先后签署7次补充协议。起初的协议虽然给了AMD一定的选择自由，比如格罗方德做不到的新技术，AMD可以找其他供应商，但整体而言格罗方德是独家供应商。制造工艺那么复杂，技术要求那么苛刻，制程工艺的更新换代那么快，而格罗方德底子薄，能力弱，技术、质量问题不断，新工艺研发一直赶不上最新的发展，无法有效支持AMD的业务发展。

于是，AMD寻求与格罗方德彻底分手。分手可以，但要先付"青春损失费"。2016年，AMD和格罗方德重签协议，AMD总共支付格罗方德3.35亿美元，以获得与第三方合作的自由。⊖可以说，为了完全摆脱劣质的重资产，AMD可是花了重金。

相对而言，格罗方德的历史遗留问题没有德尔福多，与AMD的关系也没有德尔福和通用汽车的那么复杂，但整个剥离过程用了整整10年。那重资产的问题总算解决了？当然没有。接下来轮到格罗方德处理劣质重资产了。2019年1月，格罗方德把新加坡的一个晶圆厂卖掉了；4月，格罗方德把美国纽约州的一个晶圆厂卖掉了；5月，格罗方德剥离Avera半导体，将其卖给了Marvell；8月，格罗方德把美国光罩厂的生产设备卖给了日本Toppan光罩公司。⊜芯片代工行业竞争异常激烈，照这样下去，格罗方德恐怕用不多久就消失了。

说到格罗方德，就不得不顺便讲一下IBM。

相信没多少人知道，IBM也制造过芯片，而且至今还是半导体技术

⊖ AMD takes a $335m one-time charge for more sourcing flexibility, by Renee Johnson, Tech Report, techreport.com.

⊜ 参考自Wikipedia的词条GlobalFoundries.

的领导者，特别是在未来新技术上。以前 IBM 垂直整合，有自己的芯片制造能力但重资产能力劣质化，亏本多年，据说每年亏损高达 15 亿美元。挣扎多年后，2014 年，IBM 终于以 15 亿美元的代价，将其芯片制造业务找到格罗方德这个接盘者，处理了这颗烫手山芋。

注意，这 15 亿美元可不是 IBM 收取的，而是倒贴的。此外，IBM 还承诺至少在未来 10 年，22 纳米、14 纳米和 10 纳米技术的服务器 CPU 由格罗方德独家供应；后者还可以用 IBM 大型机、沃森的专利，以及纽约州几千工程师的智慧。⊖

与格罗方德的独家供应关系，IBM 是否要重蹈 AMD 的覆辙，尚不得而知，但 IBM 的那些重资产，却会继续倒手下去：格罗方德在 2019 年清理掉的美国资产，都是 IBM 的遗产。

重温这些案例，我越来越理解，为什么麦肯锡的顾问要说，除非绝对必要，否则不要垂直整合，因为垂直整合战略太复杂、昂贵并且难以逆转——想必他们介入过很多企业的垂直解体，目睹了重资产问题的严重性。对企业来说，**进入时要慎重，慎始如终；退出时要果断，及时止损**。

进入要慎重，说起来容易做起来很难，特别是手头现金充足，机会很多，决定做什么容易、不做什么难的时候。退出要果断，也远没有那么简单。退出一项业务就如卖股票，卖得太早，等于放弃了机会；卖得太晚，股价太低。再加上各种公司政治、内外博弈，企业在剥离不良资产上，往往是短痛变成了长痛。

其实，剥离不良资产就如切除毒瘤，对企业内外都是解放：留下

⊖ IBM sells chip business to GlobalFoundries for $1.5 billion (updated), by Joel Hruska, Extreme Tech, www.extremetech.com.

的员工更加安心工作，随同资产剥离的员工也有了更明晰的未来。新的所有者、新的管理层孕育着新的希望。所以，如果要剥离，不管是什么方式，都要尽量避免长期悬而不决，否则对公司股价的影响很大，也会影响员工的士气。这就如美国的企业裁员，如果一段时间财务指标不理想，或者预计不理想，就立马裁员，否则员工听到流言后，就会人心不稳，有能力的人反倒先离职了。

小贴士　重资产的剥离方式

如果资产的质量相对不错，那么拆分出来成为独立的公司甚至上市，是上佳的选择。比如，通用汽车剥离零部件制造成立德尔福，波音拆分重资产的制造业务成立势必锐航空系统公司，后来两者都独立上市。京东剥离京东物流，走的也是类似的路，希望日后能独立上市。AMD剥离的芯片制造业务成为格罗方德的主体，格罗方德的目标也是上市，但根据这些年的业绩表现，上市看上去凶多吉少。

转让。无法拆分，转让就成了不错选择，前提是能找到接盘者。在半导体制造业，格罗方德也成了不良资产的"接盘侠"，先后接下AMD、特许半导体、IBM的芯片制造业务等。这与富士康、伟创力的角色有点像，很多品牌公司在剥离制造业务时，往往以半卖半送的方式给这些"接盘侠"，而"接盘侠"除了接下这些资产和相关人员外，同时获得一定期限的业务，甚至是以独占形式获得。苹果当年把美国科罗拉多州的制造设施卖给SCI，就是这种做法。企业在剥离仓储物流、人事、财务、IT等职能时，也经常采取这样的做法。

停产。这种做法在北美用得相对较少，虽然听上去是为保留希望，希望以后生意好的时候翻盘，但停产期间依然会产生成本费用，而且短痛可能变成长痛。不过对于周期性较强的行业，停产一段时间，等待下一个行业高峰期的到来，也是一种选择。更多企业则是通过减少班次、消除加班等来应对，这也是换了形式的停产。

转产。在短缺经济时代，经常听到"转产"一词，但近年来越来越少听到——你要转去的那个行业，本身也产能过剩，哪能容纳更多的产能。重资产的刚性大，转产往往需要设备改造等，意味着投入更多的重资产，所以要谨慎。

关厂。无法拆分，无法转让，也无法停产或转产，那就关厂。关厂最彻底，一刀斩断，长痛不如短痛。但这会导致很多人失业，因而社会舆论、企业形象都让关闭工厂挑战重重。从经济效益来说，关厂有时的确是经济上最优的选择，所以不时有大公司关厂。

本章小结

在这一章，我们介绍了三种不同层面的外包，从订单外溢到新产品和老产品的外包，再到工厂的关停并转。如果管理得当，这些外包措施能帮助企业聚焦核心业务，增加企业的灵活性，特别是减轻重资产带来的对固定成本的影响，提高企业的固定资产回报率。

外包会显著改变企业的运作方式。不管是新产品和老产品的外包，还是固定资产的关停并转，一定要有系统的方法论和战略来支持。我们特别介绍了科尔尼的两个模型，一个支持新产品的寻源，另一个指导制造网络的优化。这些模型提供了结构化框架，可以帮助企业提高外包决策的质量。

最后，在重资产的剥离上，我们回顾了一些企业的一系列痛苦经历。垂直整合战略太复杂，重资产问题一旦形成，就请神容易送神难，很难逆转。所以，企业要以预防为主，慎始如终，除非绝对必要，不要垂直整合，特别是在需求碎片化、产品快消化的今天。

|资源| 更多供应链管理的文章、案例和专题培训

- 供应链管理专栏网站：www.scm-blog.com
  - 这是我的个人专栏，共设了16年，共有600多篇文章
- 我的系列供应链管理专著
  - 《采购与供应链管理：一个实践者的角度》(第3版)
  - 《供应链管理：高成本、高库存、重资产的解决方案》
  - 《供应链的三道防线：需求预测、库存计划、供应链执行》(与赵玲合著)
  - 《需求预测和库存计划：一个实践者的角度》
- 我的微信公众号——供应链管理专栏，每天推送一篇原创文章，包括最新培训信息

第三章

外包的核心能力建设

有个服装企业，上个月刚关闭了自己的工厂，转而聚焦设计和品牌，下个月就连续中了几个大标，一下子手忙脚乱起来。垂直整合模式下，有自己企业工厂，可控性好，可以综合评估，调整优先级，更好地平衡需求和供应；外包模式下，第三方工厂有自己的诉求，得按照它们的规则行事，交货期就较难控制。垂直整合后，可以通过行政命令，驱动执行来弥补计划的不足；外包后，对企业的计划提出更高的要求，要更好地通过先想到来做到。[⊖]

[⊖] 垂直整合下，生产制造的效率低、成本高，与需求计划混乱、多变分不开。但是，生产制造部门抱怨归抱怨，需求部门大多还是我行我素，把计划薄弱归罪于市场需求的变化了事。如果企业的计划一团糟，外包只能让问题变得更糟糕。解决方案是：①先理顺公司的计划体系；②选好、管好供应商，弥补计划的不足。前者可参考《供应链的三道防线：需求预测、库存计划、供应链执行》(与赵玲合著)；后者可参考《采购与供应链管理：一个实践者的角度》。

这就是外包后的一大挑战：**外包供应商的管理**。对于管理能力不足的企业来说，供应商层面的管理相当缺乏，选不好或管不好供应商是一个大问题，要提高对供应商的选择和管理能力，以更好地实现从纵向控制（垂直整合）向横向合作（外包）的转变。

对该服装企业来说，外包后也面临制造和质量一致性上的挑战。在服装行业，设计师设计效果图，纸样师制作板型时，要把效果图拆解成部件图，把立体图转化为平面图，生产线才能裁剪加工。虽然有些软件可以帮忙，但基本还是以手工方式为主，纸样师凭感觉和经验来制作板型。纸样师决定了服装企业的板型标准，制作板型是对接产品设计与工艺的关键环节。自有工厂时，纸样师和设计师在同一个屋檐下工作，相互之间很熟悉，配合密切；外包后，同一设计师的构想、不同代工厂的板型可能不同，做出的衣服也就有差异。

作为应对措施，该企业采取打样衣、做标准文件、尽可能列明所有要求等一系列措施。但问题是，不是所有要求都能描述清楚，或者描述清楚的代价太高。比如衣服的垫肩，不同代工厂的选择可能不同，除非指定下级供应商，但那又限制了代工厂的选择余地，会影响到成本控制。这都是产品设计与制造工艺分离后的常见问题：归根到底，外包增加了产品设计与工艺设计对接的难度。

这反映的是外包后的另一个挑战：**产品设计的可描述性**。企业需要提高设计的规范化，加强标准化、模块化、系列化来实现。这对产品设计能力提出了更高要求。

当然，外包也带来很多好处。对于案例企业来说，没有了数百人的工厂的拖累，琐事就少了很多，重资产的压力也小了很多，这就让企业在业务上有了更多的选择。以前为了让工厂有活儿干，会接一些低毛利的项目，在淡季时甚至只求能覆盖人工、物料和部分固定成本；现在公司更加小而精了，可以选择性地聚焦更高端的项目。

资源配置也更灵活了。原来是自己的工厂，能力不足也没有选择的余地；现在针对不同的质量要求，可以选择不同水平的代工厂，这个项目选错了代工厂，下个项目还有机会调整。还有，资金压力也大减，原来靠自有资金，现在和代工厂有账期，是结算关系。相应地，资金的杠杆效应更大，相同的资金能做更多的业务。

外包有这么多的好处，为什么聚焦品牌和设计、外包生产的服装企业还是很少呢？特别是那些大型服装生产商，资源丰富，理论上最可能会投资品牌、设计，却很少有把设计当成核心竞争力的。这里的关键问题之一是，企业一直以重资产运营为生，轻资产后不知干什么。

多年的重资产、低毛利，把这些企业锁定在重资产运营的框框里，节流做得相当不错，用案例企业老总的话说，就是连冲水马桶里都放只塑料瓶（为省水）。但除了生产，这些企业别无所长，没有其他核心竞争力，也不知道该把资源投到哪里来培养核心竞争力。

外包面临的又一问题是：**核心竞争力的识别和培养**。虽说老的不去新的不来，不外包非核心业务就不能聚焦核心业务，但在外包之前，一定要识别核心竞争力，以制定合适的外包战略。

要知道，外包会彻底改变企业的业务模式。案例企业的老总说，在服装行业，很多企业在心态上和能力上还没有准备好这样的转变。服装行业如此，其他行业也一样。打破传统框架，识别和培养核心竞争力，推动产品的标准化、模块化和系列化，以及选好、管好外包供应商，不但需要企业**心态**上的改变，而且要有**能力**上的提高。

本章的重点就是提高能力，主要是核心竞争力的识别、产品的模块化设计和供应商的管理，以支持企业的外包和轻资产战略。

聚焦核心竞争力，外包非核心业务⊖

> 忽视了核心竞争力的培养，势必"其兴也勃焉，其亡也忽焉"。

在前面的案例中，泛林研发几乎把我们能想到的都外包了，但就是没有外包研发、销售和现场技术支持，因为这三项职能是企业的**核心竞争力**。研发设计出一个好产品，销售卖出个好价钱，现场支持工程师给客户安装、调试、运维。高科技行业，技术需要长时间的积累；大型设备行业，销售周期长，客户关系要有相当的延续性；客户定制化需求多，现场人员需要大量的经验积累。这三大职能为泛林研发构建了"护城河"，是其差异化优势的重要组成。

这就转到外包一个核心概念：孩子和脏水不能一起泼掉——外包的不能是企业的核心竞争力。

核心竞争力，从字面上看，就是能给企业带来持久的差异化优势、竞争对手难以复制的能力。核心竞争力与战略外包如影随形：聚焦核心竞争力，势必外包非核心、不擅长的业务，两者结合，成对运作，极大丰富了供应链管理，对于提高投资回报率，降低重资产的风险有着深远意义。

⊖ 这部分参考了核心竞争力与战略寻源方面的两篇经典文章：(1) The Core Competence of the Corporation, by C.K. Prahalad and Gary Hamel, *Harvard Business Review*, May–June 1990; (2) Strategic Outsourcing, by James Brian Quinn and Frederick G. Hilmer, *Sloan Management Review*, July 1994.

核心竞争力理论的产生有其深刻的背景，那就是多年来美国企业过度多元化，不再聚焦，降低了全球竞争力。可以说，**核心竞争力是对过度多元化的纠正，是大工业化后的再度聚焦**。

当时的美国企业纵向垂直整合度高，横向无关联多元化严重，出现了很多巨无霸的"集团公司"，什么都做，什么都做不到最好。在20世纪六七十年代，很多这样的集团公司都失败了，这让投资者和金融学者转向支持更加聚焦的企业，促使企业再聚焦。

刚开始人们把聚焦理解为砍产品线，降低产品和业务的复杂度。但是产品线过窄，会增加市场的系统性风险。同时，人们也注意到，有很多日本企业（如索尼和三菱）、美国企业（如3M和惠普），虽然产品线众多，却照样很成功。区别在于，这些企业并不是高度的垂直整合，与一般的集团公司大不一样，它们是"相关的集团公司"，产品的市场可能各不相同，但**关键技能**相同，它们也把大量的次要任务外包。"关键技能"就是核心竞争力的原型。

让我们打个比方来理解不同类型的公司，以及其核心竞争力所扮演的角色。在英语里，"集团公司"和化学课上的"混合物"是同一个词，后者由多种物质松散构成，相互之间并没有化学反应。对企业来说，无关联的多元化就如同**混合物**，形不成化学反应；业务、产品太单一，风险就会变大，就如同大部分**纯净物**不稳定一样；介于两者之间的是**化合物**，结构最为理想，而**核心竞争力**就是连接化合物各元素的"分子键"。

1990年，普拉哈拉德和哈默尔在《哈佛商业评论》上发表文章，正式提出了"核心竞争力"的概念：⊖既然我们没有能力把所有的事情都

⊖ The Core Competence of the Corporation, by C.K. Prahalad and Gary Hamel, *Harvard Business Review*, May–June 1990 Issue.

做好，那就聚焦于有限的领域，其余的外包给更专业的公司去做。在时间顺序上，先有核心竞争力的概念，做好理论准备（20世纪90年代）；后有大规模的外包，改善企业的投资回报（2000年前后）。

半个世纪以来，核心竞争力的理论是显著影响美国企业界的几大管理理论之一，⊖它吹响了美国企业聚焦战略的号角。相应地，外包在2000年后成为美国企业的主流做法。核心竞争力与外包相结合，会给企业带来一系列好处：

其一，内部资源聚焦到企业最擅长的领域。

其二，完善了的核心竞争力会形成壁垒，竞争对手难以逾越。

其三，最大限度地利用供应商的投资、创新和专业能力，在技术和市场需求的快速变化下，显著降低了企业风险。

核心竞争力与外包的流行，也和企业竞争形态的变化有关。

传统上，企业是基于有形的资产竞争，比如有生产能力，能够确保原材料的供应等。"家有余粮，心里不慌"，这是原始资本主义时期的特点，短缺经济时代也是如此。有些企业还习惯于炫耀有大量资产，其实就是这种思路的延续。20世纪80年代，信息时代、知识经济的到来，让企业从有形的资产竞争向无形的知识竞争过渡。人们的关注点也从"硬实力"向"软实力"转变，**设计、品牌这样的无形资产成为企业的核心竞争力，而制造、仓储等有形资产则更多成为外包的对象。**

这里的一大挑战就是如何识别核心竞争力，特别是对无形资产而言。

⊖ 其他如：交易成本理论，定义企业的边界；代理理论，指导企业的架构控制；波特的五力分析模型，帮助企业制定战略等。

核心竞争力的三个条件

在发表于《哈佛商业评论》的经典文章中,普拉哈拉德和哈默尔对于核心竞争力定义了三个条件,至今仍具指导意义。

延展性:核心竞争力要有助于企业开发更多的产品和服务,让企业得以进入更多的市场。通俗地说,核心竞争力不是"金蛋",而是能够生金蛋的"鸡"。核心竞争力可以为企业带来长期收益,而不是一锤子买卖。对于只能带来一次性好处的能力,不值得继续投入更多的资源。

在硅谷,创新往往是在满足特定客户的特定需求时发生的。创业者认为是个好点子,就开始创业,就去找天使投资。作为天使投资者,他们最关注的问题之一是:你找到第二个客户了没有?这就是在验证创新的"延展性":有了第一个客户,不一定会有第二个;但有了第二个客户,就可能有第三、第四个客户,业务才可能做大,才值得投资。

有用性:核心竞争力要给企业带来显著的贡献。这意味着其价值要被客户认可,才能给企业带来收益,而且是**高于平均水平的收益**。⊖客户认可是多方面的,但真正的试金石是愿意买单,支付高于平均水平的价格。赚不到钱的能力不是核心竞争力。

俗话说得好,"亏本的买卖也要行家做"。具有某些能力并不一定能赚钱,但为了关键客户不得不维持,这样的能力只能算是辅助能力,以维持现状为主,不是核心竞争力,要避免不断投入更多资源。

独特性:核心竞争力要难以被模仿,也就是说,要有一定的门槛。

⊖ "高于平均水平的收益"是我个人的理解,普拉哈德和哈默尔的原文为 utility,翻译过来就是"有用性",没有说高于平均水平的回报。我认为,凡是资源都是"有用的",可以或多或少带来回报,真正的"有用",则要体现在高于市场平均水平的回报上。

这种门槛，可以是技术性的也可以是管理性的，可以是重资产也可以是轻资产，可以是有形的也可以是无形的，关键是要有一定的持久性，难以被模仿，这样企业可以持续投资，进一步提高进入壁垒，领先或吓阻竞争对手。

普拉哈拉德和哈默尔在文中提到，发动机技术就是本田的核心竞争力，表现在：①它帮助本田开发割草机、扫雪机、摩托车、轿车和越野车等多种产品，并进入相应的市场（延展性）；②客户认可，比如在美国，本田汽车的价格要显著高过美国同档次车型，但大家还是愿意买（有用性）；③本田的发动机技术经过了长期的积淀，竞争对手难以模仿，无法短期超越（独特性）。

相反，作为高科技企业，拥有钣金制造能力，能否让企业进入多个市场（延展性）？不会。客户会不会因为企业有自己的钣金车间，就跟企业做生意，支付高于市场平均水平的价格（有用性）？当然不会。企业能建钣金车间，竞争对手就建不了（独特性）？也不是。企业很快会发现，钣金加工不是企业的核心竞争力。同理类推，企业的很多重资产都不是核心竞争力，虽然它们在特定的时刻对企业很重要，比如增加了管控力度，改善了交付和质量等。

让我们用同样的逻辑来做更多的"练习题"，学习如何识别核心竞争力。

中文输入法对于微软来说是不是核心竞争力？不是。你不会因为它的中文输入法好用而装 Windows 系统或 Office 办公软件，也不会因为不好而不装；你也不会因为它的中文输入法而愿意支付更高的价格（有用性）。中文输入法最多算微软的辅助能力，让英文环境的人在偶尔需要时可以输入一些汉字而已。我们这些大量用中文的人自然会去下载搜狗、百度等输入法。从某种程度上讲，也可以说微软把中文输入法"外包"给后者了。

肥水不流外人田，自建多个工厂，这是不是核心竞争力？当然不是。客户不会因为产品是你自己工厂生产的，就愿意支付更高的价格（有用性）；那些工厂的管理、技术能力有限，没有什么进入壁垒（独特性）；它们也不是"生金蛋的鸡"，让你进入更多的领域（延展性）。肥水不流外人田不过是小农意识，是人性的贪婪和管理能力低下的衍生物而已。

那么，对前面谈到的服装企业来说，自己的生产线是不是核心竞争力？当然不是。虽然有些客户希望服装企业有自己的工厂，以增加控制力度，但服装真正增值的是设计，而不是加工。这些客户也不会因为你有工厂，就给你更多的生意，支付更高的价格。凡是你能叫上名字的那些名牌服装，基本上都是第三方工厂生产的，也没见谁去挑剔服装是不是品牌商自制的。品牌商设计能力强、品牌的认知度高，这才是它们真正的核心竞争力。

让我们来看京东物流。京东一再宣称，物流是它的核心竞争力。其实不是，根本原因是不被消费者认可——不满足"有用性"。很多人对此不理解：对于京东物流，消费者都赞不绝口，为什么说不被认可呢？认可不是嘴巴上说了算，认可必须见行动，那就是消费者愿意买单。京东物流多年亏本，就是因为消费者不愿意付足够的钱，覆盖京东物流的全部成本。最终，京东决定剥离物流业务，成立专业的物流公司，而不是作为核心竞争力继续投入资源。

三个条件都具备，才能成为核心竞争力。之所以要强调这一点，是因为对于任何能力来说，凡是企业决定垂直整合的，走上重资产之路的，总能找到一系列理由来自圆其说，而这些理由至少会满足三个条件中的一部分。

就拿京东物流来说，虽然消费者不愿意买单，不符合"有用性"，但符合"独特性"条件，因为是重资产投入，其他电商没有那么多钱来投入，或者不愿意投入巨资，这为京东竖立了进入壁垒；京东物流也符合"延展性"条件，比如可以帮助京东卖书、卖家电、卖手机，不但服务京东自营，而且服务京东平台上的商家。三个条件具备两个也不行：京东的自建物流不是其核心竞争力，不能一直坚持亏钱保有。

有人或许会说，亚马逊物流也一直亏本，为什么亚马逊还是把它当作核心竞争力，坚持不肯剥离呢？与京东物流一样，亚马逊物流也满足"延展性"和"独特性"的要求，但在"有用性"上就不同了。虽然亚马逊的消费者对其物流不愿意买单，但股东愿意，因为自建物流巩固了亚马逊在零售业的统治地位，这可以让亚马逊的股价飙升。如图 3-1 所示，自 2014 年 5 月京东上市以来，截至 2020 年 8 月，京东的股价只增长了 182%，而亚马逊的股价却增长了 954%。

当然，随着亚马逊业务的增速变缓，其股价将趋于稳定甚至下滑，对于亚马逊自建物流的高成本，华尔街的容忍度自然会下降，自建物流的"有用性"降低，被剥离的概率就会增大。

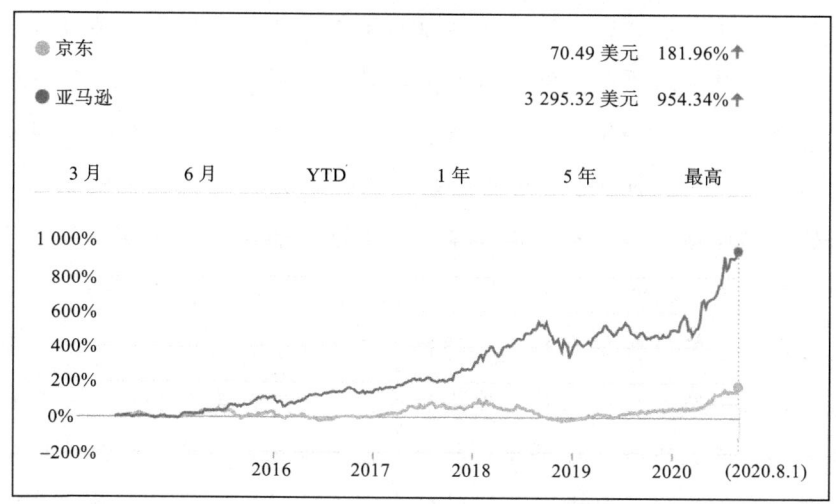

图 3-1　京东和亚马逊的股价变化

资料来源：Google Finance.

实践者问

特斯拉的业务高度垂直整合，这是不是特斯拉的核心竞争力？

刘宝红答

有些是，有些不是。比如，垂直整合自动驾驶系统是，但垂直整合座椅和车体一体化成型则不是。自动驾驶系统之所以是核心竞争力，是因为与苹果的 iOS 系统一样，特斯拉的自动驾驶系统在新能源生态系统中居核心地位，更加满足核心竞争力的延展性、有用性和独特性要求。自造座椅之所以不是核心竞争力，是因为：没有人会因为座椅是特斯拉自己造的而愿意支付高价；特斯拉能够自己造座椅，它的竞争对手也能做到。

自动驾驶系统是特斯拉的核心竞争力，势必得到持续的资源投入，从而能不断优化设计；自造座椅和自建车体一体化成型不是其核心竞争力，后续资源投入不足、竞争不充分等挑战将更大，重资产的劣质化问题就成为必然。特斯拉之所以在这些非核心竞争力上垂直整合，根本原因在于新能源汽车尚处于其生命周期的早期，设计变更多，需求变动大，资产的专用性强，垂直整合增加了管控力度，加快了产品设计与工艺设计的优化速度，避免了跟供应商的博弈，所以在执行速度上会更快。

可以说，特斯拉垂直整合的目标主要是速度，而不是成本，这符合新技术、新产品的特点。对于那些非核心竞争力的垂直整合，消费者不愿意买单，体现在特斯拉不能盈利上，但股东愿意买单，因为市值在连续翻番。当股东也不愿意买单的时候，特斯拉对这些非核心竞争力的垂直整合也就走到了头，就和京东剥离物流一样。

小贴士 我自己的核心竞争力分析

> 核心竞争力让你心安神定地"结硬寨，打呆仗"，走得更远。

我是个作者，不过在专业领域，一个人很难靠写作谋生，所以我也做点培训、咨询。那我的核心竞争力究竟是什么呢？是我二十多年来在供应链管理领域的实践、研究和总结。这之所以是我的核心竞争力，是因为它符合核心竞争力的三个条件。

第一，核心竞争力要能助力企业或个人开发多种产品，并能进入相应的市场。就我自己来说，我在供应链管理领域工作多年，写过5本书（本书是第6本）、几百篇文章，开发出一系列培训，服务各行各业的企业。这是核心竞争力的**延展性**。延展性很重要，因为有时候企业根据特定客户的需求投入大量资源，开发出特定的能力后，最终却发现无法复制，找不到第二个客户，成了一锤子买卖。

第二，核心竞争力的价值要被客户认可，这是其**有用性**。我的文章有很多的职业人在读，我的书在很多部门人手一本，我的培训也有很多公司来参加。这是有用性的一部分，但不是全部。真正的客户认可，体现在客户愿意支付高于平均水平的价格。我的培训、咨询从来都不是靠价格竞争，众多客户之所以认可，是因为在他们眼里，性价比更重要。

第三，核心竞争力要难以被模仿，这是其**独特性**。我的核心竞争力是二十多年积累下来的：系统的商学院教育、深入的供应链实践、十几年的总结和思考。这种能力本身没什么独特性，用曾国藩的话说，就是"结硬寨，打呆仗"，但很难被模仿，因为很少有人愿意投入这么多的资源，特别是国内这些年经济发展这么快，大家赚钱都来不及，谁还愿意十年如一日地做研究、写书、写文章呢？

我的核心竞争力探索经历了长期过程。

2005年，我开通了"供应链管理专栏"博客（www.scm-blog.com），陆续写了几百篇文章，大概有几十万名读者，所以我想做猎头业务，专门帮助跨国企业在国内招聘员工。但很快我发现，招聘能力太容易模仿了：仅上海就有3000多家猎头公司，从前台到CEO，有很多猎头都能招聘。没有**独特性**，就无法获取高于市场平均水平的回报。猎头不是个好生意，招聘不是核心竞争力。

2009年，金融危机后全球消费需求放缓，重资产问题浮出水面，国内有家千亿级的制造企业开始考虑轻资产化，决定把制造业务外包。这会显著地改变整个供应链结构，在国内尚属首例。我给这家制造企业介绍了一家美国咨询公司，帮助它制定供应链的转型战略。但问题是，这个项目做完后，我们再也没有获得第二个项目，因为这是在引领潮流，需要这种服务且能够支付相应费用的企业很少。这不符合核心竞争力的**延展性**的要求。

2011年，我进入培训领域，刚开始是内训，然后是公开课。最初的公开课每次只有十几个人，而且都是我多年的读者。这群核心读者应该说从2005年就开始培养了，他们读我的博客，逐渐成长，在公司的影响力也越来越大，参加公开课觉得不错，就推荐他们的同事来，让他们的部下来，我的培训业务就这样做起来了，多的时候每次课有一百多人。

培训业务做起来了，咨询业务也就来了，时常有学员、读者邀请我去做咨询；各种会议、讲座、活动的邀请也接二连三地来了；其他的合作机会也来了，比如开发软件，推销产品或服务等。核心竞争力的问题就此出现：我的资源（时间）有限，究竟该聚焦什么呢？

不是咨询。咨询需要很多现场服务，需要几周甚至几个月待在一个企业里，而我大部分时间在北美，这对我的日程来说是个很大的挑战。我也不想雇几十个MBA，然后整天忙着写建议书，给他们接项目——我如果喜欢管理大团队，那就选择在大公司继续打工了。况且，那么多的企业没有我的咨询，也都成长到了几十亿、几百亿甚至几千亿的规模。

当然，我还是会有选择地做一些咨询，比如：在供应链战略上，帮助企业的中高层、跨职能团队达成共识；在供应链计划上，帮助他们优化预测方法、改善交付、控制库存等。这都是配合我的研究积累案例，验证方法论，算是"产学研"结合。在咨询客户的选择上，我是非常挑剔的，营收几亿元的企业是我的最爱——它们的规模已经相当大，但还没有大到什么也做不了的地步。这种规模的企业执行能力也强，能很快看到咨询的效果。

不是培训。围绕我的5本畅销书，我开发了一系列供应链精品培训课，已经做了300余次，但我不认为自己是个培训师。对我来说，培训是兼职，一方面可以养家糊口，另一方面能够更好地了解业界的问题，为研究和写作服务。我不想每天去赶场，那样虽然可以赚更多的钱，但代价是没有时间做研究和写作——没有持续的研究做后盾，用不了多久你就只剩下一张嘴了。

所以，对于培训，近年来我每两个月回国一次，每次两周时间，在上海、深圳等地讲几天公开课，其间再给两三家公司做内训，仅此而已。

更不是做个文化商人，出席各种活动，为自己都不用的产品和服务"站台"。也不是跟着热点走，什么热就说什么、推什么。这些年，供应链金融、区块链这样的概念频频出现，时常有人拉我"入伙"，我不是说这些不重要，但从专业的角度，我们要从供应链的基本面去思考，去寻找解决方案，而不是哗众取宠，拿宏大而空洞的名词博眼球。

那剩下的就是**研究**、**总结**和**写作**，填补学者与实践者之间的空白。学者往往没有实践经验，写的东西理论有余、实践不足；实践者则既欠缺理论基础，又没时间、没兴趣写文章。这就是我的核心竞争力。我大部分的时间都在研究和写作，让众多的实践者以免费或一本书的价格获取知识和经验，然后他们每1000个人中有1个来参加我的培训，我的养家糊口的问题就解决了——感谢广大读者的厚爱，这个目标早已实现。

宁静方能致远。当我给自己这么定位时，我发现众多的诱惑都消失了。我不会因为没有出席那些活动、做那么多的培训和咨询而后悔，我选择的是有了基本生活保障后，做更多的原创性研究，帮助一个行业、一个领域提升整体管理水平。

这就是核心竞争力的价值：**它不但能让你生存，而且能让你心安神定地结硬寨，打呆仗，耐得住寂寞，走得更远**。想必大家现在也明白了，不断找"风口"，哪里热往哪里凑的企业，不是因为时代的浮躁，而是因为企业缺乏核心竞争力以及由其而生的定力。

核心竞争力的几个误区

对于品牌商来说，重资产的制造能力一般不是核心竞争力，那为什么对富士康、伟创力这样的代工企业来说却是核心竞争力呢？

要知道，重资产本身会随着时间而贬值，但管理重资产、提高重资产效率和回报率的能力不会贬值，这正是富士康、伟创力等专业代工企业的能力所在。**它们的核心竞争力表面上看是重资产，但实际上是管理、整合重资产的能力**。这就如同样一把刀，有人可以用来闹革命，有人只能用来切菜——"核心竞争力"不是刀，而是如何使用这把刀。现实中，很多企业分不清"刀"和"使用这把刀"，误把前者当后者。

企业规模小的时候，没钱买"刀"，不得不采用轻资产模式；有了点规模，手头也有了点钱，就开始添置设备，租赁厂房，自己买"刀"自己干，背上重资产的包袱。现金流充足时，企业的脾气也会大起来，协作精神淡化，更容易意气用事，和供应商的关系破裂，走上垂直整合的重资产之路。这后面的误区是，他们认为供应商的能力在于生产制造，而不是管理生产制造的能力。隔行不取利，看上去简单的生产制造，外行做起来可能就很困难，而且分散了企业的资源和注意力，阻碍了研发和品牌的进一步强化。这也是企业重资产的机会成本之一。

对于富士康、伟创力这样的代工企业来说，管理、整合重资产的能力也符合核心竞争力的三个条件：可以帮助它们承接各种不同的业务（延展性）；客户愿意支付更高的价格，虽然它们能找到更便宜的小型代工企业（有用性）；需要时间来积累经验，进入的门槛相当高（独特性）。经验不可替代，对重资产的管理、整合能力，是富士康、伟创力这样的代工企业吃了很多苦、受了很多罪、交了很多学费后变聪明的结果。

基于核心的管理、整合能力，富士康、伟创力得以在全球范围内盘活这些重资产，给客户总成本更低的服务，给股东更好的投资回报，这就是它们的价值所在。正因为具有管理、整合重资产的能力,富士康、伟创力这样的企业才能频频成为重资产的"接盘侠",在品牌商的垂直整合解体后,接下它们的重资产,同时承担它们的制造业务。

在核心竞争力上,还要提防"得不到的就是好的"的心理。你没有的、对你当下影响重大的,并不意味着它们就是你的核心竞争力。经常看到的是,一旦得不到某方面的资源,当事人就混淆视听,以**急迫性代替重要性**,想方设法往"核心竞争力"上靠,把"没有的"等同于"关键的",推动通过重资产来解决问题。

比如,新冠肺炎疫情期间,供应商无法送货,有家公司就开始探索自制零件的可能性。该公司是一家汽车整车厂,年营收几百亿元,在全国有多个生产基地,产能利用率很低,重资产问题已经很严重,如果进入零部件制造领域,资产会更重。对于整车厂来说,一般零部件的制造现在不是核心竞争力,在可预见的未来也不会是。㊀

再如,有家高科技企业,由于管理能力不足,无法有效地选择和管理供应商,就想自己建个机械加工车间,自己来做机箱。他们的老总征询我的意见,我能说什么呢?不管怎么包装,机械加工都不是高科技企业的核心竞争力,以前不是,现在不是,以后是的概率也不大。

还有些人说,**唯有重资产才是壁垒,才是护城河**。**这也不全面**。对于这几年热起来的新业务,大家一窝蜂地往上涌,因为人人都是轻资产,人人都想空手套白狼,所以有些人的逻辑是,如果要差异化,最终需要适度的重资产,这些重资产就和核心竞争力一样。这有一定的道

㊀ 当然,这也可能有公司政治的成分:销售和生产线在抱怨供应商供不上货,采购就建议用重资产来解决;企业不愿意投入重资产,采购就有了借口……这是典型的"小采购"做法。

理，但对于一个在硅谷工作、生活快二十多年的人来说，这也不全对：不一定非得有重资产才能建立壁垒。比如，我以前上班的公司是家高科技公司，公司只有 1900 多人的时候，就有三四百名博士。哪个公司能一夜之间雇到那么多的专家？这些工程师才是公司真正的"护城河"，不一定非得有多少实体资产才行。

核心竞争力是暂时的

构建核心竞争力可以说是"高筑墙，广积粮"，需要持续的资源投入。但是，"城池"建起来了，并不是说它就能一直提供保护，核心竞争力是动态变化的，有些能力当初是核心竞争力，但随着技术的发展、业务环境的变化，可能会变成非核心竞争力。所有的技术都会过时，所有的品牌认知都会消退，所有的创新最终都会大众化。每家曾经辉煌过的公司，都有过自己的核心竞争力，但时过境迁，曾经的优势也可能变为负担。

比如，在半导体技术发展的早期，芯片制造是品牌商的核心竞争力，因为当时还没有市场化的芯片制造服务。难怪 AMD 的联合创始人杰里·桑德斯说，有了晶圆厂腰杆儿才能挺得直。但后来，随着产品和工艺技术的发展，芯片的产品设计与工艺设计越来越独立，专业的芯片设计公司、芯片加工企业相继出现，垂直整合的芯片制造能力不再是企业的核心竞争力。客户不再愿意支付垂直整合带来的高成本，因此芯片制造能力就丧失了"有用性"；轻资产的企业也可以获得，芯片制造就丧失了"独特性"，不再是品牌商的核心竞争力。于是，AMD 和 IBM 先后剥离了芯片制造，聚焦设计，把制造外包给第三方。德州仪器也早已进入部分外包的模式（部分自制）。英特尔也在 2020 年开始考虑外包芯片制造，采用台积电更先进的制程。

核心竞争力是暂时的，而且行业的变化节奏越快，核心竞争力的变迁也就越迅速。20 年前读商学院时，我第一次在麻省理工学院（MIT）教授查尔斯·范恩的书中看到这个观点。㊀当时正值信息技术日新月异之时，企业不进则退，唯有与时俱进，不断演进。

在范恩教授看来，真正能够给企业带来竞争优势的，就是预先识别出核心竞争力的能力，把资源聚焦到未来的核心竞争力上，外包非核心竞争力。也就是说，不断评估自己的能力组合，动态调整哪些需要持续投入，哪些需要外包，动态设计供应链。产品设计、工艺设计、供应链设计三维并行，动态寻求最大竞争优势，从而使其变为企业真正的竞争力。

范恩教授认为，持久的核心竞争力是工业时代的产物，在快消品化的今天，技术迭代迅速，需求变化凶猛，要求产品、工艺和供应链也快速迭代，快速组合。行业的进化速度越慢，核心竞争力的持有期越长；进化速度越快，核心竞争力的持有期越短。工业化时代的重资产运营，难以快速启动，难以快速掉头，结果就是速度慢、成本高，无法匹配快速演变的需求。

如图 3-2 所示，进化最慢的是基础研究，比如基础材料的研究。很多基础材料从几十年前就开始研究，商业化的过程非常缓慢。设备行业（比如半导体设备和商用飞机）的进化速度次之，几十年来产品结构已经

㊀ *Clockspeed: Winning Industry Control in the Age of Temporary Advantage*, by Charles H. Fine, Perseus Books, 1998. 该书的中文版为《脉动速度下的决策者》，李筠译，由大块文化出版社出版。

定型，实质性创新较少，宏观的、结构性的变化很少，尽管在微观领域（比如芯片大小、燃油效率等）一直在改进。耐用品行业的进化速度再次之，比如汽车、洗衣机、电冰箱、电视机等，这些行业虽然有快消品化的趋势，但变化节奏还是相对较慢。电子电气促进了这些行业的变化，但整体的产品结构已经定型。快消品行业的进化速度较快，生命周期相对较短。新零售、新媒体等行业变化则更快，因为新的模式不断出现，改变需求的方式也有很多。

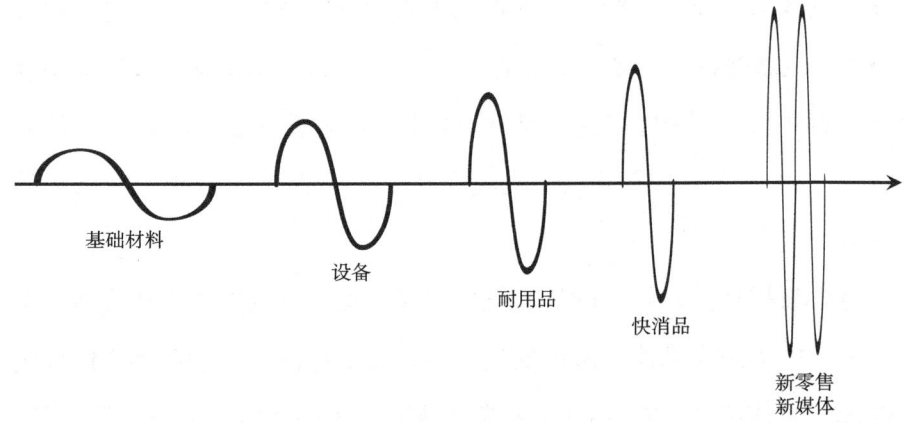

图 3-2　不同行业的变化节拍（示例）

节奏越慢，周期越长，建立核心竞争优势的时间也越长。这也是为什么作为现代工业的后起之秀，中国的竞争力正好和行业的变化速度相反。新经济（比如新零售、新媒体），中国比美国明显先进；快消品也是如此，中国的产品花样繁多，推陈出新的速度远高于美国；耐用品方面，除了汽车，中国可以说已经补齐了差距。中国相对落后的，表面上看是设备行业，比如半导体制造设备和飞机发动机，但其实是基础材料、基础工艺的研究还有差距，这些方面不经过多年的积累和试错，很难短期赶上。

从重资产管理的角度看，行业的变化节奏越快，重资产带来的风险也就越大。一方面，重资产的投资回报周期长；另一方面，重资产的构建速度慢，难以有效匹配产品的快速迭代。这就是为什么以新零售为代表的新经济主要是轻资产运作。快消品的资产相当轻，比如耐克、苹果，完全依赖第三方代工。耐用品也在轻资产化，惠而浦、伊莱克斯这样的企业有相当一部分业务外包给了代工企业。在设备这样的小批量行业以及基础材料行业，因为重资产的专属性较强，轻资产战略面临的挑战较多，企业还在努力尝试，比如波音和空客近年来正在加大外包幅度。

越靠近消费者的行业，变化的速度越快，核心竞争力的持有期就越短暂。社交媒体就属于这样的行业，它们最接近消费者，而消费者的兴趣在不断转移，从网站到博客，再到微博、微信、抖音等。一个企业可以迅速走红，也可迅速过时，手机行业就是这样的例子。摩托罗拉、诺基亚、黑莓，各领风骚没几年；在智能手机时代，苹果的竞争优势也在下滑。当当、京东、淘宝、天猫、拼多多，电商平台也是你方唱罢我登场。

外部变化太快，企业一方面要做好眼前的事，另一方面要聚焦可能发生的变化，尽早识别下一代核心竞争力，整合供应链的资源来一道进化。外包生产制造等重资产、慢节奏的能力，有助于企业聚焦快速变化的能力。

小贴士　没有核心竞争力怎么办

做，要从不做开始。

我问一位企业家："你们行业的重资产问题严重吗？"答曰很严重，各种各样的设备，特别是专用设备很费钱，而且更新换代很快，几年就出新型号，老设备还没有折旧完，新型设备又出现了，看上去赚了不少钱，其实最后剩下的只是一堆设备。我继续问："那想过外包没有？"答曰没有，因为这些企业都是制造起家，大家都知道制造不赚钱，但如果把生产制造外包了，企业以后干什么？

这是个非常现实的问题。对于核心竞争力明确的企业，如苹果等高科技公司，它们追求的是差异化优势，做外包决策就相对容易：尽量外包，与生产制造绝缘，除非由于知识产权等原因需要自制。它们的账是这么算的：公司把生产外包，少赚3块钱；把资源聚焦于研发、市场和品牌，多赚5块钱；综合起来，多赚2块钱。⊖

对于核心竞争力不明确甚至缺失的企业来说，外包就成为一个很艰难的抉择。这些企业既无法做到最好，走差异化路线，也无法做到最便宜，走成本领先路线，而是卡在中间，左右为难。要知道，战略上不能"骑墙"，必须有明确的选择：要么逐渐聚焦于研发，培养核心竞争力，走差异化路线，比如前面谈到的服装公司，关了自己的工厂，走品牌路线；要么就聚焦于生产，把产品做得最便宜，走代工路线。要知道，一个行业做坏了，很大原因是那些上不能上、下不愿下的企业在那里熬着，打价格战，最后毁了一个行业。

⊖ 如果按照有些企业的逻辑，苹果的需求量那么大，规模效益那么明显，当然应该自制，肥水不流外人田嘛。其实不是：外包关注的不是赚还是不赚，而是多赚多少。这跟你买馒头是一个道理：自己蒸，成本当然比从外面小吃店买低，但如果你把蒸馒头的时间用到别的地方，回报更高，所以你还是会选择买馒头。

离开了清晰的战略，企业势必变成机会主义的信徒，企业行为充满盲目性、投机性和随意性。

比如，有的企业一边大力宣传加强研发，追求产品的差异化优势，一边却不断地建工厂，虽然现有的工厂已经开工不足。问其原因，答曰地方政府有优惠政策。即便有优惠政策，建厂的投资也是以千百万元计，这还不算之后的费用。

还有的企业，一边关老厂，一边开新厂。关老厂，是因为在老产品上成本没有竞争力，尽管当年开厂的时候"分析"得清清楚楚，自己生产更便宜；开新厂，是同样的原因，对于新产品，所有供应商的报价都比自己"算"的高……

你要有战略，有了战略，才能更好地取舍，有所为，有所不为。"将军赶路，不追小兔"，就是因为将军是有战略的，所以不会为小利所诱惑。如果核心竞争力是研发，那就要控制生产制造的投入，乃至进一步关停并转，把释放的资源投到研发和市场上，而不是经受不住小恩小惠的诱惑，一个接一个地建工厂。如果在差异化上前途渺茫，可考虑尽早退出，把资源投到其他回报更高的领域，也是不错的选择。

当然，刚开始的时候，识别核心竞争力可能有点困难，这就如你问上高中的孩子以后喜欢做什么，他们很少有人能给出答案。但是，如果问他们不喜欢做什么，他们一般会有明确的答案。用排除法，把不喜欢做的排除，就能锁定几个潜在的兴趣，然后进一步探索，最后确定大学要读的专业。企业的核心竞争力也一样，几个关键人员坐下来，把所做的事分别过一遍，你会相当容易地识别出那些应该放弃的事，接下来就是决心和执行力了，剥离那些该放弃的，聚焦于剩余的。如此几轮，核心竞争力的轮廓就会清晰起来。

案例
有些问题是无法外包的[一]

乐高是一家丹麦的家族企业,知名的玩具制造商,以乐高积木为大众所熟知。进入21世纪以来,由于固定成本高,产品复杂度高,供应链效率低,交付和成本都做得不好,乐高面临重重挑战。在成本压力下,乐高于2006年开始推动外包战略,并选择伟创力作为其主要代工企业。但是,仅仅三年,乐高就结束了与伟创力的外包合同。

乐高的外包失败有一系列的原因。

首先,乐高产品的复杂度高,代工企业无法有效应对。当时为了自救,乐高扩展产品线,进入电视、游戏、服装和主题公园等多个领域,产品的复杂度大增。就拿乐高传统的强项——积木来说,颜色和形状多得数不清;SKU泛滥,每个SKU都要不同的模具,把貌似大批量的玩具做成了小批量。产品的复杂度高,注定生产制造不会简单,导致以大批量生产为主的伟创力无法有效应对。

其次,乐高产品的需求计划准确度低,代工企业无法有效应对。玩具行业的季节性非常明显,比如65%的需求集中在第四季度;新玩具的导入有很多不确定性,影响需求的因素众多。这些都导致需求计划的准确度低,需要通过执行上的灵活性来弥补。自制产品时,乐高习惯性地加急赶工,运营成本高昂;外包后,需求计划的问题变得更加突出,因为伟创力追求规模效益,希望产品需求平稳,两者形成明显的矛盾。

最后,乐高的供应链复杂,代工企业无法有效应对。乐高的供应商多达11 000多家,大概是波音的两倍——别忘了,波音每架飞机的零件数以百万计。这么多的供应商存在,是为了满足乐高对各种新材料的要

[一] 参考自 Lego Group: An Outsourcing Journey, by Marcus M. Larsen, et al, Richard Ivy School of Business, University of Western Ontario, 2010.

求，以及工程师们的偏好。加之产品复杂度高、批量小，光最小起订量就要了命。外包给伟创力后，伟创力无法整合这些供应商，所以很难有效应对复杂的供应链。

上述诸多问题，很大程度上决定了乐高在生产制造上的问题。或者说，问题看上去是发生在生产制造上，比如成本高、交付慢，但其实根源是在生产制造的上游。有时候外包是应对内部低效的意气用事：无法忍受生产线的低效，就头痛医头脚痛医脚。其实外包生产制造本身并不能解决这些根源性问题，反而让它们变得更糟糕。

季节性需求、新产品导入、成本压力是玩具行业的三大挑战，这需要通过"两端防杂、中间治乱"来应对。⊖也就是说，在需求端降低产品的复杂度，推动标准化、模块化、系列化，以提高规模效益；在供应端整合供应商，实施集中采购，通过提高规模效益来降低采购成本，同时有效驱动供应商快速响应；在供应链中间要做好计划，搭建供应链的三道防线：需求预测、库存计划和供应链执行。

这些举措乐高都尝试了，虽然取得了一定的进展，但没能根本性地解决问题：它的设计方式改变有限，产品复杂度还是很高；供应商的选择与管理没有改变，供应商还是那么多；供应链的三道防线依然薄弱，计划还是相当混乱。这些问题根深蒂固，乐高自己做不好，伟创力这样的代工企业只会做得更差。所以，外包仅三年时间，乐购就结束了与伟创力的长期合同。

乐高的外包失败再次表明，**有些问题是外包无法解决的**。它们不是你的核心竞争力，你也做得不好，而如果由于种种原因，别人也不会比你做得更好，那么你还是继续自己做为上策。

比如，复杂度问题就很难通过外包来解决。需求的复杂度必须在需

⊖ 这套思路是《供应链管理：高成本、高库存、重资产的解决方案》的主旨，该书已由机械工业出版社出版。

求定义和设计阶段解决，那是采购方的事，代工企业是无法解决的。复杂的需求会造成供应的复杂，比如供应商泛滥、特殊物料过多等，要解决的话，也是采购方来驱动，而不是代工企业。

再如，无法描述清楚的也很难外包。设计不规范、验收标准不明确，外包后扯皮的事情就会很多，双方需花费巨大的资源来厘清；生产工艺、生产流程没有形成文档，外包时就无法有效传达给代工企业，增加了代工企业的学习曲线的难度，以及外包失败的风险。

还有计划问题，虽说供应商能进行需求整合，可以更好地应对需求的变动，但对于专属工厂或设备，这一点并不成立。需求预测不准、计划多变的问题，会因为外包而变得更糟糕，更难应对。相反，外包降低了采购方的管控力度和灵活度，更难通过执行来弥补计划的不足。

这些问题是一团乱麻，外包后注定还是一团乱麻，而且更乱。

那些外包成功的企业，都是产品设计的标准化、模块化做得不错，需求管理、需求计划也比较靠谱，整体管理能力也强的企业。它们的主要问题在于规模效益低，单位成本高。也就是说，这些企业外包的是制造本身，而不是造成制造问题的问题。

关停并转这样的结构性外包，会从实质上改变企业的运作方式，对产品设计、市场营销和供应链计划也提出了更高的要求，必须上升到战略高度，在企业层面驱动这些职能做出实质性改变，把相应的事做到位。对乐高而言，它其实是不具备外包条件的，但在降本的目标驱动下，它匆匆把生产制造剥离出来外包，失败也就不足为奇了。⊖

⊖ 我在读乐高的外包案例时，注意到它的高管说到，和乐高一样，供应商也得赚钱。不难看出这背后的故事：为了降本，乐高和伟创力签了双方都满意的合同，在纸面上达到了降本目标，但因为各种需求端的问题，伟创力的成本太高，达不到其盈利目标，就影响到了合作意愿；如果要在外包模式下解决这些问题的话，乐高的成本会更高，所以垂直整合就成了更好的解决方案。

案 例
外包过度,核心竞争力丧失[1]

外包不只是生产制造的外包,随着外包的深化,不可避免地会涉及产品设计。

菲亚特是意大利的汽车制造商,在这个案例里,我们会回顾菲亚特的外包历程,探讨外包过度是如何影响菲亚特的核心竞争力的,以及菲亚特是采取什么措施来补救的。

20世纪80年代后期,菲亚特主要是外包零部件制造,按照菲亚特的设计加工。它有3000多个供应商,很多规模都很小。90年代初,菲亚特开始越来越多地外包设计工作。到了90年代中期,菲亚特加大了外包幅度,开始外包整个系统的设计,比如仪表盘、座椅和安全系统等,比其他整车厂的外包幅度都大。

很多工程师原来在菲亚特设计仪表盘、悬挂系统、电子系统等,后来随着外包一道转到供应商那里做类似的工作,菲亚特自己的设计能力也随之削弱。随着外包对象从组件、模块、子系统、系统逐层升级,更多的系统集成、测试工作也不可避免地转移给了外包供应商。到了20世纪90年代末,除了发动机、车身、底盘和悬架系统之外,菲亚特的大部分零部件和系统都是由供应商设计的。

菲亚特加大外包力度,其实有着一系列诉求:①通过供应商和技术的可替代性,提高灵活度;②通过协同设计等,缩短产品开发周期;③借助供应商的专业技能,提高研发质量,同时降低成本。菲亚特也希

---

[1] 这部分参考了两篇文章:(1) What happens when you outsource too much, by Zirpoli, Francesco and Markus C. Becker, *Sloan Management Review*. Vol. 52, No. 2, 2011. (2) How to avoid innovation competence loss in R&D outsourcing, by Francesco Zirpoli and Markus C. Becker, *California Management Review*, March 27, 2017.

望，和数量更少的一级供应商合作，来加强合作的紧密度，让供应链关系更加简单。

大幅外包最终形成了整个供应链的分级分层：菲亚特主要和一级供应商合作；一级供应商负责相应的系统、模块的设计，并管理下级供应商。一级供应商虽然在做很多设计决策，但不如菲亚特熟悉消费者的需求，所以设计往往并非最优。但是，等菲亚特知道设计有问题后，往往已经太迟了，牵一发而动全身，要做出改变成本太高，因此，开发质量下降、开发周期拉长的情况便频频出现。

汽车的模块化程度要比计算机和手机低，模块与系统之间的交互影响更大。[⊖]有些性能本身很难定义在系统、模块层面，比如，安全性能不只是安全带、刹车、气囊等安全系统的事，还取决于其他系统，如发动机的方向、底盘的配置等。即便将每个系统层面定义清楚了，多个系统合起来也并不一定能达到预期性能——手术很成功，病人却死了。

众多一级供应商设计、制造了各自负责的系统，这对菲亚特来说是一个个"黑盒子"，菲亚特对这样的"黑盒子"理解有限，对其中关键零部件的理解就更少了，整车的集成和优化也就面临诸多困难：因为缺少关键零部件层面的知识，就很难理解系统的知识；不能深度理解各系统的技术，就很难集成不同的系统；离开了对各系统技术的深度理解，就很难平衡不同系统之间的性能和成本。

到了2005年，菲亚特高层认识到：深度外包产品开发，严重影响了菲亚特的技术内核，导致公司在关键领域丧失技术优势；由于缺少关键零部件层面的知识，对供应商过于依赖，导致菲亚特的集成能力受损。

⊖ 比如计算机的硬盘、键盘、显示屏，在行业里都有成熟的标准。相对而言，电子系统的交互作用更简单、直观；机械系统的集成其实更复杂，各系统之间的交互作用难以预测。

也就是说，大幅外包影响到了菲亚特的核心竞争力。

面对这样的挑战，菲亚特没有本能地逆行，把原来外包的收回自制，因为那意味着巨大的资源投入，而菲亚特既没有时间也没有资源这样做。作为应对措施，菲亚特重新审视关键部件的设计和生产，根据部件的关键性，采取差异化的行动；采取"样板"车型的做法，与供应商重新分工。

先说部件的关键性。如图3-3所示，菲亚特从两个维度来评估部件的关键性：其一，该部件对整车的**性能影响**；其二，该部件与其他部件之间的**依赖度**。基于这两个维度，菲亚特把部件分为四类，以指导设计资源的投入。

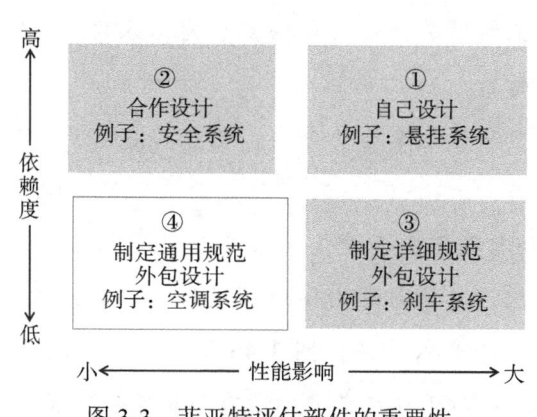

图3-3　菲亚特评估部件的重要性

资料来源：How to avoid innovation competence loss in R&D outsourcing, by Francesco Zirpoli and Markus C. Becker, *California Management Review*, March 27, 2017.

（1）对性能影响大，而且与其他部件相互依赖度高的部件（比如悬挂系统），菲亚特投入最多的资源，自己设计。

（2）对性能影响小，但与其他部件相互依赖度高的部件（比如安全系统），菲亚特采取合作设计的方式，但部件的知识主要依赖供应商。

（3）对性能影响大，但与其他部件相互依赖度低的部件（比如刹车系统)，菲亚特制定详细规范，由供应商来做具体的设计工作。

（4）对性能影响小，而且与其他部件相互依赖度低的部件（比如空调系统)，菲亚特只制定通用规范，其余的交给专业供应商来做。

这套分类法帮助菲亚特重新聚焦研发，更多地获取、保持图3-3中灰色区域部件层面的知识。但是，由于灰色区域太大，菲亚特还是没有足够的研发资源把这些都做好。

于是菲亚特就进一步抓重点，调整、细化这一做法，把车型分为样板车型和衍生车型两类。对于样板车型，菲亚特投入充足的研发资源，深度介入，设计了所有的重要系统，全面掌握部件层面的关键知识，以及系统之间的相互依赖关系；后续的衍生车型是基于样板车型的，整体上调整不大，菲亚特将其全部外包给供应商，依靠在样板车型上学到的知识来管理供应商。

基于样板车型和衍生车型的分类，图3-4描述了菲亚特与供应商之间的设计责任分工。

图3-4a是2005年前，不管是样板车型还是衍生车型，菲亚特都是设计其中一些系统，其他系统由供应商设计。比如，仪表盘就一直是由供应商设计，菲亚特介入有限。图3-4b是2005年后，菲亚特重新调整了设计分工的思路：对于样板车型的所有关键系统，集中投入研发资源，从概念设计到详细设计，都由菲亚特主导；对于后续的衍生车型，菲亚特外包所有的设计，而用从样板车型设计中获得的知识和经验来协调、管理供应商，确保供应商在正轨上。

上述做法不但有助于菲亚特在设计领域的深度学习，而且降低了其后续车型的设计费用，缩短了开发时间。比如，斯蒂洛是样板车型，假定研发投入和资本性支出为100%；博悦是衍生车型，相应支出就只有斯蒂洛的41%；蓝旗亚的德尔塔是第二代衍生车型，研发的资源投入更少，只有斯蒂洛的32%。当然，衍生到一定地步，需要对产品做出实质性改进，这样它就成为下一个"样板"车型，然后投入更多的设计资源，进而把企业的技术力量提升到下一个高度。

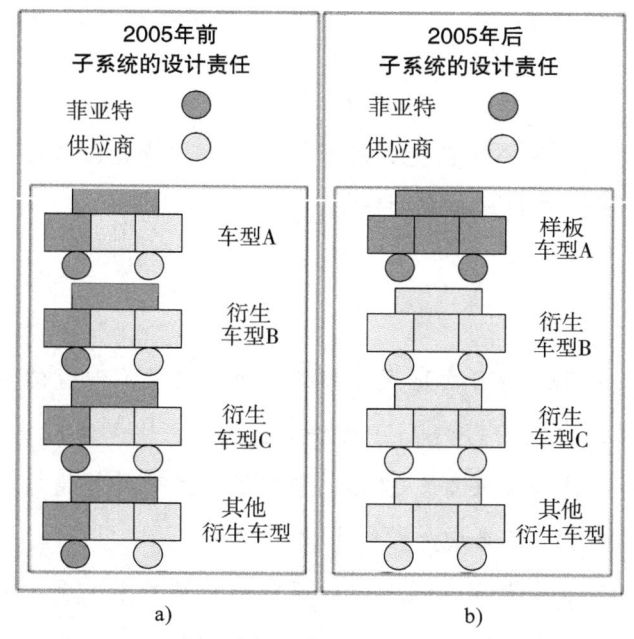

图 3-4　菲亚特和供应商的设计分工划分

资料来源：How to avoid innovation competence loss in R&D outsourcing, by Francesco Zirpoli and Markus C. Becker, *California Management Review*, March 27, 2017.

因为更加熟悉了关键技术，菲亚特在技术参数的设置上也更加合理。以前由于高度外包，菲亚特的设计人员不熟悉关键技术，在技术参数的设置上就更加保守，要求供应商过度设计，对供应商的工艺监控也是如此，这都给供应商带来更高的成本，同时也增加了菲亚特的成本。

此外，"样板"车型的做法，也让菲亚特在标准化、模块化、系列化上取得更大进展，增加了规模效益，进一步降低了成本。

菲亚特的上述做法，是完全外包和完全自制之外的第三种解决方案，既能让菲亚特获取外包的好处，获得短期的收益，也能让菲亚特掌握关键技术，避免长期的能力丧失，这样就更好地平衡了外包的短期与长期效应。

实践者问

波音公司近年来的外包造成诸多问题，比如波音787开发中的8次延误。这是不是外包过度造成的？

刘宝红答

是的。波音787的8次延误是和外包过度有关：波音的步子迈得过大，放手太多，而供应链的管控能力没有跟上，比如供应链人才不足、供应商管理资源配备不足等。波音也采取了一系列补救措施，比如垂直整合，并购一些供应商来增加控制力度。

这并不是说波音就不应该外包。巨额的研发费用、巨大的商业和技术风险，都是波音难以独自承担的。⊖外包很好地降低了这些风险，但同时增加了运营层面的风险，比如协调的难度增加，质量、工期、交付的风险增大。

对于波音外包，我在 YouTube 上看过一些采访，批评的声音大多来自基层，比如工人和工程技术人员，他们感兴趣的是自己的位子，而不是企业面临的财务挑战。这些人有三个特点：白人、男人、花白头发。他们给人的刻板形象是牢骚满腹、工作不努力、懒惰与贪婪兼具，这是

⊖ 波音787的开发工作于2004年正式启动，开发预算是60亿美元，是波音前20年净利润总和的3倍。后来，787的总开发成本飙升到150亿美元左右，在生产前500架飞机的时候，制造成本累计亏损近300亿美元。摘自 Boeing Co.'s Dreamliner Profitability is Set to Soar, by Adam Levine-Weinberg, The Motley Fool, www.fool.com。

美国公司宁可把工作外包也不自己做的一大原因。

另外，我们要避免非此即彼的简单逻辑，认为一种做法有问题，就理所当然地认为其反面能够成功。外包如此，工程师文化也如此。网上有不少文章，说背离工程师文化造成了今天波音 737 MAX 的质量问题。但问题是，如果延续当年的工程师文化，一味追求性能的差异化，而忽视成本的竞争性，波音或许早就不存在了。

推动产品的模块化，支持外包[1]

在菲亚特的外包案例中，我们多次提到模块、系统。模块化是产品的一种方式，外包是供应链的一种方式，在有关外包的文献中，两者经常成对出现，但它们之间究竟有什么关系呢？这就是下面要探讨的。

从组织学的角度看，**产品的结构决定了组织的结构**。产品的结构有两种（集成式和模块式），对应的供应链组织形式也有两种（集成式和模块式）。垂直整合是集成式，外包是模块式。外包会改变垂直整合的供应链结构，但往往要以产品结构的模块化为前提（注意，并不是产品非得模块化才行，后面还会细讲）。这从根本上决定了外包不仅事关供应链职能，而且经常要求设计部门深度介入，在产品的设计上给予支持。

对于模块化的定义，美国学者尤里奇有篇被广为阅读的文章值得参考。[2]他说，每个产品都有一系列功能，这些功能可以是狭义的，比

---

[1] 在这部分，对于飞机行业的模块化设计与制造，参考了哈佛大学的教学材料 Modularity in Design and Manufacturing: Application to Commercial Aircraft, by Willy Shih and Margaret Pierson, Harvard Business School, 2012.

如衣服要能保暖，也可以是广义的，比如颜色得当的衣服更令人赏心悦目。如果每个功能和部件是简单的一对一关系，产品就是**模块式**的；如果是复杂的一对多或者多对一关系，产品就是**集成式**的。

对于模块式产品，功能和模块是一对一的关系，替换一个模块，对其余模块没有影响，即模块之间是相互独立的。即插即用的耳机和手机组成的就是模块式的产品，用什么样的耳机，对于手机的信号强弱、处理器的速度、显示屏的清晰度等没有影响。被罩和被子组成的也是模块式产品，被罩的功能就是防脏，换被罩时不需要对被子做任何改变。

手工缝制的褥子就是个集成式产品，功能跟模块不是一对一的关系。比如，褥面对应两个功能：其一，把褥子作为一个整体连接起来，这是其结构功能；其二，防止褥子里面的棉花变脏，这是其保洁功能。如果要换褥面，就需要对褥子其他部分做出改变，比如要把棉花跟褥面的缝线拆开。

这对供应链有什么影响呢？模块式产品可以用模块化的方式来生产制造，集成式产品对应的是集成式生产制造。

比如，床单、床垫、床架构成的整张床是模块化产品，每个模块可以让不同的公司在不同的地方生产，作为用户的我们从不同的地方买回家，简单地"组装"到一起即可。但是，手工缝制的褥子作为集成式产品，就只能采取集成式的生产制造方式，如果分散到不同的地

⊖ The Role of Product Architecture in the Manufacturing Firm, by Karl Ulrich, *Research Policy* 24 (1995)。20世纪90年代，尤里奇在麻省理工学院读博士，他参予了当时对日本管理方式的研究项目，这篇论文是研究成果的一部分。尤里奇现在沃顿商学院担任教授。

方,比如由一个公司来垫棉花,另一个公司来缝褥面,显然不是最经济的。

也就是说,模块式产品给生产制造带来更多的灵活性,有利于提高专业化水平,从而改善效率,降低成本,提高质量。

和模块式紧密相连的是模块之间的**接口**,它们决定了模块之间是如何连接的。这些连接可以是物理的,也可以是电子的;可以是有形的,也可以是无形的。在集成式产品中,部件之间是耦合式连接的,一个部件的改变会要求另一个部件的改变;在模块式产品中,部件之间是非耦合式连接的,两个部件相互独立,一个部件的改变不会要求另一个部件的改变。所谓的行业规范,很多时候就是对这些接口的标准化。

比如,计算机行业采取标准化的接口,也是模块化的典型,存储、电源、显示器、打印机等都有标准的接口,也分别是独立的模块。这样做的意义重大,从制造的角度看,它降低了入行门槛,把原来只能由IBM、DEC这样的巨无霸才能生产的计算机,简化到几乎人人都能"攒机"的地步;从用户的角度看,模块化降低了计算机产品的成本和价格,让更多的人能够买得起计算机,极大地促进了信息化。

手机原本是集成式产品,不过,随着芯片技术的发展,手机变得更加模块化,与计算机越来越接近,但不及计算机,其中一大原因是:智能手机的空间非常小,零部件之间的机械连接很困难,限制了模块化、可配置的幅度。这也是为什么作为用户,我们可以攒计算机,却无法攒手机。

在产品的生命周期中,创新性产品一般以集成式产品出现,供应链也是集成式的，表现为垂直整合。⊖等进入成熟期大众化后，产品更多地转为模块化设计，供应链也开始模块化，表现为通过外包来应对产品大众化带来的成本压力。特斯拉垂直整合，资产相对较重，是因为它的电动汽车还处于创新阶段，很多模块与模块之间的接口定义尚不清楚，产品设计的集成化较高；通用汽车大幅度外包，资产相对较轻，则是因为传统汽车已经处于成熟阶段，产品结构早已定型，产品设计更接近模块化。

模块化与外包的关系

我对模块化与外包之间关系的最初理解，源自2009年的一个外包项目。

2008年金融危机后，消费需求放缓，产能利用率降低，制造企业的重资产问题就变得很严峻，于是有个千亿级家电巨头就开始推动外包。这是彻底改变供应链的结构：原来是自制，有自己的工厂；现在要外包，用外面的供应商。这看上去是个采购任务，找个供应商来做不就行了吗？事情远非那么简单。外包是改变供应链的结构，从原先垂直整合的集成式供应链，改变为外包下的模块式供应链，这就要求产品也做出调整，即由原来的集成式设计变为模块化设计。

该企业历来采用集成式设计，对应的是集成式制造，即买来零件，在自己的生产线上一个个组装起来。现在要外包，一时找不到合适的供应商。供应商长期以来只制造零部件，其专业度一般体现在特定领域，

⊖ 我想原因有二：一方面是技术发展尚不成熟，难以清晰定义部件之间的接口，所以难以标准化、模块化，也难以把设计与生产分离到不同的公司；另一方面是先行者通过集成式设计，建立一定的壁垒，增加了竞争对手逆向设计和模仿的难度。

只能有效应对相应领域的零部件，而不能应对整个产品。特别是成品的集成、测试，一直由案例企业这样的主机厂做，供应商没机会去做，也就得不到锻炼，自然也就做不了。案例企业的竞争对手倒是有能力集成、测试，但成本很高，在经济上不划算。从商业关系的角度来说，案例企业也不愿意给竞争对手业务。

那怎么办？化整为零，把产品设计成不同的模块，外包给不同的供应商，最后要么自己要么让组装供应商来整合、测试。对于这种大型企业，这可不是件容易的事，那么多的产品线、那么多的产品型号要重新设计；针对每个模块以及模块之间的接口，要制定具体的技术规范和验收标准，后面的工作量实在惊人，即便每个模块达到了标准，也不意味着组合到一起的成品就能达到设计标准。

打个比方，集成式设计就如中医，或者说东方思维下的"一揽子方案"，我们大概知道每个零部件的作用，但不清楚部件与部件之间的接口和规范；模块化设计就如西医，需求、功能、性能能够层层分解，详细描述，每种成分的因果关系都一清二楚。从集成式设计到模块化设计是个艰巨的系统工程，需要很大的资源投入。

再打个比方，集成式设计就如"吃大锅饭"，模块化设计就如"包产到户"。管理能力弱的时候，无法清晰地分解和描述规范与绩效，就只能是一笔糊涂账。外包难就难在首先要打破"大锅饭"，把账算清楚。产品设计上的"大锅饭"要能够"分灶吃饭"，制造工艺上的"大锅饭"也要能够进行分解和描述，这需要花大量精力。

就拿前面讲到的泛林研发来说，当年要外包生产，研发部门投入大量的资源，先后花了一年多时间，从设计的角度来明确不同模块的验收标准，这还是在产品本身已经模块化了的基础上。如果要把集成式的老产品重新进行模块化设计，以支持后续的外包，所需设计资源之多，几无实现的可能。

所以，对于这个家电巨头来说，外包的焦点也很快地由有没有合适的供应商，转移到产品的模块化设计上来了。

本质上，模块化和外包是两个不同的领域，前者属于设计范畴，后者属于经济和管理范畴。理论上，可以外包生产，但不进行模块化设计（整个产品外包）；也可以进行模块化设计，但不外包生产（模块也自己做）。在实践中，外包与模块化经常并肩而行：**外包的诉求驱动模块化设计，模块化让外包更加可行**。外包与模块化的关系是如此紧密，乃至模块化成为外包的代名词，⊖在劳工关系敏感的地方尤其如此。⊜

产品刚开始制造的时候，比如早期的汽车，一般是集成式设计，对应的是垂直整合的集成式制造。如图 3-5 所示，以此为起点，企业有多种可能。路径一：为了提升效率、满足多元化需求等，设计上开始模块

⊖ 比如，在海尔推动生产外包时，经常听到的是一词"模块化"，而不是"外包"。我后来读英语文献，也看到同样的叫法。我想这有两大原因：其一，大多情况下，模块化设计是外包的前提，这样叫法有助于企业层面建立正确的认知，驱动产品设计投入更多的资源来支持外包；其二，不管是哪个国家的企业，特别是以制造起家的企业，外包总是件敏感的事，这种叫法避免触动太多人的神经，特别是那些直接受到影响的人。

⊜ 在美国，汽车工人联合会把模块化等同于外包，外包等同于流失工作机会，于是模块化成为一个敏感话题，一有风吹草动工会就激烈反抗。比如，当通用汽车的一位副总宣布，要把凯迪拉克做得更加模块化时，工会就威胁要罢工。这位副总最终被换到了别的岗位，凯迪拉克的模块化也就不了了之。但抗拒归抗拒，铁血的管理层还是想方设法外包，包括拆分剥离零部件制造（比如通用汽车剥离德尔福）。2008 年金融危机后，通用汽车和克莱斯勒双双破产，也正好借机"清零"，摆脱全盛期与工会签订的苛刻的合同。

化，但制造上还是垂直整合；路径二：在成本、效率上垂直整合没有竞争力，那就外包制造，但产品仍旧是集成式设计；路径三：产品设计模块化，制造外包，追求效率、成本与灵活度的最优化。这三条路都有企业在走，一条并不是另一条的先决条件。

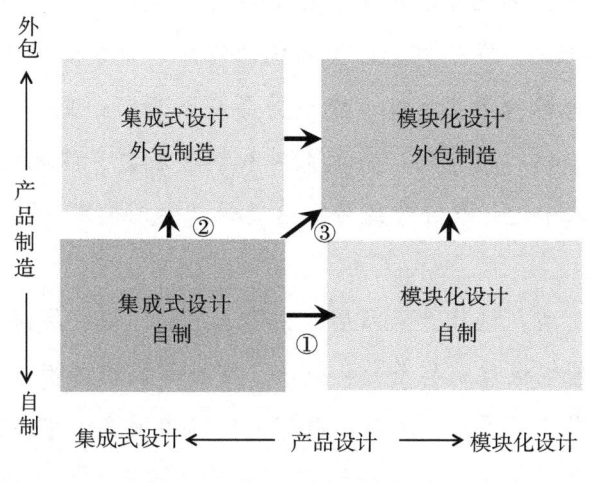

图 3-5　模块化与外包的关系

资料来源：Modular strategies in cars and computers, by Mari Sako and Fiona Murray, 1999，有微调。

当**产品结构相对简单**时，模块化与外包没有必然关系。比如产品采取集成式设计，照样可以找代工企业来做。在这种情况下，外包更多的是一个寻源问题，采购和供应链是主力。但是，当**产品结构相对复杂**时，比如汽车和飞机，模块化可以说是外包的前提。这时候，从集成式设计到模块化设计可不简单，设计职能面临的挑战往往比采购在寻源上面临的挑战更大。

小贴士　模块化的驱动因素

针对汽车和计算机两个行业的模块化,牛津大学一位日裔教授 Mari Sako 做过深入的研究。她总结出模块化的四大驱动因素,⊖这里简单地介绍一下。

驱动因素一:**多元化的需求**。在过去几十年里,基本上每个行业都呈现出需求多元化、碎片化、快消品化的特点,导致规模效益丧失。从产品设计和供应链的角度出发,我们需要以不变应万变,那就是尽可能地标准化、模块化、系列化,在零部件和模块层面实现规模效益,然后根据具体的需求来进行差异化组装。这就是"大规模定制",其前提是模块化。

从供应链上看,这就是成品层面由需求拉动,模块层面由预测推动,推拉结合,兼顾规模效益和差异化需求。在计算机这样相对简单的行业,这一点已经做得相当不错,主要厂商都能做到由消费者在网上选定配置,然后驱动供应链按订单组装。不过,在汽车这样相对复杂的行业,美国消费者定制的比例还较低。2015 年,美国售出的汽车中,只有不到 5% 是定制的。作为对比,欧洲就高多了,这一数字是 50% 左右。⊖

驱动因素二:**生产效率**。在汽车行业,传统的流水线通过工序的标准化来提高生产效率。但有些工序比较复杂,难以标准化,为了不影响整体效率,就将在制品从流水线的主线上拿下,另设支线来组装,这样会使整体的效率更高。这样做的结果就是,流水线的主线逐渐缩短,支

⊖ Modularity and Outsourcing: The Nature of Co-Evolution of Product Architecture and Organisation Architecture in the Global Automotive Industry, by Mari Sako, in Andrea Prencipe, Andrew Davis and Mike Hobday (eds.) The Business of Systems Integration Oxford: Oxford University Press, 2003.

⊖ Why Americans reject build-to-order cars, by Larry P. Vellequette, Automotive News, www.autonews.com.

线的数量逐渐增加。每个支线加工的其实就是一个模块，比如仪表盘、传动系统等，这要求企业在产品设计上也采用模块化设计。

起初，整车厂在自己的工厂这么做，以应对因需求的复杂度大增而带来的制造低效；后来，由于财务压力太大，整车厂把模块外包给一级供应商，一级供应商又把更小的模块外包给二级供应商，这形成了汽车行业分层分级的供应链结构。

驱动因素三：财务压力。 外包从一开始就和财务原因息息相关：一方面是外包到低工资区或者没有工会的地方，来降低人工成本；⊖另一方面是通过外包减少固定资产，提高资产回报率。这后面的大背景是当年的互联网泡沫。20世纪90年代中后期，互联网新贵们的市值火箭般蹿升，而传统制造业由于回报低，市值在股市的比例一路下跌。比如在欧洲，汽车整车厂的市值跌到了总市值的2.5%；美国更惨，底特律汽车三巨头（通用汽车、福特、菲亚特）的市值只占美国股市的1.2%（2002年中期）。华尔街给汽车业的压力很大，迫切需要汽车整车厂提高投资回报率。

改善投资回报率有两种做法：其一，做大分子，比如增加营业收入，或者卖个更好的价格；其二，做小分母，比如在供应端外包，把固定资产、库存等转移到供应商处，降低资产总额。显然，对于汽车这样的成熟产品，差异化很难，在价格上做文章也很难，提高市场份额也是如此。那就聚焦于分母，推动外包，降低固定资产和库存。外包也能降低成本，因为供应商在人工等费用上一般比整车厂更低，管理成本上也是如此。

小型车的利润微薄，让整车厂的财务压力更大。相对北美汽车整车厂，欧洲整车厂的小型车比例更高，财务压力也就更大，所以模块化和

⊖ 这种做法在国内其实也很普遍：工厂从市区搬到郊区的开发区，再搬到成本更低的内地，最后搬到越南、印度等国家，走的是同样的路线。

外包的动力更足，它们先于北美同行推动外包（这也能解释为什么菲亚特的外包比例很高）。而对于汽车这样复杂的产品，外包又要求模块化。所以说，**模块化的最大驱动力是财务压力**。

从 20 世纪 90 年代开始，一些整车厂开始把模块化和外包相提并论。欧洲的菲亚特、美国的福特，都逐渐不再把生产制造当作核心业务，而是慢慢改变自己汽车制造者的角色，更加关注品牌建设和能力整合。这一趋势也传到飞机制造行业，比如波音在 2000 年后也加大了外包幅度，其目的是追求更高的投资回报率。

作为对比，在中国，来自股东的压力很少成为企业外包的驱动力。在很多中国企业，股东利益普遍角色模糊，话语权有限。没有压力就没有动力，所以企业较少进行外包。

驱动因素四：**技术因素**。在汽车行业，新技术、新材料、新能源的"戏份"一直在增加，而整车厂不是这方面的专家，所以不得不依赖专业的供应商，由后者开发新技术，以模块的形式整合到整车中。这些供应商就成为一级供应商，再用同样的逻辑把子模块外包给下级供应商。相应地，创新中心也从整车厂转移到了一级供应商，从集成式创新变为分散式创新，产品的设计也由集成式设计向模块化设计过渡。

创新向供应商转移，计算机行业早已经历过了（在计算机行业，基本看不到有什么部件或系统是由联想、戴尔这样的品牌商来创新的），手机行业也在经历（如显示屏、处理器、电池等核心技术主要来自供应商），飞机行业也有类似的趋势（如发动机、航电、控制等关键系统都由专业供应商提供）。这些创新对应的产品在供应商处可能是集成式的，但对采购方来说就是模块化的。

这一切的大背景就是几十年来垂直整合的解体。表面上看，垂直整合的解体是组织结构的变化，深层次原因则是产品设计与技术创新的模块化。

计算机、汽车和飞机行业的模块化

就模块化和外包的进程而言，计算机行业率先实施了模块化，汽车行业学习计算机行业，飞机行业学习汽车行业。从复杂度低的行业到复杂度高的行业，这就是模块化和外包的发展路径。

计算机的模块化是用户驱动的，其背景是在信息技术的快速发展下，关键部件的生命周期不同：硬盘、CPU 这样的部件发展很快，生命周期相当短；键盘、鼠标、显示屏等发展较慢，生命周期相对较长。用户不会为了换一个更大的硬盘，就把整个计算机换了。还有，当初计算机作为创新性产品，售价高，而用户的预算有限，关注点也各不相同，用户需求也就出现了差异化，比如：有人想玩游戏，那就在显卡上多花钱；有人有很多东西要存储，那就花钱买更大的硬盘。对于这些差异化的需求，模块化就是解决方案。

当初，IBM 可以说是垂直整合了计算机行业，其大型机从处理器到操作系统再到应用软件，都是自己做；后来，个人计算机时代到来了，IBM 把处理器外包给英特尔，把操作系统外包给微软，开创了行业内外包的先河，而微软和英特尔成了最大的受益者。这是 20 世纪 80 年代的事，正是美国企业从过度多元化中抽身，核心竞争力的概念开始深入人心之时。

到了 20 世纪 90 年代，计算机行业就已经建立了全球层面的设计规则，制定了通用的接口标准。除了 CPU 和显卡外，很多零部件和子系统也开始模块化和标准化。伴随模块化和标准化，垂直整合开始解体，外包开始盛行。整个行业由原来是 IBM、DEC 这样的垂直整合，解体成为多个细分领域，从操作系统到处理器到存储，再到显示器、键盘、鼠标这样的周边产品，都由专业的供应商生产。这让行业变得更加横向化，在供应链的各个环节增加了规模效益。大众化的零部件、模块面临激烈的竞争，供应商的利润相当微薄；关键的零部件则不然，比如生产处理器的英特尔、生产图形处理器的英伟达，赚取了行业的大部分利润。

在个人计算机时代，戴尔可以说是把模块化做到了极致。从 IBM 到惠普、戴尔、联想，计算机厂商对供应链管理的贡献，大概没谁能超过戴尔的直销模式了。直销的核心就是模块化，它让戴尔在大规模定制的同时控制成本，成为各行各业的标杆，比如福特曾经邀请迈克·戴尔给他们讲模块化和大规模定制。

20 世纪 90 年代中后期，模块化的概念被导入汽车行业。与计算机相比，汽车的复杂度更高，模块化和外包的幅度也不如计算机大，出发点也不尽相同。计算机的模块化由**客户**需求开始，出发点是需求的多样性，由技术的快速发展驱动；汽车的模块化是从**生产制造**的需求开始，出发点是降低成本，由投资回报率驱动，以华尔街为代表的投资者起了决定性的推动作用。

计算机的模块化发生在产品生命周期的早期，整个行业还在追求性能，定制化的需求较多；汽车的模块化发生在产品生命周期的成熟期，成本是决定性因素。如今，计算机行业也进入了成熟期，定制化需求不再那么明显，成本成为决定性因素，其面临的问题很像当年的汽车行业，也变成了成本驱动。

汽车较为复杂，它以机械接口为主，模块化、大规模定制相对更难；相比汽车，计算机更简单一些，它以电子接口为主，模块化、大规模定制相对容易。比如，任意一个耳机，插到计算机上就可以听音乐；汽车的方向盘，即便在同一个整车厂，也可能有多种设计，不能即插即用。

在汽车行业，机械化模块很难有显著的绩效改善，模块之间的差异没有计算机行业那么明显。你可以把硬盘从 200G 换到 2TB，有 10 倍的改善，这在电子的世界里很容易；你不可能换个新的发动机，把汽车的时速由 100 公里提高到 1000 公里，在原子的世界里，这种事情很难发生。

计算机行业相对简单，没有汽车行业那样的一级供应商，模块化更多是主机厂自己的制造模式；汽车行业相对复杂，需要培养一级供应商，模块化转变更为困难。可以说，计算机和手机的模块化是自下而上的，由供应端推动（比如芯片制造，供应商的规模可能比计算机制造商的规模大得多）；汽车业的模块化则是自上而下的，由整车厂推动（供应商的规模一般不如整车厂）。

正因为处于供需关系中的有利地位，所以汽车整车厂给了供应商很大的压力，要求更好的产品、更快的速度、更低的价格。比如，供应商设计模块、制造模块、管理大型模块项目，做了很多以前整车厂做的事，提供了很多增值服务，连售后质保供应商都做了。这让供应商的地位上升，相应的供应商关系也需要改善，由原来单纯的价格导向的关系，变为更长期的战略协作关系。但是，老的习惯很难消亡，整车厂还在延续老的做法，把模块供应商与简单的零部件供应商"一视同仁"，在无休无止的降价谈判上继续一路向前，后文还会细谈。

我们再看看飞机制造业。飞机制造传统上是高度垂直整合的，资产重、固定成本高、投资回报周期长、风险大。比如最早的时候，波音不但设计和制造飞机，而且操作飞机（波音派人帮客户驾驶飞机）；然后是设计和制造飞机，把操作飞机切分出来划归航空公司；现在更多的是设计飞机，外加组装，而生产制造大部分外包。这种变化背后是模块化，有了模块化设计，才有了模块化制造，才增加了外包的可行性。同样基于模块化、标准化，作坊式的单件生产过渡到流水线生产，制造的规模效益增加，固定资产周转率也在提升。

飞机制造业的大规模外包始于麦道公司。20世纪70年代，麦道的第一个宽体民用飞机DC-10和洛克希德的L-1011同时下线，争夺相同的市场。在激烈的价格竞争下，麦道采取外包战略来降低成本，把主体结构"大卸八块"，分别外包，比如把机身外包给通用动力，把机翼外包给麦道（加拿大）等，麦道负责最后的组装和系统集成。作为外包的先决条件，麦道下大力气定义各子系统的界面，以及相应的设计规则。[⊖]

麦道外包的好处是把重资产（比如制造设施）移出财务报表，从而提高了投资回报率。这种文化在1997年麦道与波音合并后传到波音，麦道公司总裁哈里·斯通塞弗后来成为波音的CEO，一直任职到2005年。斯通塞弗先后在通用汽车、通用电气工作二十多年，是杰克·韦尔奇的忠实信徒，推崇短期效益至上，表现为在财务上集中控制，并通过外包和剥离等手段清除不良资产等。他的继任者吉姆·麦克纳尼也来自

⊖ Modularity in Design and Manufacturing: Application to Commercial Aircraft, by Willy Shih and Margaret Pierson, Harvard Business School, 2012.

通用电气，曾负责通用电气的发动机业务，在管理风格上与斯通塞弗可谓一脉相承，他继续在模块化和外包上发力。

可以说，波音的模块化和外包与汽车行业很像，股东回报扮演了极其重要的角色。

空客的模块化，最初却是政治因素驱动的。20世纪70年代，空客在成立之初，属于德国、英国、法国和西班牙政府共有，奉行的是"有钱大家赚"的做法，各大模块由不同国家制造，所以起步就是模块化的思路。这虽然增加了很多工作量，比如清晰地定义模块和界面，但好处是让不同的平台共享相同的零部件，这些零部件以相同的方式设计、制造和维护，规模效益更大，显著增加了空客的成本竞争力。这也驱使波音走上了模块化和外包的道路。

我对飞机模块化的认识，最早是从座位编号开始的。我在有些飞机上看到，每排的座椅从窗口开始排为A、B、C，然后中断，后面接着的是H、I、J。我对此一直疑惑不解，直到有一天突然想到，这应该就是模块化：在更宽体的飞机上，中间还有4个座位D、E、F、G。我后来了解到，波音飞机的机身也是模块化的，分成多段，可以根据飞机的大小增加或减少段数，需要调整的只是管线的长度（飞机的模块化设计有个原则，就是管线要水平设计，以方便调整机身的长度）。

飞机的发动机长期以来就是独立模块，然后与机身相对松散地集成起来。机身长的飞机安装更大的发动机，短一点的飞机安装小一点的发动机。我在几年前参观波音公司的时候，波音的工作人员特别指出，在出售飞机的时候，波音的报价也只是机身的，不包括发动机。当有更新、更强大、油耗更低的发动机时，升级发动机就可完成飞机的改进，而不用对整个飞机平台大动干戈。㊀模块化的升级延长了产品平台的生命周期,提高了产品平台的投资回报率。

通过模块化和外包,飞机制造业得以改变传统的垂直整合方式,让供应商做更多的事,波音这样的公司也能得以减轻重资产的挑战。过去20年,波音整体的固定资产周转率在上升,受经济周期和行业大小年的影响在降低(见图3-6)。当然,外包也给波音带来了诸多问题,比如787的8次延误、737 MAX的质量事故等。这些都是过犹不及,并不能以此为由否认模块化和外包的整体趋势。

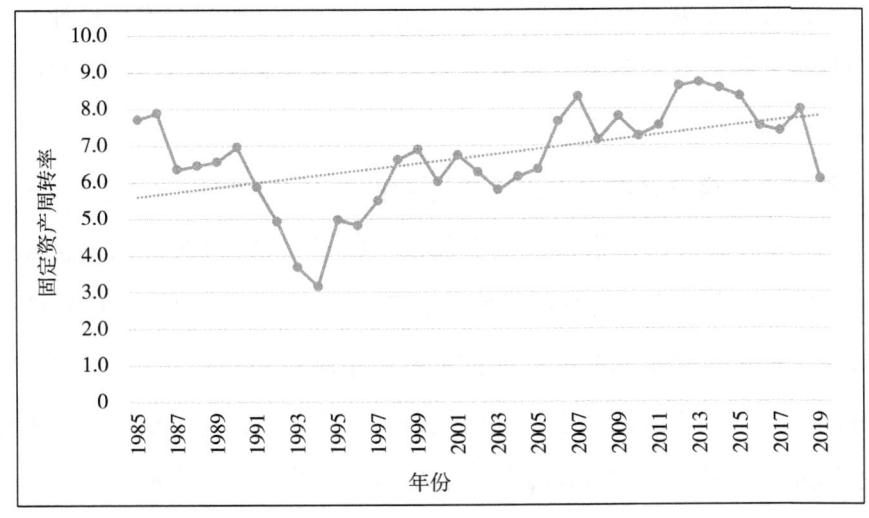

图 3-6　波音的固定资产周转率

资料来源:www.ycharts.com。

㊀ 当然这也有问题:波音737 MAX就是给原来的737挂了个性能更好、油耗更低的发动机,但这种发动机更重,改变了整个飞机的重心结构,起飞的时候会出现不平衡的现象。波音的"补丁"是安装一个软件,自动调整机身的姿势,而软件依赖的传感器似乎运作不稳定,造成了两起机毁人亡的悲剧,之后737 MAX被长期禁飞。从模块化的角度看,新的发动机与老的发动机不能简单对换,它们不是完全一样的模块,无法即插即用。当然,我对航空业理解不深,这里只是一点外行看法,理解不一定正确、完整。

模块化对供应链的影响巨大

模块化让很多供应链管理的概念得以落地，我们这里主要讲三个方面。

第一，模块化推动了延迟战略，让大规模定制成为可能，给推拉结合更多、更好的选择。

我们看看惠普的例子。惠普把打印机的主体、电源系统、说明书等设计成独立的模块。不同电压需要不同的电源系统，不同地区需要不同语言的说明书，等到确定了具体国家和地区的需求后，才和打印机主体组装到一起，打包发运。这就是有名的"延迟战略"，它能更精准地匹配需求与供应，降低了整体库存和库存风险，改善了交付绩效和客户满意度。

如今，很多企业都有不同形式的延迟战略，其背后都是以模块化为基础。比如衣服，先做好基本款，不染色，等需求相对明确了，再染成不同的颜色，配上不同的配件，用的就是模块化和延迟战略。ZARA用的就是这样的方式，验证市场后，迅速对服装进行染色和后处理，快速上市来有针对性地满足需求。

这后面也能看到**推拉结合**的影子：有共性的模块先由预测来推动，建成库存；差异化的需求由订单来拉动，兼顾规模效益（推）和差异化需求（拉）。

一谈到推拉结合，大家会联想到按库存生产、按订单生产、按订单组装等不同的方式。我们来看看这些方式和产品结构的关系，以及对交付和库存的影响。

在集成式设计下，企业要么基于成品预测，采取按库存生产的方式，保障了交付但要承担较大的库存风险；要么按订单生产，控制了库存但增加了交付风险（见图 3-7）。这是两种极端：前者是建立成品库存，推拉结合点在成品层面；后者是建立原材料库存，推拉结合点在原材料层面（如果原材料有一定的共性，库存风险可控）。

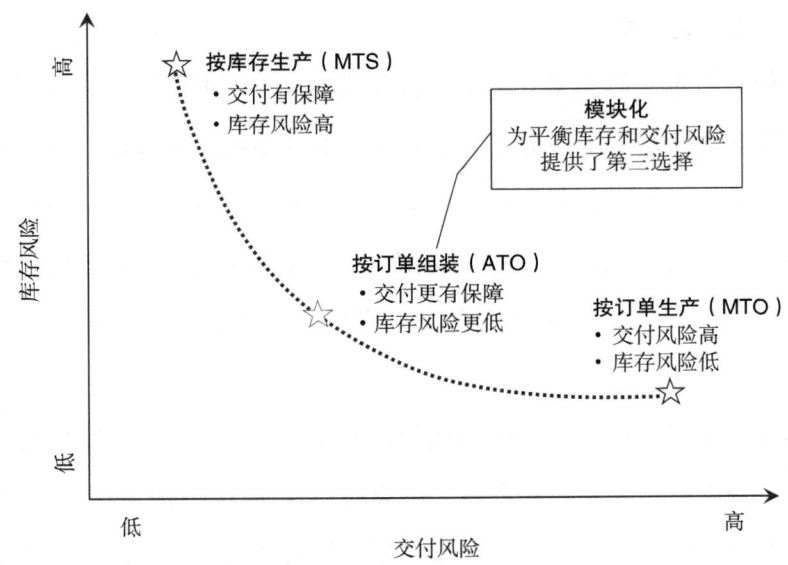

图 3-7 模块化为平衡库存和交付风险提供了更好的选择

介于两者之间的是按订单组装：基本模块都做好了，有库存；等客户订单到了，就按照具体的要求组装。这是把推拉结合点设立在半成品（模块）层面。可以看出，按订单组装能降低库存风险，改善交付水平，但必须以产品的模块化设计为前提。也就是说，**模块化为企业平衡库存和交付风险提供了第三种选择，也是更好的选择**。

按订单组装对小批量、多品种的情况尤其重要。需求碎片化，成品层面的预测准确度越来越低，但客户对交付的期望却越来越高。如果采取按库存生产,库存的风险会很大,大幅增加库存成本;如果按照订单生产,交付的压力会很大,大幅增加运营成本。解决方案就是在产品设计上模块化,在供应链上按订单组装。

当然,完全的模块化很难做到,折中方式是主要部分模块化,次要部分按订单生产。其背后的逻辑是:主要模块一般交期较长、成本高,对交付、库存、成本的影响大,模块化的回报相对更高;次要部件的交期一般较短,对成本的影响小,而且客户更喜欢定制一些次要部件,那就由订单驱动,通过供应链的灵活性来应对(客户给的交期一般短于主要模块的交期,但希望长于或接近次要部件的交期)。

第二,模块化降低了企业的入行门槛,显著改变了供应链的力量对比。

手机行业就是典型的例子。集成式设计时,只有那些很大的企业,比如诺基亚、摩托罗拉才能做手机;模块化后,一夜之间各品牌手机如雨后春笋般涌现。摩托车也是如此。集成式设计时,摩托车原来只能由本田、铃木这样的大企业制造;模块化后,摩托车成了"大路货"。中国商飞 C919 大型客机也是得益于商用飞机的模块化,主要模块都有成熟的供应商。

模块化降低了企业的入行门槛,一方面把复杂的系统分解为模块,让专业公司能够聚焦专业领域,有选择地突破;另一方面简化了系统的集成和测试,让更多的企业能够进来,扮演集成商的角色。比如几十年前,计算机是集成式产品,只有 IBM、DEC 这样有实力的企业才能做;现在计算机实现了高度模块化,甚至普通用户都可以"攒机",扮演"系统集成者"的角色。

既然人人都能"攒机",也就不难理解,为什么联想、惠普、戴尔这样的计算机厂商，在供应链上的地位已不如以前。模块化改变了供应链上的力量对比，创新、利润等普遍向关键供应商转移。对于供应链上的非关键公司来说，竞争异常激烈，毛利大减。比如在计算机行业，英特尔、英伟达、微软这样的供应商，利润率就显著高于联想、戴尔、惠普这样的客户。前者在供应链上扮演更关键的角色，承担更大的创新风险，当然应该得到更大的回报；后者的角色明显弱化，创新有限，风险也相对小很多，利润低是理所当然的。这和垂直整合时代供应链的"链主"企业控制一切是截然不同的，管理战略供应商和供应链的难度也增加了，我们在后面还会谈到。

第三，模块化深化了标准化，有助于降低整体成本。⊖

模块化促进了产品的标准化，增加了规模效益，降低了单位成本。模块化也让界面的标准化成为可能，而标准的功能、标准的部件、标准的接口能降低生产、组装、测试的复杂度，设计与制造不需要在同一个地方，这让在低成本地区进行制造成为可能，从而降低了生产相关的成本；复杂的系统分解为相对简单的模块，让更多的供应商来竞争，从而降低了采购价格，也降低了库存及售后服务的成本。计算机、手机这样的产品能得以普及，与后面的标准化、模块化、系列化带来的成本降低是分不开的。

⊖ 这并不是说产品越标准化、模块化，成本就一定越低。有些一次性产品，比如一次性剃须刀、一次性打火机、一次性圆珠笔，都是集成式设计，整体成本反倒更低。另外，有时为了标准化，对有些性能过度设计，使得某些产品的成本可能更高。比如，我以前在半导体设备行业工作时，设备厂商一般按照客户的最高要求来制定产品标准，但对于技术要求低的客户来说，就有过度设计的问题，结果是价格太高。对于那些要求低的客户来说，如果实力强，就会驱动设备厂商专门设计更便宜的零部件，否则就只有接受。

对用户来说，模块化增加了可替代性，降低了产品整个生命周期的成本。比如计算机的硬盘不够大了，就换一个更大的，而不用买台新的计算机；照相机的芯片内存不够了，就换一只更大的，而不用换台新的相机。对于工业用户也是如此。相对飞机机身，发动机就是个模块，当更强大的发动机出现了，就可换上去，为飞机升级，这也能延长老飞机的生命周期，提高投资回报率。这对于产品生命周期长、维护运营成本高的产品尤其重要。

实践者问

模块化和标准化经常一起出现，它们是什么关系？

刘宝红答

产品设计不是我的特长，让我从一个外行的角度来尝试进行解释。

产品刚出现的时候一般是针对特定需求**定制**的。到了一定阶段就开始**标准化**，以满足更多客户的需求，同时获得更大的规模效益。所以，标准化与大批量和规模效益紧密相连。标准化一般是围绕大众化需求进行的，那如何满足差异化的需求呢？这就有了**模块化**的概念，通过组装不同的模块来实现"大规模定制"，而单个的模块又是**标准化**的，以获得规模效益。可以说，模块化更好地兼顾了客户的差异化需求和规模效益。

以上主要从运营层面探讨模块化对供应链的影响。在宏观层面，产品结构与供应链结构是否匹配，决定着公司的生死存亡。让我们阅读下面的小贴士。

小贴士　产品结构与供应链结构要匹配[⊖]

20世纪90年代以来，汽车行业经历了两大变化：在供应链运营上深受精益的影响，在产品设计上导入了模块化设计。两者给企业的供应链结构和产品结构带来显著改变。组织结构与产品结构要匹配，一般来说，就是集成式的产品结构匹配集成式的组织结构，比如垂直整合；模块化的产品结构匹配分散的组织形式，比如外包。如果不匹配，会影响到企业的绩效甚至命运。

我们先来看克莱斯勒与戴姆勒-奔驰合并的案例。两家公司在产品、市场上互补性相当高，比如戴姆勒-奔驰在北美的市场份额很低，尚未建立有效的分销网络，克莱斯勒在欧洲有类似的挑战。但是，由于两家公司的产品与供应链的匹配问题，最终导致合并失败。

戴姆勒-奔驰汽车是集成式的产品，配套的是集成式的供应链，其特点是产品和技术的开发主要自己做，按部就班，步步推进，慢工出细活，供应商也是以长期合作的供应商为主。克莱斯勒汽车是模块化的产品，配套外包为主的模块化的供应链，其特点是供应商组合灵活，零部件的替换相对容易，产品创新、更迭速度快，供应链的响应速度也快。克莱斯勒的外包幅度较大，到了20世纪90年代，大概只有30%的零部件是自制的（作为对比，通用汽车为70%）。

从单个公司来说，每家公司的产品与供应链都比较匹配。戴姆勒-奔驰是集成式的，靠品牌溢价把高成本转移给消费者；克莱斯勒是外包式的，靠运营效率来控制供应链的成本。但是，两家公司合并后，两套截然不同的产品结构与供应链结构并不兼容，严重影响到合并后的整合

[⊖] 这部分参考了麻省理工学院 Charles Fine 教授的文章：Are You Modular or Integral? Be Sure Your Supply Chain Knows. by Charles H. Fine, *Strategy + Business*, May 2005.

和规模效益。戴姆勒-奔驰尝试把集成式的做法移植到克莱斯勒，但降低了后者的产品开发速度，产品成本控制也困难重重。最终，合并没有达到预定目标，几年后宣布合并失败，克莱斯勒被剥离出来。

再看看宝丽来的例子。宝丽来外包生产，先外包到苏格兰，然后转移到中国，但整体产品结构还是集成式的，零部件之间的关系复杂，各种规格和验收标准也难以明确。外包供应商在落实生产工艺时存在很多问题，宝丽来的工程师不得不穿梭于美国、苏格兰和中国之间来应对这种情况，耗费了大量的资源，影响了新产品的导入，加速了宝丽来在数字化时代的衰落。最后，宝丽来在2001年破产，2002年被并购。集成式的产品，模块化的供应链，两者不匹配，至少部分造成了宝丽来的衰落。⊖

产品结构与供应链结构匹配的例子也很多。比如，丰田的产品相对集成，供应链也相对集成，供应商主要集中在丰田城一带，双方交互甚多，产品结构与供应链结构相匹配，有助于丰田快速开发新产品，通过持续优化来降低成本。再如，戴尔电脑是模块化的产品，CPU、显示屏、硬盘、CD/DVD等都可以有多种配置，其供应链也是以外包为主，供应商之间的替换度高，产品结构与供应链结构的匹配度高，这让戴尔的直销模式得以把成本降得更低，交付做得更快。

这些成功和失败的例子说明，企业在设计产品和工艺时，也要考虑供应链的设计，合起来就是，产品、工艺和供应链三维并行设计。这在当年美国企业垂直整合解体、外包之风盛行时，是一个相当重要的概念，限于篇幅，这里不再展开讲。

⊖ 宝丽来的衰落说来话长，最根本的原因当属错过数字化时代。

模块化设计难在什么地方[一]

模块化好处很多，比如降低总成本，缩短供应周期，提高生产效率，增加生产灵活性，满足多元化需求等。这些好处人人都知道，那为什么在模块化上那么多的企业步履艰难，进展非常有限？这里的根本原因是，和众多最佳实践一样，模块化的挑战是**长期利益与短期利益、全局利益和局部利益的冲突**，企业能力不足就无法有效平衡。

如图 3-8 所示，模块化的好处是长远的，体现在产品和公司层面，但以项目的短期利益为代价。相比集成式设计，模块化设计需要投入更多的设计资源，产品开发周期延长，产品开发成本增加，不符合项目和客户的当下利益。如果你是项目经理、销售经理，你有多少动力，为了公司的长远利益而牺牲项目和客户的当前利益呢？

长期利益
- 总成本更低
- 供应周期缩短
- 生产效率更高
- 生产灵活性更高
- 满足多元化需求
……

短期成本
- 设计成本增加
- 开发周期延长
- 开发成本增加
- 维护成本升高
……

图 3-8　模块化设计所带来的长期利益与短期成本

[一] 这部分参考了以下文献：Identifying and addressing challenges in the engineering design of modular systems – case studies in the manufacturing industry, by Jarkko Pakkanen, Tero Juuti and Timo Lehtonen, *Journal of Engineering Design*, 30:1, 32-61, 2019; Platforms and modularity: Setup for success, by Fabian Bannasch, Giorgio Rossi, Benjamin Thaidigsmann, McKinsey.

集成式设计正好相反，虽然长期而言在产品和公司层面增加了复杂度，降低了规模效益，但好处是短平快，能够更好地满足项目和客户的当下利益。一般企业的设计与管理能力有限，就像大多数棋手下棋一样，只是凭着直觉和经验，走一步算一步，能看到最近的几步就已经不错了，无法考虑得更长远，追求全局优化。

对有些人来说，"模块化"这一名词可能比较新，但对模块化要应对的问题一点也不陌生：销售希望尽可能定制，以满足客户的差异化需求，尽管很多并不一定是客户真正需要的；供应链尽可能标准化，以获取更大的规模效益，降低供应的成本；设计当然理解定制和标准化的利弊，但迫于销售端的压力，加上自身能力有限，最后还是屈服于销售的诉求。哪些东西该标准化、模块化，哪些可定制，这条线究竟画在哪里，是贯穿企业日常运营的热点话题，也是模块化的首要挑战。

解决方案是：自上而下地推动，在公司层面协调职能与职能之间、项目与总部之间的诉求冲突；确定哪些部件必须模块化、标准化，哪些可以定制；设定边界，确定统一的界面标准、设计原则等。显然，模块化需要大量的资源投入，而这些资源必须从产品和公司层面来配置。只有模块化成为公司战略的一部分，才能驱动大规模的资源投入。

自上而下地推动，解决了"愿不愿意"的问题，但这只是模块化问题的一半，另一半是"能不能够"的问题，即企业有没有能力进行模块化。**模块化显著地改变了产品的设计方式，对产品设计能力的要求更高**，与集成式设计的区别之大，就如从自给自足的小农经济，转变为基于专业化的工业经济一样。

集成式设计下，零部件设计出来就行了，相应的设计逻辑并不重要，因为它重复使用的概率非常低，感兴趣的人也不多；模块化设计后，模块化的逻辑、设计原则都要非常具体地写下来，人人都能看到，以便于沟通，工程师们不但要能"低头拉车"把设计做好，而且要能"抬头看路"，把这些解释给更多的人。

集成式设计就如开辟出一条小路，这次走过即可，能够满足这个项目的要求就行，不得已凑合一下也可以；模块化设计就如建一条柏油马路，以后要天天走、人人走，设计要求高，设计人员面临的约束也多，可以说是在"戴着镣铐跳舞"。

集成式设计下，企业也会重复利用关键零部件，但只能说是偶尔为之，取决于当事人的能力，无法系统推动模块化、平台化（模块化、平台化需要从一开始就缜密计划）。显然，模块化设计对设计团队的能力要求显著高于集成式设计，相当多的设计人员是没有能力做模块化设计的。这也意味着，要推动模块化，企业必须投入更多的资源，招募和培养更强的设计团队，并配以成套的流程、系统和绩效考核来支持。

在组织协调上，模块化设计更复杂、更难管理。

集成式设计下，项目组成立后，不同职能的专家抽调到一起，从头开始或者基于以前的产品设计新产品，有限的几个人协作，即可做出大部分决策。模块化设计下，更多的专业团队会介入，更多的职能需要协同，考虑的不只是眼前的项目和客户，而是整个产品、产品线和客户群，需要遵循一定的模块和平台原则，以追求更大范围的优化。

如图3-9所示，集成式设计时，项目经理就能做决策；模块化设计后，项目经理之外还有模块负责人、平台负责人，这些新增的职位与项目经理形成矩阵式结构，项目经理的决策必须在平台和模块的范畴内

做。组织的复杂度大了，决策的复杂度就会变大，整体的管理难度便呈几何级增加。㊀

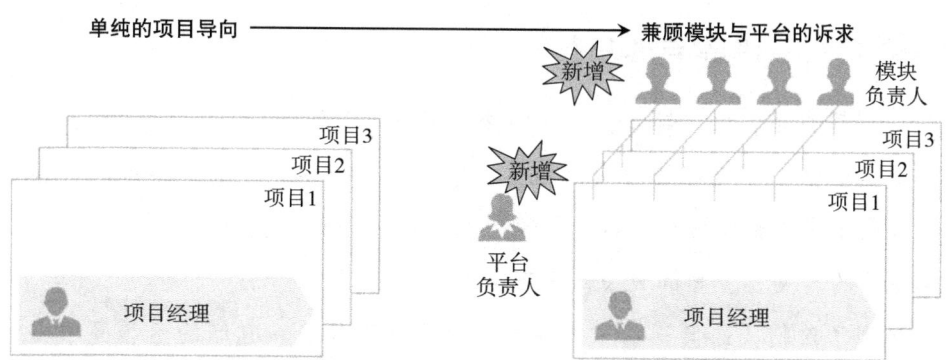

图 3-9　模块化显著增加了组织和决策的复杂度

资料来源：Platforms and modularity: Setup for success, by Fabian Bannasch, Giorgio Rossi, Benjamin Thaidigsmann, McKinsey.

表面上看，模块化是分散的，不同的小组在应对不同的模块，但是这样的分散是建立在集中的基础上，比如，大家需按照同一个思路切分产品、设计模块，遵守同样的设计界面标准，信息存储在统一的信息系统中以便共享等。也就是说，模块化下的分散是以组织、流程和信息系统的集中与统一为基础的。这就如大一统的秦国，"模块化"的郡县制需要"书同文、车同轨"的管理体系来支撑，对整体管理的要求更高。

㊀ 组织的复杂度大增，决策速度当然会更慢，这与快速变化的市场需求相抵触，特别是产品处于生命周期早期时。这就是为什么在创新阶段，企业往往采取集成式的产品设计，对应集成式的供应链，垂直整合度高。这也是相对于其他汽车制造商，特斯拉的垂直整合度更高的原因。虽然汽车是个成熟的产品，模块化程度相当高，但特斯拉的电动车不是，它在设计一个新的生态系统，各大模块及界面都因为动力系统的电动化而改变，需要重新定义。特斯拉挣扎的也正是这一点，表现为设计变更频繁，物料清单不能及时锁定，供应商在备产能、备库存上挑战重重。特斯拉的解决方案是增加垂直整合，但问题是可能会出现垂直整合过度，增加重资产带来的挑战和成本。

对一个企业来说，模块化是一个长期复杂的过程，与历史上流官制度的演进类似。

小贴士　流官制度与模块化

周朝建立后，分封诸侯，这些诸侯国看上去就像一个个"模块"，帮助周王对付四面八方的敌人，但这只能说是"模块化"的初始状态，因为每个诸侯国都是集成式的，基于宗族而建。比如，虽然职位名称一样，但齐国的大夫和晋国的大夫却是不能互换的。

到了汉朝，诸侯国的"模块化"程度就更高了。它们的丞相是中央政府委派的，这一职位的"模块化"程度也更高，一个人可以在A国做丞相，也可以被派到B国做丞相。当时的郡县制已经实现了初步的"模块化"，形成了流官制度，比如异地为官，政府任命的郡守、县令、县丞等不能是本郡的，刺史不能是本州的等。

流官制度一路完善，到明清时已形成成套的制度。但直至民国时期，官职的"模块化"只做到县一级，乡村还是宗族、乡绅自治的"集成式"管理。

中华人民共和国成立后，"模块化"成功地做到了乡镇一级，比如全国几万个乡镇的组织结构都一致，按照同样的法律法规行事，每个部门的职能都一样，江苏某乡镇的财政所所长，如果调到山东，完全可以担任相同的职务。这对集中管理很有帮助，也是"模块化"的好处。

"模块化"能否成功，有两点很重要：①**模块本身可以被清晰描述**；②**模块之间的关系可以被清楚描述**。就拿政府机构来说，每个职位负责什么，与其他职位有何关系，都有明文规定。这个过程持续了两千多年，一直还在完善过程中。可以说，对企业来说，产品模块化的过程，就如国家的法制化过程一样艰巨。

我说这些，并不是尝试给出系统的模块化设计方案，产品设计不是我的专长，而是希望引起管理者的注意：外包和模块化息息相关，而模块化会显著改变企业的做事方式，需要企业层面的推动和资源投入。**把外包局限在采购领域，把模块化局限于设计职能，企业注定都走不远。**

案 例
大众汽车的平台化、模块化和组件化

在产品进入成熟期、大众化阶段后，成本压力变大，模块化作为一项战略举措，可以降低生产成本，改善产能利用率，从而提高投资回报率，就如大众走过的路。

在平台化和模块化上，大众具有代表性。作为公司战略，其平台化和模块化主要有三个目标。

（1）提高规模效益，降低产品的成本。

（2）缩短产品开发周期，降低研发费用。

（3）降低一次性生产开支，比如模具费，同时提高生产制造的效率，提高固定资产的利用率。模块化了的产品，模块化了的生产线，组装顺序相同，工厂的标准化程度高，不同产品可以共用生产线，这是大众应对重资产问题、降低生产成本的一大举措。

大众的模块化分三个阶段，或者说经历了三个层次：**平台化、模块化、组件化**，如图 3-10 所示。这三个阶段层层递进，在标准化、模块化、系列化的道路上不断深入。

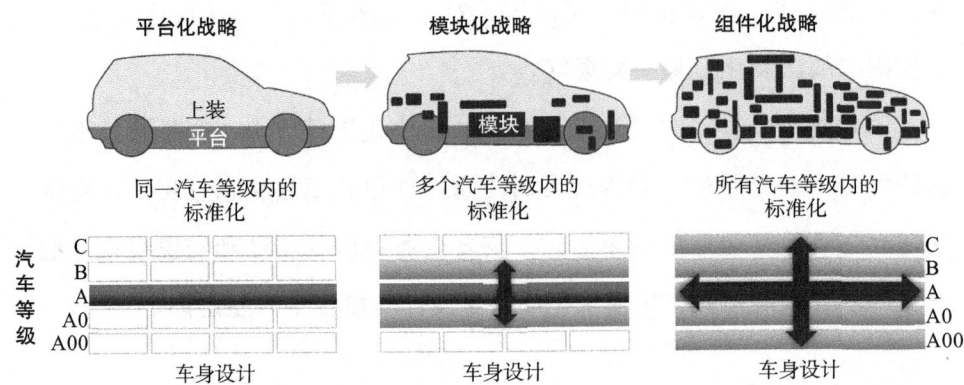

图 3-10 大众的平台化、模块化、组件化进程

资料来源：Volkswgen Investor Day, Frankfurt, Sept 9, 2013, by Dr. Heinz-Jakob Neusser, Member of the Board of Management, Volkswagen Brand.

在**平台化**战略阶段，大众的目标聚焦在同一汽车等级内，让不同的车型用同样的平台，但在相同的平台基础上，可以有不同的上装（车身）设计。⊖这就相当于地基都是一样的，但地面以上的楼盘可以自由设计。

到了**模块化**战略阶段，大众追求的是多个汽车等级内的标准化，共用更多的模块。这相当于不但地基，楼盘的梁、柱、板等主体构件也采用标准件，模块化、标准化的进程比平台化战略阶段更深入，当然也更困难。

等到**组件化**战略阶段，大众就追求不同汽车等级、不同车身设计之间的标准化，共用更多的组件，就像搭积木一样。这相当于不但地基一

⊖ 汽车等级是大众开始推广平台战略时，将车型平台按照大小进行定位，制定出一套参考值，后被广泛使用，就有了"汽车等级"一说。比如，A00 级是微型乘用车，A0 级是小型乘用车，A 级是紧凑型乘用车，B 级是中型乘用车，C 级是中大型乘用车，D 级是大型乘用车（引自百度百科词条"汽车等级"）。大众有两个主要的平台：MLB 和 MQB。前者是发动机纵向放置，后者是发动机横向放置。不同的品牌，其平台可能一样，在同一条生产线上制造。这样的话，工厂就只需要应对两种主要的平台，生产效率更高，也显著提高了固定资产的利用率，降低了重资产的影响。

样,梁、柱、板也标准化了,连门窗和内装修都标准化了。显然,组件化战略阶段的标准化程度最高也最难。

从平台化到模块化,再到组件化,三个名词虽然不一样,但本质相同,都是标准化、模块化、系列化,以降低产品的复杂度和增加规模效益,同时降低生产成本,提高固定资产周转效率。平台可以说是一个大模块,或者说是最大的模块,比如汽车的底座,是一般用户和消费者最不关注的地方,所以相对最容易模块化,也是企业模块化的第一步;组件是相对最小的模块,也是最接近用户和消费者的部分,差异化的诉求最大,所以最难模块化。看得出,大众在模块化上走的是从大到小、从易到难的路。

虽说平台化和模块化是由大众推向极致,成为清晰的公司战略,但这套做法早已成为汽车行业的基本实践,以应对产品成熟后所带来的成本压力,只不过是标准化和模块化的程度不同而已。就大众来说,虽说走在同行前列,但其平台化和模块化还远未结束,恐怕和精益的持续改进一样永无尽头。它从20世纪70年代就开始实施,直到2012年推出MQB(发动机横向放置)和MLB(发动机纵向放置)两大平台,⊖虽然这个过程中投入了巨大的资源,也不过是漫漫征程的开始而已。

在管理方式上,**模块化**可以说是欧洲车系的贡献,大众以工程师的方式,从产品开发开始,应对成本和速度问题;**精益**是日本车系的贡献,丰田从生产制造入手,应对成本和速度(当然,今天精益的适用范围已远超生产制造领域);**流水线**则是北美车系的贡献,福特以流水线、大批量的方式来应对成本与速度。以这三家企业为代表的汽车行业深刻地影

⊖ 参考自 Wikipedia 的词条 Volkswagen Group MLB platform、Volkswagen Group MQB platform。

响了供应链管理，也极大丰富了人类对商业活动的管理。⊖

不过，问题是，流水线很难应对需求的多元化，精益的很多做法很难在丰田以外的企业落地，而模块化作为三者中的最新发展，在需求端推动标准化，获取需求的规模效益，在供应端共享生产线，获取供应的规模效益，可以说是以更加综合的方式来应对成本与交付等诸多问题。

不过，值得注意的是，这三家企业虽然行业相同，产品都覆盖高、中、低端，营收规模都在千亿美元级别，却在固定资产的利用效率上有着显著的差异。整体而言，福特的固定资产周转最快（表现为周转率最高），大众次之，丰田最慢，如图 3-11 所示。

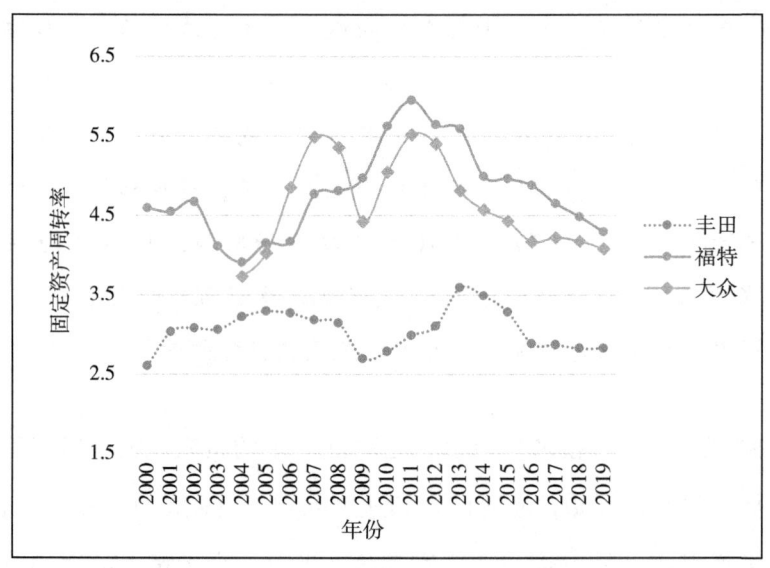

图 3-11　福特、丰田和大众的固定资产周转率

资料来源：福特和丰田的数据来自 www.ycharts.com，大众的数据来自大众公司的财务报表。

⊖ 当然，通用汽车也不应该被忽略，可以说它开启了现代企业管理，比如职能的专业化、管理层与操作层的两层分离、集中控制模式等。在本书中，我们较少谈到通用汽车，主要是因为它破产过，数据连续性不好，不好跟其他同行对比等。

2011年，福特和大众的固定资产周转率达到顶峰，这应该和2008年的金融危机有关，金融危机给这些欧美企业带来极大的推动力，一方面改善业绩，另一方面把那些劣质资产处理掉。然后，这两家公司的固定资产周转率就持续走低，"肥肉"越来越多，一方面和"瘦身"过度后的反弹有关，另一方面也和这些企业在"和平年代"的"放松警惕"有关。

丰田的固定资产周转率虽然相对稳定，但一直只有福特的60%左右，也明显低于大众。这不是营收问题，2019年丰田的营收为2700多亿美元，相对于福特的1500亿美元，丰田的营收明显更高，固定资产周转也应该更快；丰田与大众营收差不多，如果资产利用效率也差不多，那么固定资产周转率不应该相差那么多。业务的复杂度也不应该是主因，这三家公司都在全球做生意，都有多个品牌、多个车型。背后应该有其他原因。

在我看来，这个原因就是**外包**：福特的外包幅度最大，固定资产相对最轻；丰田更多地采取集成式生产，垂直整合度高，固定资产相对最重；大众介于两者之间。根据2005年的一篇报道"丰田的垂直整合就如30年前的通用汽车"⊖可知，丰田的很多零部件都是自制的，而通用汽车、福特和克莱斯勒已经花了很大代价在外包。那篇报道称，虽然丰田进行了垂直整合，零部件制造的效率还是最高的。或许在人工、质量等方面是这样，但固定资产的利用率显然不是。十几年过去了，丰田的垂直整合程度或许有改变，但高度集成的本质还是没有显著改变，而垂

⊖ Bucking the trend, Toyota controls quality, cost by making many parts in house, by Lindsay Chappell , Automotive News, Oct 20, 2005, www.autoweek.com.

直整合的结果之一就是固定资产周转率低下。

对于大众来说，固定资产周转慢于福特，我认为与两个原因分不开：其一，相对北美的上市企业，欧洲企业受到的股东压力普遍较小，资产周转率普遍不如北美同行；其二，大众的外包幅度相对福特较小，资产较重，虽然大众的模块化相对福特更深入，但仅有模块化，并不能从根本上解决固定资产的效率问题，**模块化加外包才是解决方案**。

小贴士　汽车行业模块化和外包的早期经验教训⊖

在过去三十多年里，汽车行业经历了持久的模块化和外包，整车厂在供应链上的角色逐渐弱化，主要聚焦于整车的设计以及底盘、发动机、车身、传动装置等的制造；其余如座椅、控制面板、刹车系统、供油系统、内装饰、废气排放系统、空调系统等，都外包给了供应商。其背景是，传统汽车进入成熟期，供应商的能力大幅提升，外包让整车厂得以利用供应商的专业能力和规模效益来降低成本，同时把更多的固定资产移出财务报表，提高投资回报率。这一切都有利于提高汽车整车厂的股票价格，让以华尔街为代表的股东更加满意。

整车厂尝到了模块化和外包的甜头，就给供应商更大的压力，要求它们具备更强的设计和制造模块的能力，扮演"集成供应商"的角色，代替整车厂负责特定模块的整个供应链，包括下级供应商的管理。于是，供应商面临两个选择：要么兼并整合，提高能力，扮演一级供应商的角色；要么原地踏步，退化为二级、三级供应商。这驱动了20世纪90年

⊖ 这部分参考了下面两篇文章：① Modularity as a Strategy for Supply Chain Coordination: The Case of U.S. Auto, by Ro Y., Liker J. K., and Fixson S.K., *IEEE Transactions on Engineering Management*, 54, 1, pp. 172-189, 2007 (这几位作者都有密歇根大学的背景，对日本的汽车制造研究甚多)；② Modular strategies in cars and computers, by Mari Sako and Fiona Murray, 1999.

代后期的供应商整合狂潮，出现了设计、制造和项目管理能力更强的"超级"供应商，促进了**供应链的分层分级**。

在汽车行业，"一级供应商"有着特别的含义：它们不仅直接与整车厂做生意，更重要的是能够代替整车厂负责**特定模块**的设计、组装和测试工作，以及相应的项目管理和下级供应商的管理。一个行业在外包初期，一大挑战就是缺乏这样的"一级供应商"。

一级供应商，或者说集成供应商、超级供应商，如果是自然成长，一般会经历三个阶段（兼并整合会加速这一进程）：①零部件的制造；②模块的制造；③模块的设计和制造。

当到达第三阶段后，供应商的技术能力、项目和供应链管理能力进一步加强，就成了集成供应商，为整车厂提供技术、设计和制造，以及管理产品开发和供应链的服务。相应地，技术的领导权和创新也逐渐转移到这样的供应商，整车厂则更多地聚焦于品牌、市场、客户服务以及全球销售网络。这些变化，改变了供应链上的力量对比，也改变了供应链伙伴之间的关系。

比如，组织之间由垂直整合的上下级关系，变为以横向整合的合同关系为主。一级供应商变得更强大，系统增加了整车厂的管理难度。对于这些巨无霸供应商，整车厂的管理思维却长期停留在过去，想把它们当作以前的零部件供应商来管理：短期关系，一切向钱；谈判降价，不行就换。但在大幅度外包的情况下，供应商在供应链上扮演的角色越来越重要，简单粗暴的管理方式产生了很多问题。

模块化的初衷是大规模定制，解决需求端的问题。但在北美的汽车行业，模块化和外包更多地被视作降低成本的举措，成为谈判降价之外的另一大利器。模块化后，供应商关系应该更加长期化，因为供应商在提供更多、更复杂的产品和服务，对采购方的影响更大。但是，整车厂并没有这么做，而是利用模块化带来的灵活性，来更短期地操纵供应商关系。这样做的结果势必恶化双方的竞合关系。

模块化和外包还有一个目的，就是把更多的开发、验证工作交给供应商，使得产品开发周期更短，整车厂的工作量更少。但如果管理不当，供应商的测试、验证工作会大大增加，整车厂的工作量并没有显著减少。这里的问题是信任，尽管模块供应商告诉整车厂，整车厂不再需要做零部件的验证，但整车厂不相信模块供应商的验证能力，还是自己认证零部件来增加信心，它们的设计人员变成了"影子工程师"，始终盯着供应商的设计和验证工作。

一个行业在导入外包的早期，一般会经历这样"青黄不接"的阶段：供应商的技术能力还没有完善，双方的商务关系还没有理顺，技术和商务上的信任都没有建立，双方的合作就相当困难。这给双方都带来了额外的成本，也降低了新产品导入的速度。汽车行业已经经历过，现在好多了；飞机制造行业正在经历：波音787就因为没处理好过渡阶段，整个开发过程出现8次延误，最终不得不并购一些供应商来加强控制。

解决方案就是在技术上要督促、帮助供应商改进；在商务上要理顺关系，约束双方的博弈。信任关系的建立和维护是一项长期任务，需要有合作的意愿和耐心以及资源的投入。但无论如何，一级供应商战略地位非常重要，如果管理不善，很容易变成竞合关系，我们在下一节继续探讨。

外包后，供应商管理的能力是关键[一]

外包带来了成本的灵活性，但在组织上增加了供应链的复杂度，在

[一] 对于供应商的选择与管理，我在《采购与供应链管理：一个实践者的角度》(第3版)中有系统全面的解决方案，这里只是概括性地介绍一下，建议大家阅读那本书。

能力上增加了对供应商的依赖度,导致双方的力量对比发生变化,供应商关系更加复杂和难以管理。

外包时,企业一般率先外包的是生产制造、物流配送等,依赖供应商提供**产能**。但随着外包的推进,越来越多的决策(比如设计)就转移到供应商,加深了对供应商的**知识依赖**。采购方从垂直整合到对供应商的产能依赖,再到知识依赖,供应商在供应链上的"戏份"逐步增加,显著改变了双方的力量对比。决定哪些自制,哪些是产能依赖,哪些是知识依赖,就成为外包战略的核心,也决定了供应链上的力量对比及后续的供应商管理。

同一个公司,不同的产品对供应商的依赖程度可能不同,相应地供应商关系也不同。

以丰田汽车为例,如图 3-12 所示,丰田的发动机完全是自己设计、自己制造,丰田对供应商既没有产能依赖,也没有知识依赖,属于完全自制。但对于变速器,丰田却是知识独立、产能依赖,丰田自己设计,

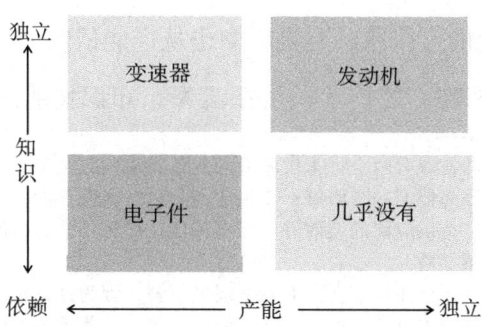

图 3-12 丰田的知识依赖与产能依赖(示例)

资料来源:Is the Make-Buy Decision Process a Core Competence? By Charles H. Fine, Daniel E. Whitney, 1996.

70%的产品由供应商制造，对供应商的支配能力较强。对于电子件，丰田既不擅长产品设计，也不擅长生产制造，在知识和产能上都依赖供应商，所以供应商关系的维护更具挑战性。

在汽车行业，电子化的水平越来越高，电子件在汽车中的价值也越来越大，而汽车传统上以机械为主，电子系统并非整车厂的特长，像丰田这样的整车厂，在电子件上一开始对供应商就既是产能依赖，也是知识依赖，这样的供应商对丰田来说相当关键，很多属于"战略供应商"。㊀这样的外包是自然长成的，从一开始就是企业的最佳选择，除非选择垂直整合，否则对供应商的产能依赖、知识依赖会持续。㊁

对于变速器这样的产品，丰田有能力设计，也有部分产能，供应商提供的只是产能，可替代性高，属于"优选供应商"的范畴。㊂这样的外包多是后天养成的：刚开始采购方一般是自己设计、自己生产，在知识和产能上都独立；后来随着供应商能力的提高，采购方开始外包生产制造，从开始的部分外包到后来的全部外包；再后来，随着产品的大众化和供应商能力的进一步提升，采购方开始外包设计，完成从自制到生产制造外包再到设计外包的三级跳，对供应商也从产能依赖上升到知识依赖。

与此同时，采购方的技术人员在流失，知识技能的优势也在持续削

㊀ 战略供应商的特点有两个：①供应商的业务对采购方很重要——我们的东西好，很大程度上是因为他们的东西好；②供应商的可替代性很低，难以在短期内替换。优选供应商，则是供应商的绩效好，但可替代。详见《采购与供应链管理：一个实践者的角度》（第3版）。

㊁ 在关键技术上，企业垂直整合的例子屡见不鲜，因为这是企业的核心竞争力。比如芯片设计：华为垂直整合后，成立了海思半导体；苹果垂直整合后，拥有全球顶尖的芯片设计能力；OPPO、vivo、小米等手机厂商也屡屡传出自研或合作设计芯片，或者投资相关的芯片设计公司的消息。

㊂ 优选供应商有两个特点：①供应商的绩效好；②供应商可替代。它们就像沙和尚，担子挑得好（绩效好），但猪八戒也能挑担子（可替代），无非是挑得差点罢了。

弱。双方力量对比的改变，势必会反映到供应商关系上，供应商由原来的没能力、没脾气，慢慢变得能力强了，脾气也大了，系统增加了供应商博弈的可能性，竞合关系成为常态。如何理顺商务关系，有效约束、管理竞合关系，成为外包下不可回避的话题。

解开竞合关系的死结

我们在前文已经说过，企业获取资源的方式有多种，可以简单地总结为五类，其中两种极端是垂直整合与持币购物，中间有三种主要方式：协作关系、竞合关系和代工关系（见图 3-13）。

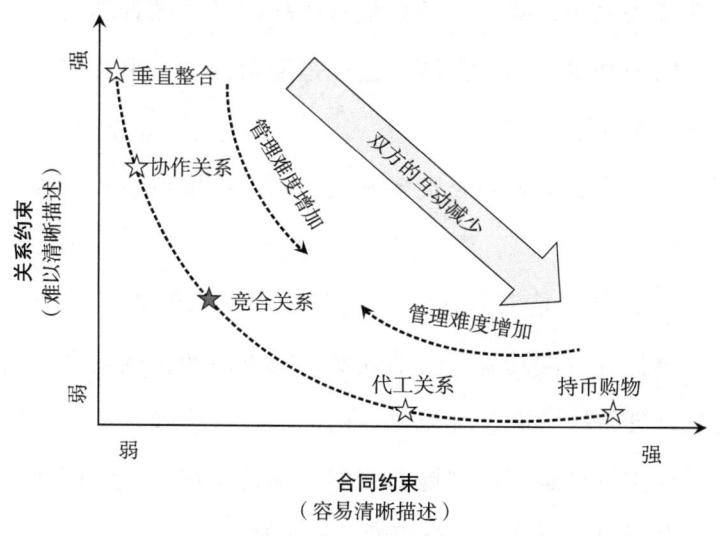

图 3-13　从垂直整合到持币购物，中间有很多选择

作为采购方，我们总是希望采购对象越简单越好，供应资源无限，我们可以持币购物（就如买成衣）；不行的话也要能够清晰描述，让供应商帮我们来做（代工关系，就如量好尺寸，确定布料来定做衣服）；如果

太复杂，难以清晰描述，那就与供应商建立协作关系，双方更好地配合（协作关系）；实在不行，那就自建工厂，垂直整合。但不幸的是，我们经常会陷入**竞合关系**——我们最不喜欢但又不得不面对的关系。

竞合关系是常态。即便是简单的代工关系，一旦发展深入，比如工艺和产能都已锁定，也会出现局部的竞争不充分，出现局部的竞合关系。再如，经过艰难的博弈，双方达成了共识，进入协作状态，但情况一变，如市场上出现更多的供应商，或者说经济不景气，采购方就要求供应商给予更多的年度降价，那么这种关系就很快变为竞合关系。至于双方势均力敌，供应商有独特的技术、工艺时，竞合关系就是主旋律。

在供应商关系中，竞合关系是最具挑战也是最难管理的，如果管理不善，会导致种种供应绩效问题，这也是采购方走上垂直整合、重资产运营之路的一大原因。

对于竞合关系，我们可从商务和技术两个维度着手，系统应对，如图 3-14 所示。

在商务上，如果能有效改善供应商关系，比如通过长期关系来约束供应商，以弥补合同约束不足的现实，减少博弈，变竞合关系为协作关系，这是最佳解决方案。如果供应商关系改善失败，从而进行垂直整合，就会增加重资产运营的风险。当然，维持现状，继续博弈，忍受供应绩效的诸多问题，也是众多公司的无奈选择。

在技术上，如果能够在设计的标准化和模块化上发力，能够更明确、清晰地描述需求，就可通过合同更好地约束双方关系，把竞合关系简化为代工关系甚至持币购物。模块化和标准化也降低了供应商的入行门槛，增加了竞争的充分性，削弱了单个供应商的议价能力。但如前文所说，模块化本身对采购方的能力要求更高，实施难度也更大。

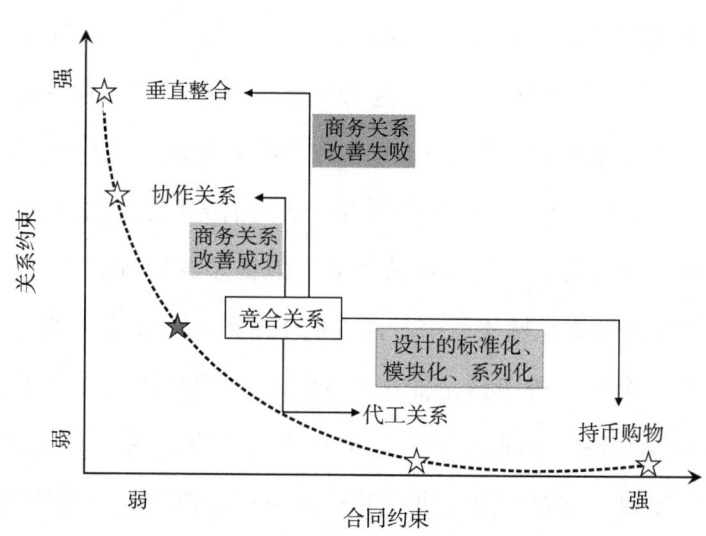

图 3-14　竞合关系的解决方案

商务和技术解决方案不是互相排斥的，而是相辅相成的，经常同步推进，比如一方面改善商务关系，一方面推动设计优化。下面我们讨论商务关系的改善，也就是说，实现协作关系的先决条件。

协作关系的三个必要条件

协作关系和它的变种"合作""共赢"等，可能是供应商关系中最为滥用的词语。在我看来，真正的协作关系须具备三个特点，也是必要但不充分的条件[⊖]：①长期关系；②与数量有限的供应商合作；③共同解

⊖ 之所以是"必要但不充分"，是因为协作关系还涉及双方的力量对比等多个因素。比如：采购方在体量上有绝对优势，就容易形成日本企业那样的主从关系；产品的创新度高，毛利很高，就可以给供应商更多的利润空间，也更容易形成协作关系；如果产品大众化了，毛利很低，采购方跟供应商一直为那最后 5 分钱死磕的话，那是几无可能建立协作关系的。

决问题,而不是转移问题。

（1）**长期关系**,是协作关系的第一个必要条件。在经典的日本企业案例中,㊀有些企业爷爷一辈一起做生意,孙子一辈还在一起做生意,维系双方的纽带要么是长期合作形成的"社会契约",要么是相互持股下的主从关系。㊁主从关系的前提是双方实力有差距,就如大名与家臣、师傅与徒弟,前者能够决定后者的命运,但也顾及后者的生存。实力差距大,反倒容易形成长期关系——极度的不平衡,反倒是平衡。

类似的情况在一些中国企业也可看到,特别是在较为封闭的行业,供应商的选择有限,在业务上高度依赖主导企业,主导企业对供应商有很强的支配力。主导企业与供应商一起成长,双方的老板往往是老朋友。但是,这种关系很难维持到下一代,特别是规模大到一定程度,要引入职业经理人时——职业经理人为了证明自己,往往聚焦于短期利益,比如频频谈判要求降价,于是双方陷入竞合关系。

长期一起做生意,并不意味着是长期关系。这一点你可能深有体会:隔壁老王两口子结婚三十多年,时间是够长了,但每三个月就闹一次离婚,N个短期关系组合到一起,不算是长期关系。每个行业看上去都很大,但其实很小,主要的客户就那几个,主要的供应商也是。这些客户和供应商频繁博弈,双方其实是长期的竞合关系,不要误认为是长期的协作关系。

长期关系与其说是时间导向,不如说是**关系**导向。有些人第一次和

㊀ 最近二三十年来,日本企业的供应商关系也在发生显著改变,有些企业也变得非常短期化,特别是日产、夏普等经营不善、陷于困境的企业。

㊁ 这里说的主从关系,并不是我们追求的长期关系。主从关系的好处是稳定、协作,但不无问题,比如,体系的封闭性使更有竞争力的供应商难以纳入,最终导致整个链条缺乏竞争力,跟垂直整合的问题有点类似。

你做生意，你就能感觉到他是冲着长期关系去的，因为他说的、做的都是确保你不要少赚你的那一份。你知道，这个人可以信任。**凡事先替对方着想**，人敬我一尺，我敬人一丈，这是长期关系的试金石；我的是我的，你的也是我的，采购方在这种心态下，注定无法和供应商建立长期关系。

长期关系的基本假定是未来还要一起做生意，不协作的话就可能失去未来的生意。这从根本上约束了双方的博弈，促进了协作关系。这也能够解释，为什么火车上卖水的小姑娘对你爱理不理，因为那是短期关系；为什么楼下便利店的小姑娘对你很友善，因为她不但想今天和你做生意，而且明天也想和你做生意，主导她行为的是长期关系意识。

所以，供应商关系不能做成一锤子买卖。正好相反，有些企业没有底线地导入无序竞争，供应商的数量一天天膨胀，竞争异常充分，在典型的短期关系导向下，供应商的未来业务没有任何保障，它也就没有什么可失去，所以为短期利益博弈就成了供应商的最佳选择，采购方自然就无法有效约束供应商，协作关系也就建立不起来。

（2）**与数量有限的供应商合作**，是协作关系的第二个必要条件。协作关系需要精心维护，深耕细作，特别是在复杂的外包环境下，需要投入大量的资源，采购方无法与众多供应商都深度协作。这就和养育孩子一样，如果你一连生上五六个，连鞋子都穿不起，哪谈得上精心呵护。

当然有人会问，只与数量有限的供应商做生意，竞争不充分怎么办？其实，在能形成**实质性竞争**的情况下，有一个竞争对手就算是充分竞争。①典型的例子是商用大飞机，全球只有波音和空客两个供应商，但它们势均力敌，是实质性竞争对手。两家企业的平均净利润也就百分之几——净利润低，是充分竞争的体现，否则的话还不把成本转嫁给客户，牟取暴利？这也是为什么在美国和欧洲，如果政府说某企业垄断，该企业只要能找到一个实质性的竞争对手，反托拉斯法就不再找你的麻烦了。

人们总是担心竞争不够充分，就给供应商导入一个又一个的竞争对手。一旦供应商绩效不好，就马上联想到竞争不充分。其实不是竞争不充分，而是**管理不到位**——任何供应商，不管有多先进的技术或独特的产品，你都能找到至少一家它的实质性竞争对手。企业的误区是，习惯性地拿竞争代替管理，通过市场行为导入一个又一个竞争对手，而不是采取管理措施，督促、帮助供应商改进，和供应商一起共同解决问题。

管理能力不足，供应商就选不好、管不好，供应商绩效就有问题。这些企业的自然反应就是再找一个供应商，再找一个供应商也会有同样的问题，于是供应商就越来越多，问题也随之越多，陷入恶性循环。

管理能力强的企业，对供应商是重选择、重管理，供应商的"口子"是关着的；管理能力弱的企业，对供应商是轻选择、重淘汰，供应商的"口子"是开着的。快速发展的企业，在供应商的管理上往往属于后者：一方面供应商数量庞大，管理资源分散，无法和关键供应

---

① 你1.8米，他1.75米，你们两个能够掰手腕，是"实质性"的竞争对手；同事小姑娘1.6米，你们两个无法掰手腕，不能算是"实质性"竞争对手。对于竞争的充分性，以及波音和空客的例子，在《采购与供应链管理：一个实践者的角度》(第3版)里有详细的阐述。

商深度协作；另一方面还在继续找供应商，给供应商导入更多的竞争对手。

于是就出现了这样的情况：生意不大，供应商却有一大堆，竞争过于充分，结果没有一个供应商把你的生意当生意，因为不确定性太多了，供应商不敢备库存、备产能。它们开始"不见兔子不撒鹰"，本可以是协作关系，就这样变成了典型的竞合关系。结果是，有能力、有脾气的供应商"欺负"你也就罢了，就连没脾气也没能力的供应商都在"欺负"你。

解决方案就是给供应商"收口子"，只与数量有限的优质供应商合作，但前提是提高对供应商的选择和管理能力，这对采购和供应链的管理能力提出了更高要求。㊀

（3）**共同解决问题，而不是转移问题**，是协作关系的第三个必要条件。

不管什么问题，终归只有两种解决办法，一种是解决问题，另一种是转移问题——把问题变成别人的问题。转移问题是竞合关系的特点，共同解决问题是协作关系的核心。打个比方，竞合关系是简单的物理反应，无法生成新物质；协作关系是深度的化学反应，会产生差异化的结果。**差异化优势是协作解决问题的结果**。

所谓的"供应商问题"，大多时候其实是采购方的问题。比如：为什么供应商有质量问题？是因为采购方的设计不优化、验收标准不清晰。为什么供应商不能按时交货？是因为采购方的预测准确度太低，供

㊀ 更多细节，参阅《采购与供应链管理：一个实践者的角度》(第 3 版)，书中有 2/3 的内容是讲采购与供应商管理的。

应商没能有效备库存、备产能。这些问题大多是需求端造成的，而供应商无法解决需求端的问题；采购方处于更合适的位置来解决问题，尤其在外包的复杂环境里，采购方更需要投入资源，督促、帮助供应商解决问题。

比如，业务发展迅速，那我们就得及早预测、尽快纠偏，指导供应商备库存、备产能。[一]不确定性太多，我们不愿意承担预测的风险，供应商就只能自己预测，但因为离需求更远，预测准确度也就更低；供应商或者干脆"不见兔子不撒鹰"，最后还是害了我们。再如，供应商对我们的预测不放心，那我们一方面要督促需求端提高预测的准确度，另一方面也要正视供应商的顾虑：他们究竟想要什么样的承诺，才愿意雇人、建产能、备库存？

要知道，供应商的顾虑总是有原因的，这个供应商有，其他供应商也会有，这是绕不过去的。在外包环境下尤其如此，因为外包对象的专属性一般较高，预测更难做，供应商的库存、产能风险也更大。否则，供应商做砸了，不管我们是找新供应商，还是垂直整合自己做，都意味着很高的成本和风险。

实践者问

在长期关系下，代工企业成为唯一的供应商，那就和内部供应商差不多了：竞争不充分，不能持续改进；因与其他客户隔绝，代工企业也

[一] 对于需求预测，如何尽量做准、尽快纠偏，可参考我的两本书：《供应链的三道防线：需求预测、库存计划、供应链执行》（与赵玲合著）、《需求预测和库存计划：一个实践者的角度》。前者主要聚焦计划的"七分管理"，比如销售与运营协调；后者着力解决计划的"三分技术"，比如常用的数学模型。

不能有杂交优势。这是否也注定了合资企业的结果，特别是那些制造型合资企业？

刘宝红答

长期关系并不意味着唯一关系，我们可以和多个供应商长期合作：供应商通过充分竞争进来，给我们最好的条件；一旦拿到订单，我们就给供应商一定的独占比例，比如在一定期限内，该单业务的全部或者一定比例是给它们的。当然，前提条件是供应商要实现年度降价、交付改善、质量改进等具体的目标——这是在驱动供应商持续改进。

即便在特定产品上，代工企业成为我们的唯一供应商，也并不意味着我们就是它的唯一客户。作为采购方，我们要鼓励供应商在不同的行业开发多个客户，把我们的业务量限制在一定比例，比如高于 $x\%$ 但低于 $y\%$。㊀如果我们的业务占供应商的比例太高，甚至占绝大多数，那要特别注意：这家供应商的能力很可能没有我们想象的强，否则它应该能找到更多的客户。供应商也应该有动力找更多的客户，因为单一客户占比太大对他们也是有风险的。

实践者问

在长期关系下，如何**维持持久的竞争和活力**，防止"杀熟"的行为？

㊀ 比例太低，我们成了小客户，驱动不了供应商；比例太高，只要我们的业务有变动，供应商就受不了。至于具体比例，视业务的变动情况和供需对比而定。比如，我在半导体设备行业时，我们一般希望自己企业的业务占供应商的20%以上，但不要超过35%。当然，如果行业的变动性小，上限可以适当放宽；采购端的公司分散，每个公司占行业的业务比例较小，下限就可以适当降低。

刘宝红答

我们可以采取一系列措施,比如:①信任但要确认,通过多家询价、成本分析、标杆研究等来确认供应商报价的合理性;②设定持续改进目标,比如年度降本、质量改善、交付改善等;③定期调整合格供应商清单,淘汰绩效差的,纳入新鲜血液。此外,采购人员的轮岗也是一种可考虑的措施。

商务和技术分离也是有帮助的。比如:具体的产品、项目主要由事业部和供应商合作,他们只干活,不谈钱;商务关系由采购主导,他们主要谈钱,不具体做项目。两者互相支持,互相监督,必要时一个和供应商唱红脸,一个唱黑脸,督促和帮助供应商改进。

这些都要建立在供应商绩效管理的基础上,比如每周、每月、每季统计供应商的交付、质量、降本等指标,如有偏离就启动纠偏措施。这就如学生的考试、员工的绩效考核一样,有绩效管理,供应商的绩效不一定好,但没有绩效管理,供应商的绩效注定不会好。

最后,防止供应商"杀熟",不能等同于让供应商少赚钱、不赚钱,让供应商不赚钱、少赚钱也不是采购的目标;采购的任务是找到合适的供应商,采购到合适的产品和服务,让我们能够生产出具有差异化、竞争力的产品,以更高的性价比来满足市场需求。如果供应商能帮助我们达到这个目标,他们多赚点也无可厚非。毕竟,这让我们成了能让他们更盈利的客户,可以吸引他们的优质资源。

有选择、有管理,谁选择、谁管理

在竞合关系下,供应商的可替代性较低,作为采购方,我们不能把淘汰作为管理供应商的手段,而是要有意愿、有能力来和这样的供应商合作。其解决方案在《采购与供应链管理：一个实践者的角度》(第 3 版)中有详细阐述，总结起来就是"**有选择、有管理，先督促、后帮助，谁选择、谁管理**"，如图 3-15 所示。

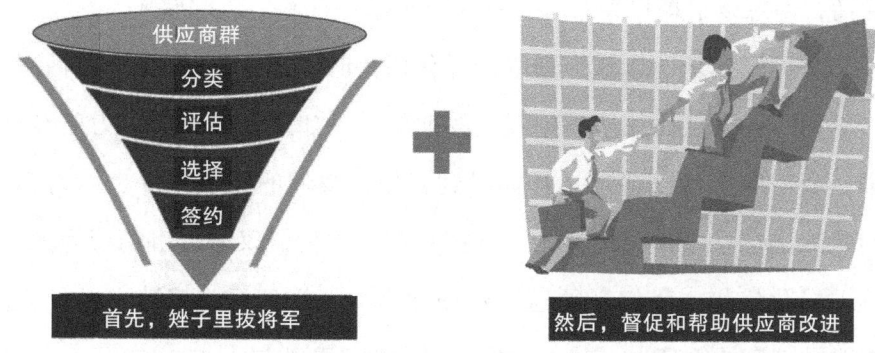

图 3-15　对供应商要"有选择、有管理，先督促、后帮助"

选择不可替代，这和雇人是一个道理：你不会到街上随便雇一个员工，你当然也不应该随便选一个供应商。对于错误的供应商，我们是没有资源来管好的，不管企业的规模有多大，资源有多丰富。这就要求我们对众多的供应商进行分类、评估和选择，从技术和商务的角度选择最合适的供应商，争取首发就命中。

即便是最合适的供应商，也不是完美的。有能力的供应商有脾气，没脾气的供应商没能力，这注定我们无法通过选择供应商来解决所有问题。简单的零部件是这样，复杂的模块就更是如此了。要知道，不管用什么方法，选择供应商都是"矬子里拔将军"，虽然找到了个子最高的，但还是个矬子，只能算及格，达不到我们的要求，那么差距就要通过**管理**来弥补。这就是对供应商要"有选择、有管理"。

这就如我们招聘不到完美的员工一样，我们经过一轮又一轮的面试，终于招聘到我们认为是最好的但还算不上完美的员工，那就留给后续的管理来弥补，比如通过绩效考核来**督促**员工改进，通过投入资源来**帮助**他们解决问题。越是管理能力低下的企业，越是执迷于寻找完美的供应商，幻想以选择代替管理，这无异于做白日梦，自欺欺人。

当我们开拓新的领域，建立差异化优势时，即便是有能力、有脾气的供应商，能力也往往达不到我们的期望——如果供应商的能力已经足够强，我们完全可以通过选择而得到，那么我们的竞争对手也能得到，我们是无法建立差异化优势的。选择是市场行为，仅通过市场行为无法建立差异化优势；我们必须通过市场行为加上管理行为来建立差异化。放在对供应商的管理上，就是督促、帮助供应商改进。

"先督促、后帮助"的顺序不能乱。试想，一个供应商几百、几千人都无法把自己管好，我们采购方派去几个人，能帮他们管好吗？天助自助之人，所以一定要督促在先，驱动它们投入资源自救。对于帮助，有些人有疑问：供应商是相关领域的专家，我们用他们，就是因为他们比我们强，为什么还要帮助他们呢？这是因为供应商的很多问题，其根源是我们需求的定义，比如图纸、规范，需要我们优化设计来帮助供应商解决，该松绑的时候要松绑。

以前自己制造时，生产线出了问题，我们就会看到产品设计人员三天两头往生产线上跑，来解决产品设计与工艺设计的对接问题；外包以后，生产制造搬到了供应商那里，但产品设计与工艺设计的交互依然存在，而且因为组织的分散变得更困难了，需要投入更多的资源来应对。可以说，外包减少的主要是蓝领的工作量，而增加了白领的工作量，尤其是在新产品导入和需求显著变动的时候。

就这样，商务手段和技术手段完美地结合起来了：督促是商务手段，主要由主导商务关系的采购职能负责；帮助是技术手段，主要由设计、质量等技术职能负责。只有督促和帮助相结合，才能系统地改善供应商的绩效。

此外，竞合关系下的供应商一般提供关键资源，是典型的有能力也有脾气的战略供应商，已经超越采购单一职能能够应对的程度，必须上升到公司层面，整合跨职能、跨层次的力量来管理。

比如，在公司层面达成共识，签订长期协议或框架协议，设定成本、交付、质量和技术支持等多个方面的目标。这种协议要由双方老总级别的人来签，要花很多资源和时间来达成共识，但好处是在**公司层面**设定双方的期望，约束双方的行为，来指导工作层面的双方行为。否则，在工作层面就容易陷入一城一池的攻坚战，时时竞合，系统地增加了陷入僵局甚至关系破裂的风险。

在框架协议的基础上，如果供应商没有达到目标，那就得制订改进方案，定期回顾，督促**双方**投入资源来解决问题。注意，这里指的是双方，而不只是供应商，因为很多问题是采购方需求的定义造成的。这些问题一般都不是小问题，要解决就要投入资源。资源掌握在谁手里？公司高层。这就是为什么需要双方的高层介入，这样才能驱动双方的资源投入。

上面介绍了供应商的"有选择、有管理"，我们再看"**谁选择、谁管理**"。

对于供应商，很多企业是集中选择、分散管理：选择一般比较集中，比如由采购部门管理，以获取更大的规模效益；管理一般比较分散，主要靠内部客户，比如工厂和项目。这样做有两个问题：其一，选择供应商的职能往往是价格导向，在采购价这样的单一指标驱动下牺牲内部客户的利益，比如交付、质量和服务；其二，内部客户往往既没能力也没动力来管理供应商，供应商管理流于形式。㊀结果是，供应商选不好、管不好，或者对供应商有选择、没管理，注定问题多多。

这样的"有选择、没管理"放到复杂的外包环境里，特别是竞合关系下，问题会更多。解决方案就是"谁选择、谁管理"：采购部门选择了供应商，就得为供应商的整体绩效负责，比如交付、质量和服务。这样的话，价格、质量和交付这些表面上矛盾、实质上统一的指标，才能驱使采购部门兼顾多方利益，做出更均衡的决策，争取全局优化。

当然，这并不意味着采购要做所有的事，具体的事务还要由具体的职能来负责。采购职能要有**能力**来驱动其他职能，同时管理整体的供应商关系，在竞合关系的管理上扮演核心角色，而这正是很多企业的采购职能的挑战所在。这种能力短板，一般体现在技术和商务两个层面。

（1）在技术领域，采购无法驱动技术力量解决供应商关系中的技术问题，更谈不上在标准化、模块化、系列化上投入更多资源，来推动供应商关系向图 3-14 中的右下角发展。

没有资源解决问题，采购就只能把问题转移给供应商，其实他们是率先博弈，成为竞合关系的始作俑者和机会主义的先行者。那些有能力也有脾气的供应商必然会用博弈和竞合的方式来应对。于是，竞合关系

㊀ 比如，工厂面临的一般是订单层面的问题，如交付和质量，解决方案也大多是催货和质检等，以期解决眼前的问题。这些问题的根源，往往在供应商的组织、流程和系统层面，任何一个工厂都没有动力投入巨大资源来解决这些供应商层面的问题，让供应商更好地支持其他工厂。它们不主导供应商关系，也很难在供应商层面驱动改变。

陷入僵局,朝着双输的方向发展:要么是双方不配合,产品设计与工艺设计无法交互优化,成本降不下来,采购方就导入更多的供应商,从而降低了规模效益;要么是供应商已经投入的资源得不到应有的回报,而采购方却在垂直整合,重复投入资源进行重资产运营。

(2)在商务领域,采购自身能力不足,只能做些订单层面的"小采购",没有能力维护复杂的供应商关系、管理内部客户的期望,也就无法寻求你赢我输、你输我赢之外的第三种解决方案,从而推动供应商关系向协作关系发展。

解决方案是,"打铁先得自身硬",采购首先要加强自身力量。在组织上,要增加更有能力的人员;在流程上,要完善关键流程,比如供应商的选择与管理;在信息系统上,订单层面的业务要实施自动化,把团队的力量释放出来,做"大采购"。这些都需要公司层面的资源投入。

这就是下面要讲的"大采购"的职能建设。

"大采购"的职能建设

外包后,原来企业自己做的,现在由供应商做,原来生产经理管的,现在归采购经理负责。这就提高了采购职能在公司里的地位,但对采购职能的能力也提出了更高的要求。

在垂直整合度高的年代,资源主要是通过垂直整合获得的,作为企业对外的窗口,采购的地位自然不高,用一位美国教授的话说就是,如果一个人做不了销售,做不了研发,也做不了生产、计划、财务、人事,那就去做采购,如果连钱都不会花,那就只能离职了。

但是,随着垂直整合的解体,企业越来越多地借助市场方式获取资源，采购内容的复杂度也在上升，采购职能在供应链上的重要性显著提高。他们的工作重心必须由订单层面的行政文秘工作，上升到供应商层面，即围绕特定的采购品类，制定品类战略，选择合适的供应商，管好整体的供应商绩效，通过解决供应商层面的问题，来解决订单和料号层面的问题。

如图 3-16 所示，圆圈的大小代表花费所需资源的多少。图的左边是很多企业的现状：采购的大量资源用在订单层面，比如手工处理订单、跟踪订单、加急赶工；一部分资源用在新产品、新项目的寻源上，比如招投标、讨价还价等；只有很少的资源用在品类管理上，选择和管理合适的供应商。⊖简单地说，采购是"活在当下"，被动反应，资源不够，组织、流程和系统的能力都不足，是典型的"小采购"。

图 3-16 的右边是"大采购"的目标，与"小采购"正好相反，大部分资源用在供应商的选择和整体绩效管理上，一部分资源用在新产品、新项目的寻源上，只有很小的一部分资源用在订单执行上。这后面的逻辑是，**问题一旦重复发生，就很难在问题发生的层面得到解决，而必须上升到更高的层面**。比如，订单经常延迟，或者有质量问题，你不能靠每天催货和增加验货频次来解决问题，而是要靠选择合适的供应商，并且管好整体绩效来应对；如果没有清晰的品类战略，你是无法选好、管好供应商的。

⊖ 简单地说，品类管理就是针对特定的采购对象类别，根据需求和供应情况，制定相应的供应商战略，决定和哪些供应商合作。比如，芯片和包材属于不同的品类，每个品类有一系列的供应商，品类战略就是分析每个品类的需求和供应情况，淘汰差的，选择好的供应商合作。

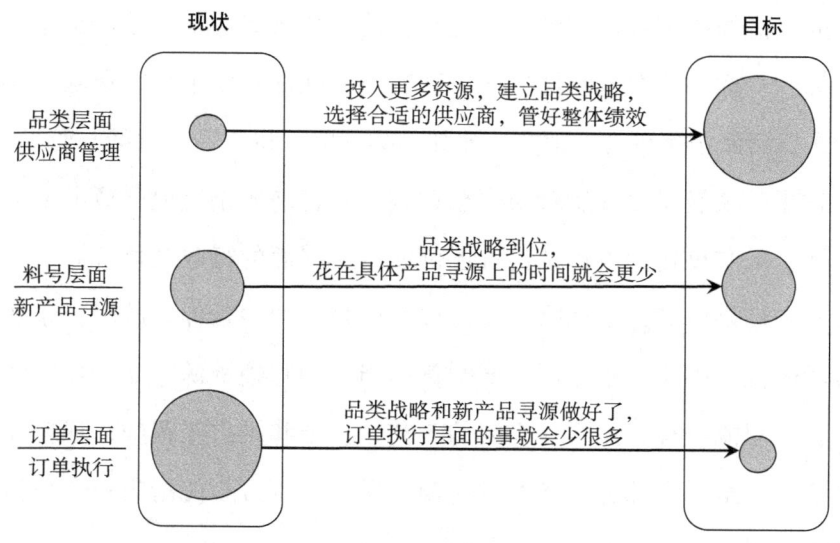

图 3-16　更多的采购资源投入供应商层面

从图 3-16 左边的"现状",到右边的"目标",也是从"小采购"转变到"大采购"的过程。外包实质性地改变了企业运营的方式,必须由采购职能的转型来支持。

实现采购职能的转型,做"大采购",企业必须先释放资源,一般采取三种措施。其一是**自动化**,通过电子商务来应对订单层面的大部分事务。要知道,凡是手工能做两次的,理论上都可以采用自动化。但不管如何自动化,订单层面总有些例外需要人为处理,那就设置专门的职位来应对。这就是**两层分离**,企业经常采用的第二种措施,比如采购员、催货员应对采购订单层面的任务,采购经理、供应商经理应对供应商层面的事情。这样做的好处是把执行层面与战略层面的事情分开,由专人负责。两者不分的话,风险是订单层面的任务虽不重要但紧急,会消耗员工的大部分精力,那么他们就没足够的时间来应对重要但不紧急的事务，比如需求管理和供应商选择。其三是**长期协议**，尽量避免频繁招投标和一标一议等重复性操作。这三类措施都有助于释放资源，并将其投入投资回报率更高的地方，比如品类战略、供应商的选择与管理。

这里的关键是最高管理层要意识到，外包前所未有地凸显了采购的重要性，采购负责的不再是讨价还价和订单层面的行政文秘事务，而是选择和管理供应商这一战略资源，或者说是企业的延伸。试想，原来自己做的时候，围绕一个工厂，要配备相当多的管理资源，如厂长、副厂长、各个职能经理，还有一系列的工艺、生产和维护工程师；现在外包给供应商，虽说大部分任务由供应商来做，但万万不能指望一个采购人员就能处理。

反映到组织上，要加强两个层面的岗位要求：①**商务层面**，需要有能力的专业人士来协调内部职能，制定品类和供应商战略，负责供应商的选择与整体绩效管理，维护供应商关系；②**技术层面**，采购职能要有自己的技术力量，以应对与供应商有关的工艺、质量和技术问题。

这两点我深有体会。我刚到硅谷工作时，公司正处外包转型阶段，能想到的非核心职能几乎都外包了，对供应商的依赖大幅增加。原有的采购职能无法应对如此状况，企业就投入更多的资源：从飞机制造行业挖来一位总监，负责整个采购与供应链部门；从惠普和苹果这样的企业招来更有经验的采购经理，负责供应商关系；从商学院招聘MBA，认证全体采购团队，加强后续梯队的建设。几年之内，采购职能的力量大增，成为确保外包战略成功的中坚力量。

在技术领域，该企业也采取了实质行动，大力增强供应商工程师的力量。原来的供应商工程师团队只有十来个人，仅有两个经理，大部分时间在做来料验收，能力上也只能负责简单的质量问题。几年后，这个团队变为一个执行总监、四五个总监，每个总监手下有数位经理，每个经理带领几位资深工程师，拥有强大的工艺技术、材料科学和质量分析能力，和采购团队一起，成为管理外包供应商的核心力量。

自制的时候，自己工厂有很多工程技术人员，负责把产品设计落地为工艺设计，充当产品设计与工艺设计之间的桥梁；外包之后，你可以把具体的工艺设计外包给供应商，但你无法把产品设计与工艺设计之间的"桥梁"也外包，这一桥梁的作用因为外包而变得更加重要，成为供应商工程师团队的首要任务。

当供应商工程师团队的力量不足时，企业就不得不依靠设计工程师处理供应商的工艺、技术和质量问题。这有两个挑战：其一，术业有专攻，设计工程师的强项是产品设计，不是工艺设计和制造技术，这里有个学习曲线的问题；其二，设计工程师的专职工作是产品设计，而不是产品制造，与供应商有关的事情他们是兼职做的，在资源上也就得不到保障。企业大了，业务复杂了，生产线上的生产工程师、工艺工程师是全职的，外包后，相应地供应商的工程师岗位也需要全职人员。

在苹果和耐克那样业务高度外包的企业，有很多驻厂人员，供应管理人员一半时间在路上（或供应商现场），解决工艺、技术和质量方面的各种问题。这些问题不会因为外包而消失，相反，外包造成的产品设计与生产制造分离，让这些问题更加难以处理，采购方必须投入大量的资源，在商务上督促供应商，在技术上帮助供应商改善。

常见的误区就是，企业加大外包力度，显著改变供应链的结构后，在组织上却沿用以前持币购物时的做法，采购仍旧是个文秘性职能，以订单层面的行政文秘为主，在商务上缺乏**领导力**，在技术、工艺上缺乏**专业度**。采购人手不足，要能力没能力，要资源没资源，就成了外包供应链的薄弱环节。

采购职能的资源投入不足，导致供应商的选择、管理不到位，要么是供应绩效不保，要么是垂直整合自建产能，都是成本更高的解决方案。

小贴士　采购是外包的主导职能

十几年前，一家大型本土企业率先外包生产制造，一大争议就是哪个职能应该主导。采购说：一谈到外包，就得模块化设计；一谈到模块化设计，设计部门需要投入的资源就远超采购，模块化设计是整个外包进程的关键路径，所以应该由设计来主导。

这听起来有道理，但其实不然：外包是资源的一种获取方式，采购职能得分析、评估，选择合适的供应商；至于模块化设计，则是决定外包后的支持行为。当然，如果设计不愿意投入资源，那么让他们来主导也有道理——弱势的采购无法驱动强势的设计，但强势的设计可以驱动弱势的采购。

采购主导外包的另一个原因是，外包之前，企业必须对自有能力进行标杆分析，看与外在的专业资源相比如何。采购最熟悉外在资源，而且在自制还是外包的决策上相对中立——产品部门是用户部门，对供应资源不熟悉；生产部门的利益受外包影响最大，难以提供客观的判断。

当然，采购是外包的主导，并不意味着采购就得做所有的事，这是自不多言的。

案 例
不能供应商绩效不理想,就想到自制

这是刀具行业的一个案例。案例企业是贸易起家,2006 年开始贸易转生产,进入制造领域,给客户做 OEM 代工的同时,也推出自己的品牌。刀具行业是重资产,用案例企业老总的话讲,是"重之又重":中小企业投资一条产线,大致需要 300 万元,其中设备就占 250 万元。设备投入产出是 1∶1,也就是说,一年做 1000 万元的生意,就得有 1000 万元的设备。作为对比,波音所属的飞机行业,历来是重资产,固定资产周转率达到 6.1(2019 年)。

刀具行业的腾飞,与智能手机密不可分。在 2005~2010 年,供应商一旦拿到富士康、华为和苹果的单子,两年左右就可收回设备投资,谁大胆投入谁就能赚钱。这也吸引了大批公司进入,产能越来越高,竞争逐渐加剧,设备的投资回报周期也变成三年,行业渐渐地变为"谁有能力谁才能赚钱"。到了这几年,智能手机行业逐渐饱和,特别是新冠肺炎疫情以来,产能过剩,投资回报也就变得遥遥无期,即便企业有能力,设备一旦空置,重资产问题就很严重。

当问及重资产问题如何应对时,案例企业的老总说,同行一般采取贷款、设备融资、合伙投资的方式。但是,这三种举措都是"你有狼牙棒,我有天灵盖",不是重资产问题的实质性解决方案。真正的解决方案还是要回到外包上来,也就是走两层分离的道路:能力强的企业向上走,聚焦技术和品牌,走轻资产之路;能力弱的企业向下走,聚焦制造和代工业务,提高重资产的利用率,把成本做到最低。

案例企业属于能力强的企业:标准品的批量一般较大,毛利较低,自己没有成本优势,就外包;专业度高的产品批量一般较小,毛利更高,

自己的技术优势明显，就自制。

案例企业说，外包能降成本，也能减轻管理负担，比如购买设备，加管理人员，还有其他的配套管理。外包还可以降低质量成本，因为作为采购方，它们只需为合格品买单。当然，降低固定资产的闲置风险，就自不用提了。

但是，外包有外包的问题，对案例企业来说，就是**质量不稳定，交付周期长**。一般的代工企业技术没有优势，质量不稳定，但有产能；做得好的代工企业质量较稳定，但富余产能更少，交付周期更长。对案例企业来说，它宁肯处理交付问题而不是质量问题。不过，最近交付问题有点大，比如它给代工企业每个月 30 万元的生意，代工企业只能交付 10 万元的订单。

因交付周期长，案例企业曾一度考虑自建产能。不过且慢，轻资产导向的外包有麻烦，解决方案不是非黑即白，自动转向另一个极端，谋求重资产下的自制。不管是质量还是交付，这个刀具企业的挑战都具有普遍性：**外包战略带来的固定资产灵活性不是免费的，它以可能失去对质量、交付、灵活度等的控制为代价**。百分之百的灵活（外包）与百分之百的控制（垂直整合）之间，有很多中间做法，可以更好地平衡两者，让供应链的成本、交付、质量等综合绩效最大化。

探究多种供应商合作方式

企业获取资源有两个极端，一个极端是垂直整合，另一个极端是持币购物。从垂直整合到持币购物，有很多过程状态，以帮助企业平衡对控制力度和灵活性的诉求，如图 3-17 所示。

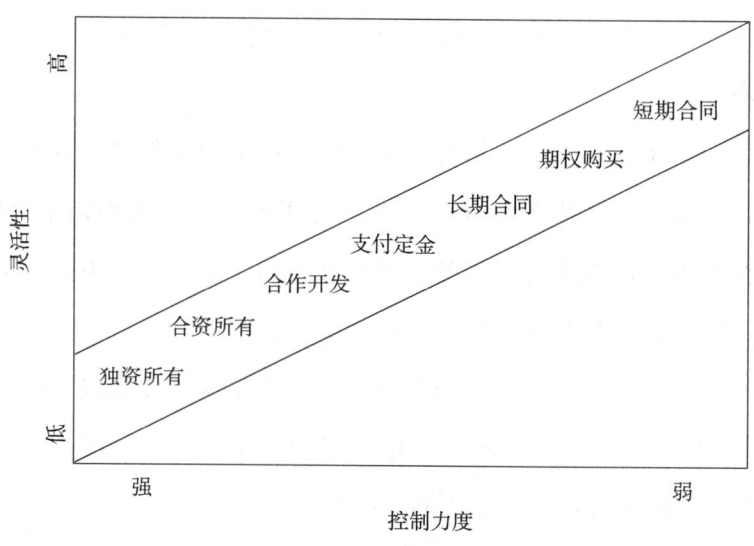

图 3-17　平衡灵活性和控制力度

资料来源：Strategic Outsourcing, by James Brian Quinn and Frederick G. Hilmer, *Sloan Management Review*, July 15, 1994, 43-55.

图 3-17 中的模型从**灵活性**和**控制力度**两个维度，对比了获取资源的不同模式。独资所有是垂直整合，合资是所有部分垂直整合，两者的资产都比较重，但后者要比前者轻，虽然控制力度也小一点。在合作开发、支付定金等方式下，采购方的灵活性在逐步提高，重资产的影响在逐步减小，但控制力度也随之降低。到了短期合同，采购方的灵活性更高了，但控制力度也更弱了。持币购物如果出现在图上，应该在右上角，关系期最短，灵活性最高，但控制力度也最弱。

比如，新冠肺炎疫情期间，美国政府跟阿斯利康达成协议，同意提供 12 亿美元的资金帮助其加快疫苗研发，并为美国"预订" 3 亿剂新冠疫苗，采用的就是图 3-17 中的"合作开发"方式。这和疫苗研发成功后再买相比，灵活性降低了，因为不管疫苗成功与否，美国政府都得承担研发费用，但控制力度也更强，因为可以确保在 2021 年 1 月拿到 3 亿剂新冠疫苗。

再如，对于新技术，苹果有时会和供应商采取类似"独资所有"的方式。也就是说，苹果买断设备，在一定年限内，产能都归苹果所有。苹果是在承担一定的重资产风险，比如万一新产品销量上不去，但这比自己开工厂、雇许多人进行重资产运营风险要低。

买断部分产能或者支付定金来换取供应商更高的优先级，也是常见的做法。像图 3-17 中的"期权购买"，指的是符合双方约定的条件下，一旦触发，采购方有权获取相应的供应资源。

这些都为企业提供了差异化的获取资源方式——精细化管理的特点是区别对待，但也需要更高的管理能力。当企业的管理能力不足时，就容易走向非黑即白的极端：要么持币购物，一点重资产风险也不承担；要么垂直整合，承担所有的重资产风险。

就上面案例中的刀具企业来说，如果支付一部分定金，或者签订期限较长的合同，锁定代工企业的一部分产能，适当承担一部分风险，都可能比自己买设备、建产能要好，但这是以更强的管理能力为前提。

随着管理能力的提升，企业可能采取更加差异化也更加平衡的做法，让我们看看京东物流和菜鸟物流的例子。

起步的时候，京东采取垂直整合的重资产方式，阿里走的是轻资产之路。几年过去了，京东在向更轻的方向过渡，比如京东物流开始独立核算；阿里却在向更重的方向发展，比如持股专业的物流公司，直营"菜鸟直送"，在海外构建大型航空物流枢纽，规模直逼联邦快递的孟菲

斯机场、UPS 的路易斯维尔机场。⊖

不管是京东还是阿里，经历了多年的风雨，都变得更聪明了，在完全的重资产与完全的轻资产之间，开始寻找更折中、更平衡的第三条路，可谓应了《中庸》里的"致广大而尽精微，极高明而道中庸"。不过，很多企业，特别是那些热衷重资产的企业，还在摸索的路上。

避免代工企业成为竞争对手

外包中，把代工企业培养为竞争对手，可谓是最糟糕的结局之一。零部件外包，供应商成为竞争对手的风险较小；整个产品外包，风险较大；产品的设计、制造都外包时，风险最大。

时不时听到这样的故事：好不容易开发了一个产品，卖得也不错，结果没几天某电商平台上就出现了同样的产品，从外观到材料都一样，唯一不同的是牌子，而且便宜得多。仔细探究，原来是代工企业搞的鬼。

小公司这样，大公司也如此，就如华硕与戴尔的故事。⊜

华硕最早为戴尔供应印制电路板（PCB）。后来，华硕对戴尔说，它不但可以帮戴尔做 PCB，而且可以帮戴尔组装起来，做成印制电路板装配（PCBA）。戴尔算了一笔账，既然能便宜点，那就做 PCBA。又过了一段时间，华硕说它不但可以给戴尔做 PCBA，而且可以帮戴尔做计算机主板。戴尔算了一笔账，又能便宜点，那就做主板吧。没多久华硕又来了，说不但可以做主板，而且可以做主机。戴尔一算账，就让华硕开

⊖ 菜鸟正在露出真面目，刘宇豪，虎嗅网，www.huxiu.com。
⊜ 参见《采购与供应链管理：一个实践者的角度》(第 3 版)，机械工业出版社，2019。

始做主机。最后,华硕说,它不但可以帮戴尔做主机,而且可以帮戴尔设计主机,戴尔只管贴牌就是了。就这样一步一步,华硕做成了戴尔,成为戴尔在中低端机上的强劲对手。

《哈佛商业评论》上有篇文章,阐述欧美企业当年是如何应对这一挑战的。[⊖]这篇文章写于2006年,正值欧美企业在生产外包上形成潮流,而代工企业成为竞争对手也在变成现实。在这段时间,华硕开始与戴尔竞争(2005年,华硕宣布推出自己的品牌)。当然,这和PC的大众化也不无关系:产品和工艺都已成熟,品牌的溢价能力下跌,即便华硕不成为戴尔的竞争对手,戴尔的命运也已经注定——总会有成本更低的竞争对手进入。

该文指出,代工的过程是代工企业学聪明的过程。刚开始代工企业在做原厂的一些事,但它们不会一直做苦力,而是逐渐介入产品研发等高附加值的领域。在家电领域,海尔、TCL等在成为各自领域的强大品牌前,都有代工的经历。在手机领域,HTC也是先代工,然后推出自有品牌,并成为一时的手机巨头。分销领域也类似:联想原来在分销IBM的PC,但最终成为品牌商;好市多在卖品牌商的产品时,也导入自有品牌柯克兰,并成为全美销量最大的保健品牌之一。

电子商务的发展,给供应商、代工企业开辟了新的途径,得以绕开传统的分销渠道——品牌商多年来维护的重点,也是代工企业推出自有品牌的一大障碍,这显著降低了代工企业成为品牌商的门槛。

对于品牌商来说,外包的好处是如此之多,为了防止供应商竞争而

⊖ When Your Contract Manufacturer Becomes Your Competitor, by Benito Arruñada and Xosé H. Vázquez, *Harvard Business Review*, September 2006 Issue.

倒退到垂直整合，显然不是上佳选择（虽然有时候不得不这样做）。解决方案是采取必要的预防措施，管理供应商关系，管控供应商变成竞争对手的风险，让外包模式正常运作。这里列举一些常见的措施。

- 只外包老产品、成熟的产品，而最新的产品自己做，降低知识产权泄露的风险。比如硅谷有个公司，刚开始的时候把所有的产品都外包给一个日本企业，该日本企业很快学会了最新的技术，加上日本的质量，变成了该公司强劲的竞争对手；该公司后来变聪明了，只外包老产品，新产品自己制造。自己保留一定的生产制造能力，这样既可以对供应商形成威慑力，也利于培养自己的员工，维持生产工艺方面的知识，以便有能力管理代工企业。

- 模块化，让多个供应商分别制造，由代工企业来组装。这是分而治之，以削弱代工企业的地位。组装本身更简单，代工企业的增值有限，变成竞争对手的可能性大减。比如，有个电商就采取这样的做法，让不同的供应商做不同的模块、零部件。切断关键的供应链，自己选择与管理关键的供应商，在苹果与富士康的合作上，就能看到类似的思路。

- 加强与客户端的联系，比如提高分销商、客户的忠诚度，来阻止代工企业成为竞争对手。就戴尔的情况来说，戴尔的企业客户，华硕就很难渗透，因为企业客户更加看重品牌，对价格的敏感度较低，定制化的需求也更多。客户忠诚度不能建立在价格基础上（代工企业的价格比品牌商低），价格导向的客户势必会移情别恋，忠诚度必须建立在创新、服务等差异化优势上。

- 品牌商通过持续创新提高毛利，这样就可以让代工企业更有利可图，减少其成为竞争对手的动力。产品的差异化优势明显，品牌商吃肉，代工企业有汤喝，这事还可以谈；如果产品已大众化，毛利很低，品牌商都喝汤了，那代工企业的利润就可想而知了，这种代工模式就很难维系，即便代工企业不铤而走险成为竞争对手，也会出现其他低成本竞争对手。

- 签订非竞争条款，保护自己的利益；通过专利保护知识产权，阻止代工企业成为竞争对手。当外包对象复杂度高、创新性强，代工企业的学习曲线较长，短期内很难找到替代者时，可签订长期合同来锁定代工资源，约束代工企业的投机行为。当然，这会使品牌商损失部分灵活性，特别是在产品销量不好的时候。
- 如果知识产权的风险太高，那就垂直整合，自制。
- 如果竞争态势已经形成，授权代工企业，然后收取一定的专利费和授权费，也是弥补损失的一种可选方案。

我们来看几个具体的例子。

有家全球性家电企业，采取两大措施来避免代工企业成为竞争对手。

在战略层面，它针对不同的品牌、产品线设定外包战略。比如，有些主打品牌绝对不允许代工，有些品牌必须经过高层同意才能代工，有些品牌则可自由找代工企业。落实到产品线时，形象品牌和主销产品绝不代工，代工企业只能做低端产品，对企业没有显著影响。

在战术层面，它也采取了一些具体的策略，比如：与代工企业签订协议，禁止代工企业把它的外观设计用在自有品牌上；与代工企业约定，补缺性产品一段时间专供；对于短期产能不足而溢出的订单，它提供核心元器件，比如PCB，让供应商单纯代工等。此外，在人员交往的时候，**核心技术人员不能直接和代工厂打交道**，而是通过负责工艺的人员与代工厂对接。

有家服装公司则通过增强客户黏性，树立竞争壁垒。

这家服装公司原来是重资产运营，大量的精力花在养活工厂上，后来决定关厂。刚关厂时，它对代工企业非常担心，特别是在那个最强的代工企业也有自有品牌的情况下。因为怕该代工企业抢自己的客户，所以这家服装公司处处提防，比如把客户的名字都换成代码。但过了一段时间以后，该公司越来越不担心了，用它的老总的话说，这种自信源自客户黏性，通过产品之外的东西增加的黏性。

该公司老总说，（轻资产后）该公司跟客户不是按订单签合同，而是签战略协议，覆盖3~5年；该公司给客户的不只是产品，而且包括技术文件、培训、形象设计等一系列增值服务。这些都是建立在跟客户多年的信任基础上，需要长期的积累，是代工企业不具备的。就算代工企业拿着同样的东西，提供同样的服务给客户，客户也是不愿意接受的。

惠普也是借助客户端的壁垒，以及对需求的预判、管理来建立壁垒。[⊖]

20世纪90年代初，惠普把Kitty Hawk硬盘驱动器外包给西铁城（世界知名手表品牌，因为驱动器的磁头等非常精致，对制作工艺的要求和手表相当）。这是世界上第一个1.3英寸的硬盘驱动器，可以说代表了世界顶尖水平。外界担心西铁城会趁机进入驱动器行业，惠普倒不担心。在惠普看来，惠普在用户端有深厚的积淀，可以提前两年预判市场

⊖ Is the Make-Buy Decision Process a Core Competence? by Charles H. Fine, Daniel E. Whitney, 1996.

对硬盘驱动器的价格、性能要求，以尽早指导新产品开发。这样的市场知识，以及准确掌握需求，把需求"翻译"成设计要求，整合不同的零件、模块的系统集成能力，是西铁城那样的代工企业不具备的。事实也证明了惠普的判断是正确的。

实践者问

格兰仕这样的企业，既有自己的品牌，也做代工。为什么不把代工经验用到自己的产品上，比如用同样的材料、同样的工艺，实现同样的功能等？

刘宝红答

这主要是品牌的溢价能力问题。对代工企业来说，同样的材料、工艺，用到自己的产品上，由于品牌的认知度不够，得不到用户的认可，就卖不了品牌商那样的价格，也就赚不到相应的钱。这就如同样的厨师做同样的一份面条，五星级酒店能卖50元，街边小店就只能卖15元一样。

实践者问

如何增加渠道的忠诚度？

刘宝红答

常见的做法有：培训渠道的人员，让他们更加熟悉产品，更好地服务最终客户；与渠道一起宣传，把渠道与产品品牌联系起来，以影响最终客户；给渠道独占权，等等。这些都增加了渠道背叛的机会成本。此外，让渠道能维持合理利润，自是不必多言。当然，电商的出现，给传统的渠道带来很大的冲击，客观上降低了供应商竞争的门槛。

小贴士　与代工企业的三种关系

两名华裔学者在《管理科学》上发表文章，探讨代工企业成为竞争对手的问题。[⊖]这是个很复杂的问题，没有简单划一的解决方案。采购方采取何种措施来应对，取决于自己产品的竞争优势和供应商提升能力的速度。基于双方的力量对比，这篇文章阐述了一个有趣的模型，给出了三种可能的解决方案（见图 3-18）。

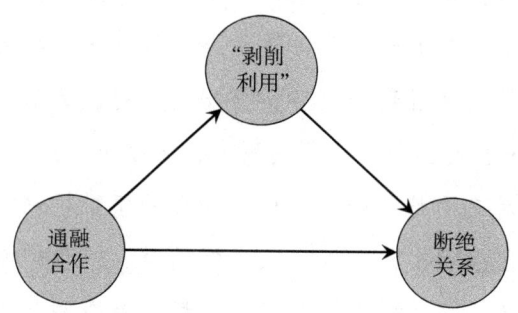

图 3-18　与代工企业的三种关系

当供应商的能力比较弱时，采取**通融合作**的做法，比如适当提高供应商的待遇、签订长期合同等，以约束它们竞争的冲动；当供应商的能力很强时，有成为竞争对手的实质性风险，那就**断绝关系**，以绝后患。但是，供应商关系并不是非黑即白，介于两个极端之间的就是**"剥削利用"**的关系，双方互相利用，各取所需。"剥削利用"关系虽属短期，却普遍存在。一旦供应商的翅膀硬了，就断绝关系。

在通融合作阶段，供应商的角色是"卖苦力"，但他们的经验在逐渐

⊖　When Suppliers Climb the Value Chain: A Theory of Value Distribution in Vertical Relationships, by Zhixi Wan and Brian Wu, *Management Science*, 63 (2), 477-496, 2017.

增加，贡献也在逐渐增加，采购方给的回报也会逐渐上升，这对双方是相对公平的。但是，一旦到了"剥削利用"阶段，供应商成为竞争对手的趋势很明显，他们的角色也由"卖苦力"变成了"偷师学艺"，对采购方的威胁更大，采购方就会采取更激进的措施，降低供应商的回报，导入供应商的竞争对手等。虽然这看上去不公平，但其实很公平，因为双方都能各取所需：供应商的翅膀还不够硬，需要学更多的知识，积累更多的经验；采购方难以从别处得到更好的服务，需要继续与这些供应商合作。

供应商的回报曲线呈 U 形：刚开始，供应商的能力弱，就如新招的员工，其得到的回报高于贡献；在"剥削利用"阶段，供应商的能力变强了、贡献增大了，但由于采购方认为潜在的竞争风险大增，便在价格上挤压供应商，供应商得到的财务回报出现下降；最后，供应商"偷师学艺"成功，推出自有品牌，得到的财务回报就更多。

与三种关系对应的是采购方给代工企业的报酬机制。两位作者开发了数学模型来优化报酬机制，但令人遗憾的是，对我们实践者来说，那些模型实在太难懂，很难用得来。那就只好作为一种参考的模型，来指导采购方与代工企业的关系，比如把代工企业划分为上述三类，有区别地制定供应商战略等。

对于采购方来说，定期动态评估代工企业的能力，是供应商管理的关键。比如，对于不同的代工企业来说，有的处于通融合作阶段，有的处于"剥削利用"阶段，有的面临断绝关系。对不同的供应商采取不同的策略，这是品类管理的核心。除了监控可能出现的竞争对手外，还有基本的代工企业绩效，如果不达标，要整改或者淘汰等。

但不管怎么样，都不要对成为潜在竞争对手的代工企业过分妖魔化。毕竟，不想当将军的士兵不是好士兵，不求上进的代工企业也不是好的代工企业。代工企业总是在向采购方学习，不管是主动还是被动，因为这是改善质量和其他绩效所必需的。在某种程度上，我们从一开始就在培养竞争对手，这就如公司培养员工一样：培养好了，有可能被竞争对手挖走；不培养，公司和员工都无法进步。

这里的问题是，如何最大化己方利益，最小化潜在损失。与代工企业关系的三种分类（三个阶段），以及基于不同阶段的不同策略，给我们提供了基本的框架。

品牌商担心代工企业成为竞争对手，其实风险并没有那么大。曾有两位学者以手机行业为例进行研究，发现虽然代工企业努力地往微笑曲线两端移动，但最终能够真正成为世界级竞争对手的，可谓少之又少。⊖

这项研究用手机行业的数据，来分析代工企业成为竞争对手的风险。两位研究者分析了历史上主要的手机厂商与代工企业的关系，与双方的专利数量（代表技术能力）、代工企业是否导入自有品牌（代表营销能力）相比较。时间跨度为1995～2010年，完整地覆盖了同期手机行业的外包史。

他们的研究表明，在为品牌商代工的同时，代工企业的确学到不少东西，体现在专利数量的持续增加上。但在导入自己的品牌上，结果却不尽如人意，大多代工企业尝试过导入自有品牌，但成功者寥寥无几。该研究指出，在有销售数据的34家手机代工企业中，自有品牌的平均累计销量为2300万部，而顶尖品牌商的平均销量为4.51亿部。如果去掉那些自有品牌销量好的代工企业，一般代工企业的自有品牌销量就只能更差了，主要业务还是靠代工。

⊖ Learning by Supplying, by Juan Alcacer, Harvard Business School and Joanne Oxley, Rotman School of Management, University of Toronto.

这与我接触到的一些中国企业很像。那些企业在不同的行业以代工起家，虽然在导入自有品牌，但仍主要靠代工业务。品牌的建立和渠道的打开是个长期过程。对代工企业来说，代工业务和自有品牌经常并存多年，后者在很多情况下依赖前者生存，代工业务创造的利润虽然微薄却可靠，自有品牌虽然高大上但盈利的不确定性更高。

再来看宏碁的案例。1992年，宏碁创始人施振荣提出了有名的"微笑曲线"，指导宏碁加强技术和品牌建设，并启动"宏碁再造"，向"微笑曲线"的两端迈进。对宏碁来说，技术能力的提升看上去比较明显，从专利数量的大幅增加可窥见一斑：1990年，宏碁只有几项国际专利；2010年，其国际专利已经累计600多项。不过，在品牌和营销方面，宏碁遇到重重挑战，直到21世纪前10年，其营收还主要靠代工。

技术的成功体现在大量的专利上，和自有品牌的导入关系不大——手机代工企业在市场营销方面面临的挑战更大。代工企业在营销端的能力提升，和给谁代工不无关系：给运营商代工时，代工企业更可能积累市场端的经验，因为运营商更可能把代工企业纳入市场调研、需求定义、产品设计中；给顶尖品牌商代工时，代工企业则处于明显的劣势，因为品牌商自己在解决这些问题，代工企业被锁定在代工的位置。华为手机也是先给运营商代工，然后成功导入自有品牌。

该研究还表明，服务顶尖品牌商，对代工企业导入自有品牌反倒有显著的负面影响。两位作者将此归因于顶尖品牌商更善于把控客户端，把代工企业和需求端隔离得更远。顶尖品牌商也通过严格的外包合同来约束供应商，供应商如果冒犯，将会有严重的后果。比如，2004年明基导入自有品牌后，摩托罗拉就拿出合同来对质。

但在我看来，这和顶尖品牌商享有更高的毛利，能给代工企业更好的报酬，从而降低了后者推出自有品牌的动力也大有关系。这就与在待遇较好的公司工作，辞职创业的比例更小是一个道理。毕竟，一般的自有品牌由于知名度有限，也卖不出很高的价格，毛利也不会高到哪里去。

两位作者认为，**代工企业对品牌商的竞争威胁，显然被夸大了**。为顶尖品牌商代工，代工企业虽然能学到很多东西，但代工企业的技术积累对于自有品牌来说，既不是必要条件，也不是充分条件。媒体危言耸听，说代工企业会从受信任的合作伙伴变为有威胁的竞争对手，其实这是能避免的。

虽说如此，**作为实践者，我们还是一点都不能掉以轻心**：供应商的尝试即使失败了，也可能对品牌商有显著的影响，比如价格压力、恶性竞争、知识产权的侵犯等。这就如雨天你在街上走，旁边有汽车经过，虽然没有撞着你，却溅了你一身泥水；你并不会因为没有被撞到，就乐意接受一身的泥水。

还有，该研究认为代工企业的竞争威胁被夸大了，却没有提及一个基本的假定：品牌商采取各种措施来预防。作为实践者，我们不能得到这样的结论：不用担心代工企业，也不必采取必要的措施。打个比方，过十字路口时，人们都很小心过往的车辆，所以没有人受伤。如果你只看到没人受伤，就放松警惕，结果可想而知。

毕竟，供应商的侵权行为相当普遍，特别是当产品有了一定的市场和知名度后，企业有时甚至不得不由外包改为自制，就如下面这个案例。

案 例
关了的工厂又建起来了

三年前，A君离开从业多年的跨国企业，加入一家新兴的同行企业，负责该企业的供应链部门。该企业当时还处于起步阶段，每年的营收在几千万元，零部件制造外包给供应商，但有自己的生产线，负责最终的组装。该企业规模小，规模效应不足，人工、设备、仓储等成本就比较高。A君一算账，把成品组装也外包给专业的供应商，物料费用不变，但其他费用可降下来一半。供应商能够更便宜，是因为它专业做组装，生产效率高，场地利用效率高，规模效益也更高。

三年过去了，案例企业的营收翻了两三倍，在细分行业的份额达到30%左右，它却决定重建生产线，自己做成品的组装。问起原因，主要有两个：其一，企业规模大了，业务量就更饱和，自己做有规模效益，单位成本更低（这一点值得商榷）；其二，对于一些产品，代工企业一旦发现市场行情好，就开始模仿，成为竞争对手（这一点倒是真的）。

A君是专业的供应链管理人士，当初外包时就采取了一系列措施，防止代工企业成为竞争对手。比如，在商务上，该企业和供应商签订了非竞争协议。但代工企业成立了新的公司，以绕开非竞争条款。在技术上，案例企业虽然有专利保护，但技术含量有限，代工企业在外观、技术上稍做调整，就能避开专利壁垒，和案例企业低价竞争。

作为应对，案例企业马上进行产品的升级换代，并重开自己的生产线。

或许有人会问，A君先前在跨国企业就职时，能够轻资产运营，代工企业没有成为竞争对手，但到了现在的企业，为什么把代工企业"培养"成了竞争对手？这里有一系列原因。

跨国企业的产品技术差异化优势大，相应的技术壁垒也高，代工企业要进入的话，技术难度大；跨国企业的品牌认知度高，品牌溢价能力强，毛利高，给供应商的毛利也多，客观上降低了代工企业的竞争意愿。即便代工企业导入了自有品牌，它承担的风险也将会随之大增，赚的钱可能还不如做代工赚得多。而且，能够服务跨国企业的代工企业规模一般较大，失去的会更多：一旦与某个客户竞争，会影响其他客户的合作意愿。富士康和伟创力这样的代工巨头恪守本分，不进入客户的行业，这是一大原因。

案例企业处于新兴行业，品牌尚在建立过程中，代工企业导入自有品牌的话，在品牌认知度上差距较小；此外，案例企业的品牌溢价能力有限，代工企业的毛利也比较低，再加上代工企业的规模比较小，更容易经受不住诱惑，成为客户的竞争对手。还有，行业处于上升期，机会多，做品牌的企业没有绝对优势，做代工的企业也并非没有希望。于是，代工企业抱着搏一把的心理推出自有品牌，也就不难理解了。

案例企业为了保护知识产权，就自建生产线来做最终的组装、集成和测试。这也印证了在新兴行业，垂直整合的集成模式有一定的市场，不管是因为资产的专属性太强，还是出于知识产权保护的需要。

这是不是说，A君三年前外包，从一开始就是个错误？当然不是。当时案例企业还小，资金非常有限，聚焦产品和市场是明智之举。大多数企业以轻资产起步，也是同样的原因。况且当时的市场尚未打开，产品的接受度有限，对代工企业的吸引力也有限。所以，承担一些风险来做轻资产，还是值得的。现在企业规模更大了，资源相对更充分了，自建生产线，以适当的重资产来保护知识产权，也是理性之举。

案例企业的总部在一线城市，不允许新建工厂，A君就在附近的郊区（其实算另一个城市）租了场地。新建的生产线虽然简单，但还是增加了几个仓库、十几个工人、几个行政人员，再加上一个厂长。20多个新员工在一个偏僻的地方，自然有很多事要处理。好在那段时间经济不景气，有些工厂关停并转，有不少二手设备，A君能很便宜地将其买下，为公司省了一大笔钱。但要把生产线顺利运作起来，还有很多挑战。

首先是生产线上员工的能力。先前用专业供应商的时候，案例企业的设计人员只在转产的几天到供应商的现场从头到尾做一遍，供应商就能顺利生产并解决后续的问题，因为供应商有相当不错的生产工艺人员。现在，研发人员到自己的生产线解释了一遍，生产线人员往往还是理解不了，因为他们大多只有高中学历。老板说工艺问题也由研发人员负责，他们设计的产品他们最熟悉，要确保能够生产出来。就这样，研发人员成了生产线的"保姆"，一旦有质量和工艺问题，都归研发人员处理。

但问题是，研发部门在市区的总部，与郊区的工厂是"两地分居"，出差跑那么远去处理生产线的问题，效率很低，每个工程师都不愿意去。研发老总不得不实行轮班制，每周派两个工程师去生产线，一个负责机械，一个负责电气，在生产线上待一周，下一周再换两个人。"铁打的营盘流水的兵"，研发人员就开始"轮流戍边"。

设计人员到生产线，好处是能接触到更多的量产问题，得到生产工艺上的更多反馈，比如结构件是否容易安装，电子件时间长了是否会发热等。这促进了产品设计与工艺设计的交互优化，帮助改进产品质量。但问题是，这活儿是新增的，设计人员不喜欢做，就互相推诿，比如电气工程师与机械工程师之间就经常扯皮。工程师一周一换，也给生产线造成了连续性问题。

A君当然知道解决方案是什么：设立专门的生产工程师岗位，对接产品设计与生产工艺。老板却说不行：晚上研发部门加班的人寥寥无几，这表明他们工作量还不饱和，正好让他们去处理生产上的问题。老板"嘴硬"，实质上还是因为资源有限，无法给生产线配备足够的人员。

作为供应链老总的A君，还要面对自建生产线所带来的质量不稳定、交付周期长、业务繁忙、产能需扩张，以及消防、环保等一系列问题。这些都要做到位，就意味着更多的资源投入，预计中的成本优势是否能够实现，只能交给时间去验证了。

本章小结

外包显著改变了企业获取资源的方式，必须有能力上的改变来匹配。这部分讲的是建设支持外包的能力，包括识别核心竞争力、模块化设计和供应商管理。

在核心竞争力的识别上，企业要坚持延展性、有用性、独特性兼备的原则，确保资源投入合适的能力建设上。要避免"得不到的就是关键的"的心理，也要反对在急迫性和避险心理的驱使下，轻率决定重资产。此外，还要避免外包过度，造成核心竞争力的丧失。

模块化设计是在产品结构上匹配外包战略。产品的标准化、模块化提高了规模效益，降低了生产制造的复杂度，也增加了供应商的竞争充分度，但是显著改变了企业开发产品的方法，需要在产品设计、产品管理和需求定义等方面做出实质性改变。

外包下，企业对供应商的依赖度更高，采购和供应商的管理成为企业的核心能力。总结起来就是，对供应商"有选择、有管理，先督促、后帮助，谁选择、谁管理"。此外，外包供应商可能成为竞争对手，企业需要采取实质性举措来应对，必要时垂直整合。

资源 更多供应链管理的文章、案例和专题培训

- 供应链管理专栏网站：www.scm-blog.com
  - 这是我的个人专栏，开设了 16 年，共有 600 多篇文章
- 我的系列供应链管理专著
  - 《采购与供应链管理：一个实践者的角度》（第 3 版）
  - 《供应链管理：高成本、高库存、重资产的解决方案》
  - 《供应链的三道防线：需求预测、库存计划、供应链执行》（与赵玲合著）
  - 《需求预测和库存计划：一个实践者的角度》
- 我的微信公众号——供应链管理专栏，每天推送一篇原创文章，包括最新培训信息

附录

改善运营效率,继续重资产的良性存在

"精益"听上去是个日本概念,其实不完全是,它是美国与日本管理方式的结合。精益的源头是福特的流水线。20世纪50年代,丰田到美国学习福特汽车的流水线制造,结合日本的本地特点,如资源稀缺、空间狭小等,形成了精益的雏形,比如JIT。到了20世纪80年代,精益实践开始传回美国,经过美国企业(如福特等)在八九十年代的总结提高,形成完整的精益体系。其中能经常看到两个企业的影子:福特和丰田。先是丰田学习福特的大批量、流水线,再是福特学习丰田,从传统的批次生产方式转化为精益的流式生产。

精益在美国的导入和发展,可以说是产、学、研、官、工相结合的产物。美国企业有需求,因为它们直接面对日本企业的竞争;政府有需求,因为这直接影响就业和经济增长;工会有需求,因为这直接关系到工人的饭碗(如果工人失业了,工会也就收不到会费了);并且,大学的教授们有兴趣、有能力进行研究。于是,企业出钱,大学出力,政府和工会参与(工会在美国的传统行业势力强大,没有它们的支持,很难推动工人参与精益变革),精益研究就开始了,集中体现在麻省理工学院(MIT)的两个大型研究项目上。

20 世纪 80 年代,饱受日本冲击的福特、通用汽车、菲亚特与 MIT 一道,研究精益在汽车制造领域的实践。这是美国也可以说是世界上第一次系统地总结精益实践,以让精益进入以汽车制造为代表的大批量行业。"精益"这一名词,也是在这个研究过程中出现的——在日本,我们熟悉的精益概念,大多是以 JIT 和持续改善的面目出现,并不叫"精益"。这些研究成果被收入《改变世界的机器》(1990 年),该书成为精益领域的划时代著作,很多人最初对精益的认识,就是从读这本书开始的。

20 世纪 90 年代,在全球竞争的影响下,飞机制造业陷入水深火热之中,就与 MIT 合作,启动"航空业精益运动",主要是借鉴精益在汽车行业的经验,探讨精益在小批量行业的应用。这个项目持续了十几年,也是精益深入飞机制造业这样的小批量行业的过程。阶段性成果总结在 *Lean Enterprise Value: Insights from MIT's Lean Aerospace Initiative* (2002 年)一书。这本书的普及程度远不及《改变世界的机器》,但其中涉及的一些项目,却能找到详细的项目报告,比如以 MIT 研究生毕业论文的形式出现,在 MIT 的网站上大都能找到全文。

丰田和福特：不是双城的双城记

汽车在美国是个夕阳行业，在过去三四十年里，好像就没听到过底特律的好消息。先是从20世纪80年代起被日本汽车赶超，然后是通用汽车"全球第一"的桂冠让给了丰田。再就是，2008年金融危机之后，底特律三个巨头破产了两个。作为唯一的幸存者，福特这几年也是流年不利，危机重重。

日本汽车则正好相反，虽然日产是满地鸡毛，但丰田和本田成了日本制造的象征，几十年如一日地攻城略地。特别是"丰田生产体系"，在过去几十年里，全球很难找到第二个，如此持久地作为各行各业的标杆。我访问一家几十亿元规模的中餐连锁企业，其老总说他曾带着一众高管去日本参观丰田；我曾参观波音在西雅图附近的生产线，发现它用的就是丰田生产体系。在制造业领域，如果谈不了几句丰田体系，那也太不上档次啦。

不过，盛名之下，其实难副。细究这两个国家的汽车制造商，我发现很多情况并非平日所想，主要表现在几个方面：在**运营效率**上，日本车厂的库存和固定资产周转率多年都在走下坡路；在**股东回报**上，这里用一个"人均市值"⊖的概念来衡量，日本车厂也在持续走低。这或许可以解释，为什么近年来两个国家的经济整体走向截然不同。

我们以丰田和福特为例。之所以选择丰田，是因为它是日本乃至世界上最好的车厂；选择福特，则是因为它是美国三大汽车巨头中，唯一没有经历过破产重组的，各项财务数据和运营数据的持续性好，纵向可

⊖ 人均市值是总市值除以总员工数，这里用的是财年结束时的市值。

比性高。我不想说福特是美国最好的车厂，即便是最好的，大概也只能算作"田忌赛马"里的"中马"。那么，让福特这匹美国的"中马"与丰田这匹日本的"上马"比比看。按道理来讲，"中马"与"上马"是不能比的，说它们是"不是双城"的"双城"，就是这个意思。

先说**库存周转率**。如果在所有的运营指标中只选一个来评估企业的整体运营水平，我会选择库存周转率。如图1-10所示，在20世纪90年代初，福特的库存周转效率明显劣于丰田，但一直在改善，到1995年前后超过丰田，在世纪之交达到顶点，然后开始走低，但一路还是高过丰田。丰田则一直在走下坡路：20世纪90年代初急速下降，估计跟当时日本房地产泡沫破裂，经济处于衰退状态，丰田的全球扩张有关；21世纪后，虽然下降幅度逐渐变小，但下降的趋势却在继续。在过去20年里，除了2008年金融危机前后的几年，丰田的库存周转效率明显不如福特。

这对很多人来说有点出乎意料：丰田不是"零库存"的鼻祖嘛，这么多的库存来自哪里？世上是没有"零库存"的，这就像一个人一样，如果没有一点肥肉，那不就变成骷髅了！不过，丰田的库存周转率一路走低，一直到峰值的一半，确实有点让人忧心。

再说**固定资产**。汽车制造是个重资产行业，固定资产的周转会显著影响企业盈利和股东回报，历来备受整车厂关注。如图1-11所示，在过去的30年里，伴随着经济周期，福特的固定资产周转率上下起伏，但整体呈现一定的改善趋势。丰田的固定资产周转率与库存周转率类似，20世纪90年代初急剧恶化，一度跌到不及峰值的一半；然后长期持续在低水平徘徊，大概只有福特的60%强一点。

按道理，丰田的营收比福特更多，规模效益更大，固定资产的周转应该更快才对。丰田的情况不是个例，我看了本田的数据，发现从2008年以来，本田的固定资产周转比丰田还差，只有福特的一半左右。这让人不由得联想，日本车厂是否有些根本性的问题隐藏在品牌的美誉度后面不为人知。

当然，或许有人会说，虽然丰田的固定资产、库存周转率年年走低，但它还是世界上市场占有率最高的汽车制造企业（如果不算特斯拉）。这没错，但我们找标杆，不能向下找，也就是说不能和差的比；我们的目标是差的要变好，好的要变得更好。丰田家底再厚，也经不住长期走下坡路。这也表现在股东回报上，如图A-1所示，丰田的人均市值呈长期恶化趋势，福特则整体上一直在改善，与丰田的差距在逐年缩小。

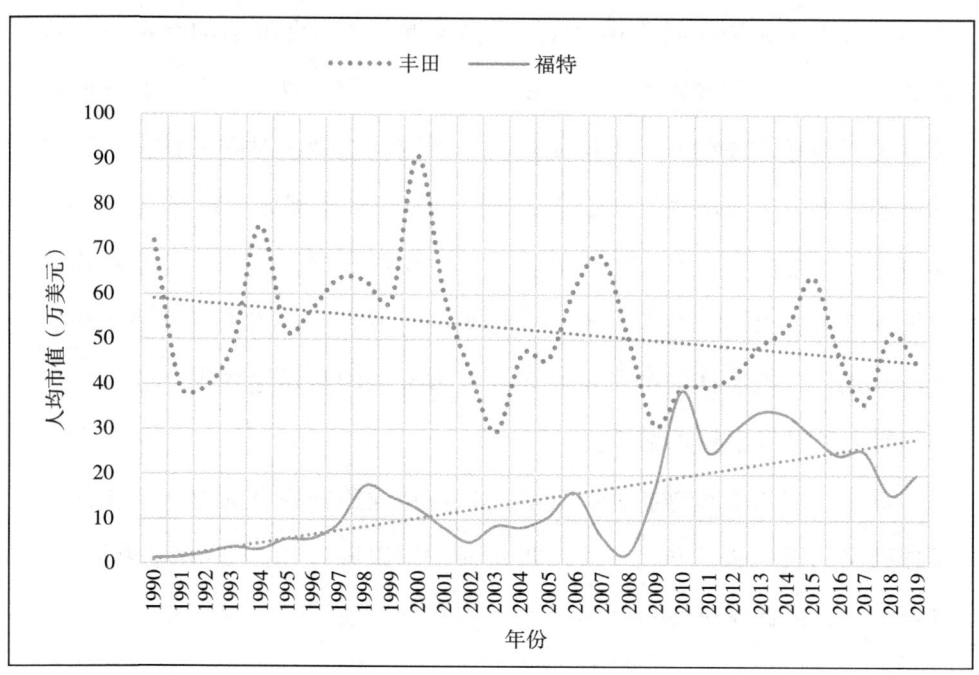

图A-1 丰田和福特的人均市值

资料来源：www.ycharts.com.

丰田在上述指标上持续走低，部分与其全球化战略有关，比如牺牲固定资产周转率和库存周转率来提高客户服务水平。或许也与丰田的规模有关，企业到了一定规模，规模越大，业务和供应链的复杂度就越高，运营效率往往也越低（这和规模效益正好相反）。不过，虽说丰田全球最大，2019财年的营收为2726亿美元，但在规模上和福特还是同一数量级（福特为1559亿美元）。

对于丰田在这些领域的不如人意，美国学者舍恩伯格博士进行了解释——因为没有经过严格论证，这些只是他的"假说"，这里简单总结如下。㊀

其一，丰田的全球扩张，使管理资源和熟练员工摊得过薄，整体运作的精益水平无法与以前相比（这是高速增长的企业面临的共性问题）。再加上作为丰田的看家本领，丰田生产体系精密而复杂，即便在丰田内部，也很难有效复制；员工即便接受了系统的培训，时间一长，人员变动一多，很多细节做法就会走样。丰田也意识到了绩效不理想，在2002年前后，开始自上而下地推动"丰田生产体系"，却发现这一体系所覆盖的大部分设备太大、太笨、太慢。作为应对方案，丰田不得不开发新的低成本工厂，把生产线的长度减半，让零部件的数量也减半，这些都让丰田看上去更像个精益新手。

其二，丰田的全球扩张，让整个供应链通路的库存大增。传统的丰田地处早稻田一带，与供应商就近构成"丰田城"，由于地理距离很近，沟通方便，因此整体库存也低。当丰田在北美建厂时，由于北美地域广

㊀ Best Practices in Lean Six Sigma Process Improvement, a Deeper Look, by Richard Schonberger, John Wiley & Sons, 2012.

阔，因此丰田与供应商的距离增加了，周转库存也会增加；地域分散也增加了沟通难度，信息不对称带来了不确定性，供应链的自然应对就是建库存（这也是为什么要"用信息换库存"）。相对而言，本田的全球扩张更早，在管理全球供应链上的经验更多，部分反映在其库存周转率长期持平甚至改善上（但还是显著低于福特）。

其三，丰田出色的研发设计能力，掩盖了其供应链的低效。也就是说，**丰田生产体系在沾工程师的光**。比如，产品设计的优化，工艺设计中设备的灵活性，多个车型可以在同一生产线制造，都主要是靠工程师的力量。这是其他企业很难模仿的，甚至是没有充分意识到的：大家都在学的"丰田生产体系"，虽然有"生产"两个字，可别忘了首先是**设计**出来的，有了一流的设计，才可能有一流的执行，才能构成真正的丰田体系。我们看到的执行是结果，其实只是冰山之一角。

最后，舍恩伯格说，与任何成功的企业一样，对外来思想的抵制，也可能是丰田近年来走下坡路的原因。

比如，长期以来，互持股份而形成的企业联盟，虽然确保了丰田的稳定发展，却也让丰田成为一个封闭系统，在技术和工艺上很难革新突破。我和一些有日本企业背景的职业经理人交流，发现在技术上丰田就比本田更保守，在管理方式上也是如此。比如，对于工厂的小型化，丰田就比较抵制。

再如，在产品的模块化设计上，丰田这样的日本企业也是明显滞后的。这意味着丰田在设计上更加集成。集成式设计，意味着集成式制造，垂直整合度高，固定资产重，固定资产周转率低也就不足为奇了。

多年来，一提起精益，人们就联想到日本企业，觉得它们精益水平很高。这几年我越来越发现，精益并不是日本企业的代名词，绝大多数日本企业其实精益水平并不高——在代表精益水平的指标上，日本企业的盈利率、库存周转率、固定资产周转率普遍低下，显著不及美国同行。日本企业不都是丰田，丰田在日本企业中也是异类，精益生产也不是日本制造的代名词。对很多人来说，包括我自己，认识到这一点是个漫长的过程，也需要勇气来承认。

有句话说，"你最终还是变成了自己曾经最讨厌的样子"。库存周转率低、资产投资回报率低的问题，大多体现在底特律汽车三巨头身上；现在丰田达到并超过了美国车厂，发现自己在很多地方也染上了美国车厂曾有的毛病。因为那些毛病，20世纪50～80年代，美国车厂的各项指标一路走低，但它们知耻而后勇，在各项运营指标上触底反弹，一路向上。日本车厂正好相反，它们在20世纪八九十年代达到鼎盛，却在其后二三十年步入下坡路。

我说这些，并不是说丰田有多大问题，也不是说美国车厂比日本车厂更有竞争力（即便在美国本土，通用汽车和福特也竞争不过丰田和本田，克莱斯勒就根本不用谈了），丰田和本田仍旧是备受尊敬的公司。真正让我感兴趣的是，为什么美国车厂并没有一败涂地，就如大家20世纪八九十年代预计的，或者在2008年金融危机中看到的，而是能够一次又一次地渡过危机，不但在质量上缩小了与日本车厂的差距，而且能够更有效地应对库存和重资产问题，逐步改善供应链的运营效率？这些都值得今天的中国企业借鉴。

实践者问

从最近10年的《财富》世界500强企业的排名上看，丰田都排在前10名，福特的排名呢？而且丰田的体量是福特的两倍了，这可是上千亿美元的规模，这两家企业还能算一个级别吗？

刘宝红答

虽然丰田的营收是福特的两倍，但在我看来，它们还处于一个数量级，至少从供应链运营的角度看是这样的。《财富》世界500强企业是按照营收排名的，本身并不意味着太多，真正重要的是企业的盈利水平和股东回报。比如，有好几年通用汽车一直在亏损，而一个小公司规模虽小却一直盈利良好，你会更尊重谁呢？

我不认为福特可以与丰田相比，这就是为什么它们是"不是双城"的"双城"。我们的目的也不是比较它们。但是，福特远没有我们想象的那么差，在资产运营、股东回报上，它一直在改善；丰田也远没有我们想象的那么好，在资产运营、股东回报上，它整体在走下坡路。福特一定有它做对的地方，丰田也可能有做错的地方，我们的目标就是学习福特做对的地方，避免丰田做错的地方。

波音的精益之旅[一]

很多精益的概念，波音在第二次世界大战期间就在用，驱动因素是战争的迫切需要。比如，B-17F"空中堡垒"轰炸机的第一个原型机只

[一] 这部分内容总结自文章：The Lean Journey at the Boeing Company, by Pilla A. Leitner, Boeing. www.nathantnavarro.com/。

用了12个月就开发成功（快速进行新产品开发）；员工同心协力解决质量问题（质量圈），降低库存（空间有限，根本就没地方堆库存㊀）；生产效率迅速提高，产量很快达到每天15架，有力支持了盟军的战争需要。

第二次世界大战后，不再存在紧迫性，很多繁文缛节、浪费和非精益的做法就慢慢侵入了波音的组织、流程和系统。随着后来政治、经济大环境的变化，波音陷入困境：20世纪七八十年代，在民航机领域，航空解禁导致利润一路走低；㊁军机领域，军方取消"成本+利润"的方式；㊂国际上，空客等竞争对手咄咄逼人，波音的日子很难过，一度处于破产边缘，裁员过半。

穷则思变，波音开始变革。20世纪80年代，戴明博士访问波音，波音组织3000名管理人员学习了他的《转危为安》㊃一书。之后，质量专家朱兰博士访问波音，帮助波音建立起质量圈、效率圈，波音757导入了全员参与机制，民机部成立质量改善中心。

1990年，波音高管到日本取经，对标了8家世界顶级的日本企业。访问归来后，波音启动"世界级竞争力"运动，一年培训了全部10万多

㊀ "仓库有多大，库存就有多少"，这句话有一定的道理。我有8年时间在负责全球库存计划，日本子公司的库存控制做得很好，如果不是最好的话，其中一个原因就是早稻田的仓库容积有限，需要精打细算。这听上去有点像笑话，但的确如此。

㊁ 这是1978年的事，美国政府决定对航空业解禁，意味着任何人都能开航空公司。解禁的结果是竞争空前激烈，导致整个行业多年来亏多盈少，到20世纪90年代后期，行业总亏损超过自怀特兄弟试飞以来航空业的所有利润。以前技术驱动、重资产运营下的各种问题浮出水面，只有价格、质量、交期、服务等达到更高标准的企业才能生存。

㊂ 简单地说就是包工包料，实报实销，外加一定百分比的利润。早期美国军方的很多项目充满不确定性，就用这种方式与供应商合作。

㊃ 英文名 *Out of the Crisis*，其中文译本由钟汉清译，机械工业出版社于2016年出版。

名员工,来推广日本之旅学到的经验。通过对标,波音认识到,大并不意味着强,市场份额最大,并不意味着是世界级企业。接下来波音全面导入5S,可以说是**公司层面**推进精益的一大举措。与JIT一样,5S也被视作独立行为,它并没有形成整体的精益体系。

1995年,波音管理层再度访问日本,学习"丰田生产体系"。1995～1998年,波音专注于"快速改进培训班",仅在1997年的前两个月,民机部就组织了100多次这样的培训。1998~1999年,波音纳入熟悉丰田体系的第三方咨询机构,推出"持续改善"的培训,共有1500名左右的经理人参训;参训人数在2000年后逐年递减,因为波音逐渐熟悉了丰田生产体系。

1996年,波音成立**公司层面**的精益办公室,负责民机部的精益战略。这让精益实施从具体的措施、具体的职能上升到公司层面,在**组织**上有了进一步的保障,从公司层面推动精益措施。

20世纪90年代中期,波音的零部件工厂开始拥抱精益,以应对高峰期来临时的产能不足。结论是,除非最终产品按照精益流程生产,否则零部件工厂的精益是无法完全成功的。这也可以理解为,局部精益的效果有限,必须在成品和公司层面来推动精益。

2000年前后,波音民机部对标研究通用电气航天部,开始导入**六西格玛**,精益开始与六西格玛合体。精益的焦点也从职能层面上升到公司层面,从制造流程扩展到非制造流程,包括运营、设计、供应商管理等,伴随而来的是更多的精益和六西格玛培训。

2001年和2002年,波音的主要机型717、737、757的组装都先后实现了采用移动装配生产线。在精益生产上,这是很大的举措,先在成

品组装阶段实现，而后在主要的组件层面实现。737 NG 型号的组装从 30 000 人时减少到 10 000 人时。⊖

下一步是走出波音，向客户和供应商传播精益，比如培训航空公司、给军方提供咨询等。现场服务和客户一起，推进六西格玛改进项目。其背后的逻辑是，如果客户能够更成功，它们会买更多的飞机、备件和服务；如果供应商能够更成功，它们的成本会更低，生产效率会更高。这主要发生在 2000 年后。

最后，波音在丰田生产体系的基础上，根据小批量行业的特点进行调整，建立了**波音生产体系**，显著提高了波音产品的质量，缩短了交付周期。作为成果之一，波音在密苏里州和亚利桑那州的两个基地在 2005 年获得了"新乡奖"⊜，该奖项被《商业周刊》誉为制造领域的诺贝尔奖。

六西格玛方法论简述

十几年前，我在亚利桑那州立大学读书的时候，接受了摩托罗拉、霍尼韦尔、通用动力与学校合办的六西格玛黑带认证，系统学习了六西格玛的 DMAIC 方法论。这套方法和戴明的 PDCA 有很多相似之处，比如都是数据驱动，不同之处是六西格玛强化了项目管理的成分，让方法论更加聚焦。这里简单介绍一下 DMAIC 的各个要素。

⊖ Boeing 737 Manufacturing Footprint: The Wichita Decision, by Willy Shih and Margaret Pierson, Harvard Business School, 2012.

⊜ "新乡奖"（Shingo Prize）是为纪念丰田生产方式的创造者新乡重夫博士而设立的，致力于在美国推动精益生产，后来延伸到欧洲、亚洲和墨西哥等地。

D 是定义项目。推行精益，全民参与，人人都兴高采烈地干起来。你会发现，要改进的地方太多，成了资源无限投入的无底洞，公司再多雇用一倍的人也忙不过来，还不要说精益在美国的一大卖点就是减少人员，至少是那些精益顾问的卖点。那我们把这些需改进的地方排优先级，从投资回报率和实施的难易度入手，集中力量办大事，确定重点的改进项目。这是六西格玛的第一步，也是最关键的一步。对于企业来说，最关键的就是找到投资回报率最高的地方，投入各种资源以取得最高的回报。

M 是量化现状。项目确定了，我们也不能"土法炼钢"，一拥而上，或者摸着石头过河，边设计边施工；我们先要了解现状，就和打仗前先要勘察地形一样。要知道，企业大了，就很少有人清楚真实情况：管理层远离现场，不了解细节；基层局限于自己所做的工作，无法了解全貌。真相在数据里，没有人知道得比数据还多。量化现状就是收集数据，评估改进的出发点，也作为后续评估项目效果的基准。

A 是评估、论证解决方案。企业的问题没有唯一的解决方案，虽说"条条大路通罗马"，但并不是每一条路都一样好走。评估阶段就是分析数据，针对每个改进点，在众多的解决方案中找到最合适的。这意味着，作为项目经理或发起人，你已经在大大小小的会议上"哭"过多次，把能够证明的都证明了，甚至包括一些常识，以期得到想要的资源；而资源提供者，特别是 IT 部门，最不缺的就是活儿，它们让你论证这论证那，一方面是作为缓兵之计而不至于让自己的员工太累，另一方面是希望你受不了这些折磨而最终放弃。当然，这也与大企业的复杂度有关，组织、流程那么复杂，牵一发而动全身，在改进上最忌讳的就是解决了一个问题，却制造了另一个新问题，影响了其他职能部门，评估、论证过程也是为了避免这一点。

I 是**实施**。好不容易，终于可以开始干活儿了，你却发现项目的大半时间都已经过去了。前面三个阶段都是计划，计划做到位，各种情况都经过了深思熟虑，执行起来就不难了。要做到就得先想到，这是科学管理的精髓，也是六西格玛的基本方法论。

C 是**控制**。项目执行完了，还要定期回顾，看效果如何，不需要调整。这就如调试设备，一次性调好了，还要定期维护，确保其运行不会偏离关键参数。这是为了确保项目改进能够长久，以防热度一过，精益和全面质量管理就无法持续。控制的重点是过程，而不是结果。结果很容易作假，人们可以通过各种各样的方式让结果好看，而这一过程本身就造成了很多浪费和低效；过程很难作假，通过收集过程数据和监控过程指标，确保结果指标，是控制的重点。结果指标与实际流程会有两度、三度甚至更多分离，经过层层整合，流程的实际变动已经看不到了，无法知道真相。

整体而言，六西格玛是一个闭环的改进方法论。它的基石是项目管理，数据分析贯穿其中，倒不像名称所体现出来的需要多少数理统计知识。在有针对性地改进上，六西格玛的方法论值得借鉴。六西格玛黑带培训涉及相当多的数理统计知识，其实大多数人用不着多少。相关人员有选择地学习使用 DMAIC，加上项目管理的基本功，应该能够给企业各方面带来显著的改善。